普通高等教育法学核心课系列

民商法

Civil and Commercial Law

（第2版）

主　编◎李海明
副主编◎刘岩伟　梁永安

扫一扫，看资源

北京师范大学出版集团
BEIJING NORMAL UNIVERSITY PUBLISHING GROUP
北京师范大学出版社

图书在版编目(CIP)数据

民商法/李海明主编．—2版．—北京：北京师范大学出版社，2022.3(2024.7重印)

ISBN 978-7-303-27125-2

Ⅰ.①民… Ⅱ.①李… Ⅲ.①民商法—中国—高等学校—教材 Ⅳ.①D922.29

中国版本图书馆CIP数据核字(2021)第146294号

教材意见反馈 010-58805079 gaozhifk@bnupg.com
编辑联系方式 010-58804157 lihongfang@bnupg.com
营销中心电话 010-58802755 58800035

MINSHANGFA

出版发行：北京师范大学出版社 www.bnupg.com
北京市西城区新街口外大街12-3号
邮政编码：100088

印　　刷：北京虎彩文化传播有限公司
经　　销：全国新华书店
开　　本：787 mm×1092 mm 1/16
印　　张：20.25
字　　数：480千字
版　　次：2022年3月第2版
印　　次：2024年7月第7次印刷
定　　价：58.00元

策划编辑：李红芳　　责任编辑：李红芳
美术编辑：焦　丽　　装帧设计：焦　丽
责任校对：陈　民　　责任印制：陈　涛　赵　龙

李海明，中央财经大学副教授、法学博士，兼任中国社会法学研究会理事、北京市劳动与社会保障法学会理事。

出版《劳动派遣法原论》《劳务派遣法律规制的理论与实务》《企业民主管理法的理论与制度》《劳动和社会保障法学》《劳动法案例解读与分析》《民商法》等多部著作。

发表《论退休自愿及其限制》等文章数十篇，主持基金资助项目多项。

梁永安，河北正才律师事务所主任，法学学士，资深民商事律师。

* 中国民盟盟员
* 中国法学会会员
* 石家庄市律师协会会员
* 河北正才律师事务所民商事业部创始人
* 河北正才律师事务所金融部负责人
* 石家庄市第四届、第六届律师代表大会代表

擅长复杂民商法案件的处理，经验丰富、业务精良。曾参与中钢集团邢台机械轧辊有限公司(原邢台机械轧辊集团有限公司)、石家庄东方热电集团有限公司、石家庄化肥集团有限责任公司、原石家庄金刚集团职工医院等大型企业的改制重组工作。为河北鑫科投资发展集团有限公司、石家庄新华能源环保科技股份有限公司、森思泰克河北科技有限公司、河北剑桥冶金建设有限公司、鑫诚达资产管理(北京)有限公司、河北省安装工程有限公司第七分公司、石家庄市贤达建安工程有限公司、河北亨烨医药有限公司、平安银行股份有限公司石家庄分行、石家庄汇泓满科技有限公司、涿州市同方自动化有限公司等单位提供专项法律服务。

职业格言：不信不立，至诚则专；精法以专业，勤勉以敬业。

自我定位：法律至上，彰显公正。通过执业过程中案件的代理，维护了当事人的权益、尊严，这不仅是职责，更是本分；办案结果能够得到多方的一致认可，这是敬业，是能力，更是情怀。

刘岩伟，河北英汇律师事务所高级合伙人，法律顾问中心部主任。

* 中国民盟盟员
* 石家庄市律师协会会员
* 河北省民营企业合作发展促进会副会长
* 石家庄市通讯技术行业协会法律专业委员会主任
* 平山县新的社会阶层人士联合会会员
* 平山县医疗纠纷调解委员会主任

擅长领域：企事业单位法律顾问、建设工程、刑事辩护、知识产权

工作语言：中文，英文。

职业理念：致力于为全国各地客户提供高品质、高价值的专业法律服务，以合法手段追求当事人利益最大化。

执业经历：自 2003 年至今在河北英汇律师事务所执业。

服务的顾问单位：河北智袋子企业管理有限公司、石家庄市液化气总公司、石家庄昊通机电设备安装有限公司、中铁十七局集团第三工程有限公司、河北引领航旅商务服务有限公司、石家庄市第六橡胶厂、大千道润(北京)文化传媒有限公司、北京市京大(石家庄)律师事务所、石家庄品泓文化传媒中心、石家庄市生态环境局平山县分局、平山县经济发展联合会石家庄分会、平山双龙铁路物流有限公司等。

典型案例：河北省首起“校园贷”黑社会性质组织案，河北省首例跨国电信诈骗案，河南卢阳高速公路有限公司诉中铁十七局集团第三工程有限公司建设工程施工合同纠纷案，广州蓝月亮实业有限公司诉石家庄天歌日化有限公司侵害外观设计专利权纠纷案，袁某诉国鼎建设工程集团有限公司、国鼎建设工程集团有限公司第一分公司建设工程施工合同纠纷案，李某故意毁坏财物、寻衅滋事案，唐某、王某、李某骗取贷款票据承兑金融票证案，杨某、赵某诉石家庄博坤房地产开发有限公司商品房预售合同纠纷案，李某某诉河北天山智诚房地产开发有限公司、河北电视台、河北三近会展服务有限公司、华夏银行股份有限公司石家庄中山支行生命权、健康权、身体权纠纷案等。如上代理案例均胜诉并取得良好效果。

前　言

本书全面融入二十大精神，全面贯彻党的教育方针，落实立德树人的根本任务。本书是一本面向非法学专业的法律基础课程教材，是一本简洁明了、覆盖民商经济活动的法律通识教材。在法学院里，“民法”“商法”“经济法”这三个学科门类是相互区分的，本书涵盖了这三个部门法的入门知识。本教材多年适用于商科专业所开设的课程“商法”与财经专业所开设的课程“经济法”，比较来看，本书内容相对更少，学习形式更丰富。在我国，面向非法学专业的法学课程，多由法学院开设，其称谓也不断变迁，如“法学概论”“法律基础”“经济法(律)概论”“民商法通论”。本着专业称谓专业化之考虑，本教材应取名“民商经济法”，其内容以民法为基础，涵盖了劳动法、公司法等法学学科的主要内容。兼顾名称之简洁，故取名“民商法”。

笔者在“经济法概论”“民商法通论”的多年教学中，一直以注册会计师的考试用书《经济法》为主要参考教材，并随着教学经验的累积，在内容体例上日益调整成了现在的体例，即包括民法总则、合同、侵权责任、劳动法、公司法、财产法等内容。一个基本的假设和逻辑是，合同是财产取得的起点，合同法是民商法的重中之重；发散之后，则有侵权、劳动、公司等若干重要的法律领域，涉及几种不同的请求权益之大类；最后收拢，提及物权、知识产权、婚姻家庭财产等财产法。这个逻辑和体系是自恰的，受到了广大师生的认可。一个偶然的机会，笔者翻阅了中国人民大学出版社的“工商管理经典译丛”中阿历克斯的教材《商法》，惊讶于两者在体例上的相似。阿历克斯在前言中强调他的商法体例是他“教授法学这门课程已有 30 多年”后的认识，这佐证了本书体例作为民商经济活动中法学入门教材的科学性。

《中华人民共和国民法典》(以下简称《民法典》)是社会生活的百科全书，社会生活的千万规则是由无数的鲜活的案例呈现出来的。本书依据《民法典》做了全面更新，并增加了真实案例的阅读和研习。刘岩伟、梁永安是两位经验非常丰富的资深律师，他们把自己代理的真实案例和自己琢磨的实践经验融合到本书中，使本书能够更好地兼顾理论与实务。笔者的学生参与了本书更新的诸多具体工作，各章节之增减或更新分工如下：第 1 章由赵安书负责，第 2～5 章由张尧光负责，第 6～10 章由徐航负责，第 11～14 章由崔安南负责，第 15～18 章由杨容负责，第 19～20 章由段泽钰负责，第 21

章由阚建伟负责，第 22～25 章由张晓琳负责，第 26～28 章由张晨负责。李亚倩、樊金妮、张韵、张琳尧与笔者的学生合作，也分担了部分内容的更新工作。

感谢本书的策划编辑李红芳女士，她极其专业而又耐心细致的工作让本书日臻完善。感谢范范、京京、小丁。感谢参与本书编写的各位人员。著述是艰辛的，反复沟通是辛苦的，我们因为艰辛和辛苦而不断成长！

李海明

2024 年 1 月

目　录

第二编　合　同

第三编 侵权责任

第四编 劳动法

第五编 公司法

第六编　财产法

第 1 章 绪论

【导言】

《民法典》是社会生活的百科全书。民事和商事活动是现代生活的空气和水，任何人都离不开。调整社会生活的法律还有刑法、行政法等部门法。例如，民间借贷是社会生活中的一种常见现象：借款不还，就可能构成违约；利息过高，就可能因为违反《民法典》关于借款合同中禁止高利放贷的规定而无效；如果向不特定的公众借款，还可能因为违反刑法规定而构成非法吸收公众存款罪。

可见，社会生活离不开法律，学习民商法具体制度之前应该对法的一般理论有所了解。本章就介绍一些法律思维中最基础的概念，例如法的概念、法律规范、法律渊源、法律体系等，以帮助大家形成基本的法学思维习惯。

【学习目标】

- 明确法的概念，了解法律规则与法律原则的适用。
- 法律渊源的范围及其效力层次。
- 掌握法律体系的构成。
- 了解法是如何运行的。

1.1 法的概念

1.1.1 法律的定义

法律是由国家制定或认可的并由国家强制力保证实施的行为规范的总和。

2020 年 5 月 28 日，十三届全国人大三次会议表决通过《中华人民共和国民法典》(以下简称《民法典》)，该法自 2021 年 1 月 1 日起施行。婚姻法、继承法、民法通则、收养法、担保法、合同法、物权法、侵权责任法、民法总则同时废止。

《中华人民共和国公司法》(以下简称《公司法》)第四十九条规定：股东应当按期足额缴纳公司章程中规定的各自所认缴的出资额。股东以货币出资的，应当将货币出资足额存入有限责任公司在银行开设的账户；以非货币财产出资的，应当依法办理其财产权的转移手续。股东未按期足额缴纳出资的，除应当向公司足额缴纳外，还应当对给公司造成的损失承担赔偿责任。

从上述两则材料可知：法律需要由特定的国家机关制定，我国全国人民代表大会和全国人民代表大会常务委员会有立法权；法律是由国家强制力保障实施的行为规范，上述公司法条文便是针对股东出资行为的规范，如果其行为造成了严重后果，法律规定了相应的责任，具有强制力，以此保证违法者承担法律责任，起到规范和威慑作用。

1. 法的分类

根据适用范围不同，可将法分为一般法和特别法。一般法主要是指一国之内适用于一般的人和事的、具有普遍约束力的法律；特别法是指适用于特定的人、事项、时间或地区的法律。一般来说，同一位阶的法律，特别法优于一般法。

根据规定的内容不同，可将法分为实体法和程序法。实体法是指规定法律关系中主体的权利义务或者职权职责的法律，比如民法；程序法是指规定审判、立法、行政、调解、仲裁等程序规范的总和，比如民事诉讼法、仲裁法。

2. 效力范围

法律能够对行为进行规范的重要原因在于其具有约束力。具体来说，法律的效力范围包括时间效力、空间效力和对人的行为的效力。需要注意的是，法的时间效力除了法律起始与终止的期限，还涉及法律有无溯及力的问题，即新法对在其颁布之前的行为是否适用，如果适用，则该法有溯及力。

1.1.2 法律规范的分类

法律是由法律规范组成的，法律规范可分为法律规则和法律原则。

1. 法律规则

法律规则是指规定法律上的权利、义务或职权的规范。法律规则是一种行为模式，可反复适用，其适用不针对特定个人，具有普遍性。

2. 法律原则

法律原则是指法律的基础性原理或者基本出发点。法律原则可以弥补法律漏洞，有利于个案正义的实现。

《民法典》第八条规定：民事主体从事民事活动，不得违反法律，不得违背公序良俗。

但是，法律原则具有不确定性，因此须要对其设定严格的适用条件：首先，要严格区分法律原则和道德原则等非法律原则，只有法律原则才有司法适用的可能；其次，应坚持法律规则优先适用，穷尽法律规则，方可适用法律原则；最后，除非为了个案正义，否则不得直接适用法律原则而放弃法律规则的适用，并且需要法律使用者进行充分、严格的理由说明。

遗赠的案例

甲与乙结婚，婚后因感情不和而分居。后来，乙认识了丙，两人同居。在乙因患肝癌去世之后，丙拿出了乙的遗嘱，称其与乙是朋友，乙将其一部分财产指定由甲继承，将另一部分价值约 6 万元的遗产遗赠丙。乙的遗嘱由公证机关公证，遗嘱生效后，甲控制了全部遗产，丙认为甲的行为侵犯了她的合法权益，遂向法院提起诉讼，请求法院判令甲给付相应的遗产。

法院以公序良俗原则为依据驳回了丙的诉求，但学界也出现了很多主张保护丙的继承权的观点。在本案中，法官选择了法律原则相关具体的法律规则作为裁判的依据。

1.2　法律渊源

1.2.1　法律渊源的概念

法律渊源是法律的表现形式。更为感性的一种理解是：法律渊源是法官赖以判案的依据。

一般来说，法律渊源涉及两个方面的问题：一是法律通过何种形式、载体表现出来；二是不同类别的法律渊源的效力有何区别。

1.2.2　法律渊源的分类

最常见的法律渊源分类是将法律渊源分为“正式法律渊源”和“非正式法律渊源”，区分标准是是否被国家正式承认。因此，与正式法律渊源不同，非正式法律渊源只有在特定场合才能成为法院的判决依据。

1. 正式法律渊源

（1）制定法

制定法是指一个国家的立法机关或者经其授权的国家机关依照一定的程序制定的规范性法律文件。根据效力层级划分，制定法可以分为宪法、法律、行政法规等。

（2）判例法

判例法是指因法院的判决而形成的法律，以“遵循先例”为原则。法院审理案件时受上级法院和本院先前同类案件判决的约束，如果不能提出更为充分的理由，则不得作出与先前判决不一致的判决。

（3）习惯法

习惯法是指经由国家机关认可的习惯规范，具有法律效力。应注意区分习惯与习惯法。从本质上说，习惯法是一种社会规范：一项习惯规范能够被国家机关认可，是因为它长期对某个地区或者某些事项起着规范、管理作用；人们通常根据习惯安排相应社会关系中的权利与义务，此时习惯规范就扮演着法律的角色。随着制定法和判例法的发展，习惯法在现代社会的作用已不如前，但是它仍然在某些不宜由公权力干预的领域发挥着作用。

《中华人民共和国民族区域自治法》（以下简称《民族区域自治法》）第十条规定：民族自治地方的自治机关保障本地方各民族都有使用和发展自己的语言文字的自由，都有保持或改革自己的风俗习惯的自由。

(4)国际法

根据“条约必须遵守”原则，一个国家所缔结或者加入的国际条约应对其具有约束力，但其声明保留的除外。一般来说，一个国家签订的国际条约或协定，在经过有关国家机关根据法定程序对其进行认可后，即成为一国的正式法律渊源。

通常，一国的宪法或者其他法律会有如何适用国际法的相关规定。在我国，宪法没有明确规定国际法的适用问题，但是在一些法律中，比如民事诉讼法中，有相关规定。

《中华人民共和国民事诉讼法》(以下简称《民事诉讼法》)第二百九十三条规定：根据中华人民共和国缔结或者参加的国际条约，或者按照互惠原则，人民法院和外国法院可以相互请求，代为送达文书、调查取证以及进行其他诉讼行为。

外国法院请求协助事项有损于中华人民共和国的主权、安全或者社会公共利益的，人民法院不予执行。

2. 非正式法律渊源

(1)权威法学理论

权威法学理论一般是指法学家的理论观点。当前，制定法与判例法不断发展，已经很少有直接将法学理论观点作为法律渊源的情形。

(2)政策

政策是指国家或者政党为实现一定的社会发展目标而制定的相应的活动准则。

1.2.3 我国的正式法律渊源

依据效力不同，我国的正式法律渊源包括宪法、法律、法规、规章、司法解释以及国际条约和约定。宪法是我国的根本法，在法律渊源中具有最高法律效力。

关于法律渊源的效力，《中华人民共和国立法法》(以下简称《立法法》)做了详细的规定。

(1)对于不同位阶的法律渊源冲突，《立法法》规定如下：

《立法法》第九十八条规定：宪法具有最高的法律效力，一切法律、行政法规、地方性法规、自治条例和单行条例、规章都不得同宪法相抵触。

《立法法》第九十九条规定：法律的效力高于行政法规、地方性法规、规章。

行政法规的效力高于地方性法规、规章。

《立法法》第一百条规定：地方性法规的效力高于本级和下级地方政府规章。

省、自治区的人民政府制定的规章的效力高于本行政区域内设区的市、自治州的人民政府制定的规章。

《立法法》第一百零一条规定：自治条例和单行条例依法对法律、行政法规、地方性法规作变通规定的，在本自治地方适用自治条例和单行条例的规定。

(2)对于同位阶的法律渊源冲突，《立法法》规定如下：

《立法法》第一百零二条规定：部门规章之间、部门规章与地方政府规章之间具有同等效力，在各自的权限范围内施行。

《立法法》第一百零三条规定：同一机关制定的法律、行政法规、地方性法规、自治条例和单行条例、规章，特别规定与一般规定不一致的，适用特别规定；新的规定与旧的规定不一致的，适用新的规定。

《立法法》第一百零五条规定：法律之间对同一事项的新的一般规定与旧的特别规定不一致，不能确定如何适用时，由全国人民代表大会常务委员会裁决。

行政法规之间对同一事项的新的一般规定和旧的特别规定不一致，不能确定如何适用时，由国务院裁决。

《立法法》第一百零六条规定：地方性法规、规章之间不一致时，由有关机关依照下列规定的权限作出裁决：

（一）同一机关制定的新的一般规定与旧的特别规定不一致时，由制定机关裁决；

（二）地方性法规与部门规章之间对同一事项的规定不一致，不能确定如何适用时，由国务院提出意见，国务院认为应当适用地方性法规的，应当决定在该地方适用地方性法规的规定；认为应当适用部门规章的，应当提请全国人民代表常务委员会裁决；

（三）部门规章之间、部门规章与地方政府规章之间对同一事项的规定不一致时，由国务院裁决。

根据授权制定的法规与法律规定不一致，不能确定如何适用时，由全国人民代表大会常务委员会裁决。

1.3　法律体系

1.3.1　法律体系的概念

法律体系是一国现行有效的全部法律规范，也称为部门法体系。因为法律体系是由一国国内法所构成的体系，所以它不包括完整意义的国际法，也不包括已经废止的或者尚未生效的法律，只包括现行的国内法以及被一国所承认的国际法。对于法律体系而言，它追求的是体系的完备性与内在协调性。

此外，应注意一些相关概念的区分：

1. 法律体系和法制体系

法制体系强调法制系统的运转机制，主要包括立法、执法、司法、守法等运转环节，它虽然也包括了静态的法律规范，但是它更强调动态的运转机制；法律体系则主要指部门法规范所构成的静态体系。法制体系包括了法律体系。

2. 法律体系与法系

法系是指不同的国家或地区在历史上形成的具有相同的法的结构与表现形式（法的渊源）的一种法的类型。法系强调的是一种跨越地域的法律传统，而法律体系强调的是在一个主权国家之内现行有效的全部法律规范。

3. 法律体系与法学体系

法学体系是指一国之内关乎法律的学科体系。法学体系以法律体系的存在为基础。

法律体系的内容扩充会促进法学体系的变化发展，法学体系中的研究成果也会促进现有法律体系的调整。其具体内容见表 1-1：

表 1-1　法学体系与法律体系的区别

类别	法学体系	法律体系
范畴	属于社会科学范畴	属于规范体系范畴
内容	内容范围要更广，比如包括法哲学、法理学等	内容范围限于法律规范
特征	具有跨国性，不同的国家之间可以相互学习、交流，一些国家之间的法学体系可能相通	一般只在主权国家的主权范围内发生效力

1.3.2　法律部门

法律部门，又称部门法，是指依据一定的标准划定的调整同类社会关系的法律规范的总称。法律部门是法律体系的构成基础。

划分法律部门的标准主要是法律规范调整的社会关系类别，但这一划分标准难以解释某一法律部门对不同类别的社会关系的调整。因此，还须要以法律规范的调整方法作为另一划分标准，比如可以将以刑罚作为法律制裁形式的法律规范划分为刑法部门。

1.3.3　中国的法律体系

依法治国，建设社会主义法治国家，是中国共产党领导人民治理国家的基本方略。形成中国特色社会主义法律体系，保证国家和社会生活各方面有法可依，是全面落实依法治国基本方略的前提和基础，是中国发展进步的制度保障。第十届全国人大提出立法工作的目标是“基本形成中国特色社会主义法律体系”。到 2010 年年底，一个立足中国国情和实际、适应改革开放和社会主义现代化建设需要、集中体现中国共产党和中国人民意志，以宪法为统帅，以宪法相关法、民法商法等多个法律部门的法律为主干，由法律、行政法规、地方性法规等多个层次法律规范构成的中国特色社会主义法律体系已经形成，国家经济建设、政治建设、文化建设、社会建设以及生态文明建设的各个方面实现了有法可依。

1. 宪法及宪法相关法

宪法是国家的根本法，宪法及其相关法是关于国家制度、公民的基本权利与义务、国家机关等方面的法律规范的总和。

2. 刑法

刑法是有关犯罪、刑罚的法律规范的总和，它承担着维护社会秩序，保护国家、集体利益以及公民权益的任务。刑罚作为其调整方法，是最为严厉的一种法律制裁方法。须注意的是，在打击犯罪时也不能侵犯人权。

目前，我国刑法主要包括1997年修订的《中华人民共和国刑法》和此后的刑法修正案。

3. 行政法

行政法是调整国家行政管理活动的法律规范的总和，其本质是“控权法”，旨在控制行政权，保障公民权益。

目前我国行政法涉及的范围广泛，包括国防、公安、民政、教育、科学技术、文化、卫生、城市建设等诸多方面，常见的行政法主要有行政处罚法、行政许可法、行政复议法、行政诉讼法、人口与计划生育法等。

4. 民商法

民法是调整平等主体之间的人身关系和财产关系的法律规范的总和。《民法典》共7编1260条，各编依次为总则、物权、合同、人格权、婚姻家庭、继承、侵权责任，以及附则。《民法典》颁布实施后，配套的司法解释也是民法的重要内容。

商法以民法原则为基础，为适应现代商事交易的发展而出现，以调整平等主体之间的商事关系和商事行为，是民法中的特殊部分。目前，我国商法主要包括公司法、合伙企业法、企业破产法、保险法、票据法、海商法等。

民法与商法共同调整商品经济关系，同属私法，两者有着密切的联系。商法使用的一些原则也不断为民法所吸收。民法是伴随商品经济的发展而发展的，它所调整的财产关系主要是指财产归属和流转关系。民法所保护的利益是个人利益；而商法主要是商事交易习惯形成的商品交易规则，它所保护的利益也是个人利益。民法是商品经济的产物。在古罗马时期，商品交换十分频繁，从事交易的人们渐渐需要一个共同遵守的交易规则来维护交易秩序，保障商品流通，民法最初就是吸收商法而来的。

5. 经济法

经济法是指以宏观调控关系和市场规制关系为调整对象的法律规范的总和。我国目前关于宏观调控方面的经济法主要有税收征收管理法、预算法、审计法、中国人民银行法等，关于市场规制方面的经济法主要有反不正当竞争法、反垄断法、消费者权益保护法等。

6. 社会法

社会法是指调整劳动关系、社会保障关系、社会福利关系的法律规范的总和，旨在保障劳动者、无业者等有扶助需要的群体的权益。目前，我国社会法主要有劳动法、劳动合同法、劳动争议调解仲裁法、社会保险法等。另外，社会救助法、社会福利法等尚须制定和完善。

7. 诉讼与非诉讼程序法

诉讼程序法以司法机关和诉讼参与人的诉讼活动为调整对象，主要包括刑事诉讼法、民事诉讼法、行政诉讼法；非诉讼程序法是指在诉讼程序法范围之外，用以预防和解决纠纷的程序法，比如仲裁法。

1.4 法的存在

法律在社会中是如何运行的，也即法在社会中的存在形态。

1.4.1 立法

立法是指特定主体依据一定的职权和程序，运用一定技术，制定、认可、变动法的活动。实施法的重要前提是有法这种社会规范。

立法的基本过程包括立法准备阶段和从法案到法阶段。立法准备是从宏观到微观的准备活动，比如从立法规划到确定立法目标、组织协调相关工作，再到形成法案草稿、征求意见阶段。立法准备工作是否充分，内容思想是否科学，对所立之法能否具备实效性有重要影响。

从法案到法这一阶段的活动是指从法案被提出到法案成为法的这段时间内的立法活动，通常包括提出法案、审议法案、表决法案、公布法这四个阶段。一般在从法案到法这一阶段之后还有立法完善阶段。在整个立法活动中，程序法对于立法结果的好坏会起到至关重要的作用，其不仅仅有保障实体法的实施的作用，更有保障程序公正的独立价值。

《立法法》第十条规定：全国人民代表大会和全国人民代表大会常务委员会行使国家立法权。

全国代表大会制定和修改刑事、民事、国家机构的和其他的基本法律。

全国人民代表大会常务委员会制定和修改除应当由全国人民代表大会制定的法律以外的其他法律；在全国人民代表大会闭会期间，对全国人民代表大会制定的法律进行部分补充和修改，但是不得同该法律的基本原则相抵触。

《立法法》第十七条规定：全国人民代表大会主席团可以向全国人民代表大会提出法律案，由全国人民代表大会会议审议。

全国人民代表大会常务委员会、国务院、中央军事委员会、最高人民法院、最高人民检察院、全国人民代表大会各专门委员会，可以向全国人民代表大会提出法律案，由主席团决定列入会议议程。

《立法法》第二十七条规定：法律草案修改稿经各代表团审议，由宪法和法律委员会根据各代表团的审议意见进行修改，提出法律草案表决稿，由主席团提请大会全体会议表决，由全体代表的过半数通过。

《立法法》第二十八条规定：全国人民代表大会通过的法律由国家主席签署主席令予以公布。

1.4.2 守法

守法是指国家机关、社会组织、公民依照法律规定，行使权力，履行职责或行使权利履行义务的活动。

人们往往有一种思维定式，对于守法一词，总是更多地关注公民个人层面的守法，其实除了公民个人、社会组织须要守法，作为行使公权力的国家机关也须守法，并受到法的约束。比如，人民代表大会及其常委会应按照法定程序履行立法职责，政府部门应在执法的过程中严格遵守合法性和合理性原则，人民法院、人民检察院也应按照法定程序行使职权。

1.4.3　执法

执法是指国家行政机关，法律授权、法律委托的组织以及其公职人员依照法定职权和程序，贯彻实施法律的活动。执法活动的主体特定，内容广泛，多数执法活动具有单方性。执法的主体为行政机关与行政相对人，两者处于对立面，通过二者的对抗与妥协，形成相对正确的结果。

1. 执法的原则

(1)合法性原则

合法性原则首先是指执法主体应在法律规定的权限范围之内进行执法活动，其次执法活动的内容和程序要遵守现行有效的法律，不得做出与法律相抵触的执法行为，且执法主体要积极行使法律规定的职责。

(2)合理性原则

合理性原则是指执法主体在执法活动中须合乎理性，尤其是涉及行使自由裁量权时，更应注重合理性原则。

2. 执法的分类

执法活动根据执法主体不同可以分为行政机关的执法、法律授权组织的执法以及行政委托组织的执法。其具体内容见表 1-2：

表 1-2　执法的类型

类　型	说　明	
行政机关的执法	政府	中央人民政府：制定行政法规规范行政执法； 地方各级政府：执行宪法、法律、行政法规、地方性法规
	政府工作部门	包括税收、公安、食品安全、金融、审计、新闻出版、广播电影电视等
法律授权组织的执法	一般社会组织、社会团体：律师协会、红十字组织等； 企事业组织：烟草公司、食品卫生监督站等； 基层群众性自治组织：居民委员会、村民委员会	
行政委托组织的执法	我国的企业、事业组织往往接受主管机关委托的一些行政事务，比如基层群众性自治组织代民政部门实施发放救济物资的行为	

1.4.4 司法

司法是指国家司法机关依据法定程序行使法定职权，运用法律处理案件的专门活动。其具有专属性、程序性、专业性以及权威性。人民法院系统和人民检察院系统共同构成了当代中国的司法体系。

1. 人民法院

人民法院是我国的审判机关，依照法律规定独立行使审判权。具体来说，人民法院承担着刑事审判、民事审判、行政审判、国家赔偿审判、强制执行、法制教育等任务。

我国的最高审判机关是最高人民法院，它监督地方各级人民法院和专门法院的审判工作，上下级人民法院之间是监督与被监督的关系。因此，上级法院不能针对下级法院正在审理的案件发出指令。地方各级人民法院包括高级人民法院、中级人民法院、基层人民法院。此外，专门法院包括军事法院、海事法院、铁路运输法院、知识产权法院等。

我国的最高人民法院在深圳和沈阳设有巡回法庭，审理跨行政区域的重大行政案件、民商案件。巡回法庭制度的建立有利于案件纠纷的就地解决，也有助于避免地方保护主义干扰审判活动，维护审判的公正性。

我国的主要审判制度包括两审终审制度、公开审判制度、人民陪审员制度、审判监督制度。

2. 人民检察院

人民检察院是我国的法律监督机关，人民检察院依照法律规定独立行使检察权。人民检察院履行批捕起诉、诉讼监督等职能。

我国的最高检察机关是最高人民检察院，它领导地方各级检察院和专门检察院的工作，上下级检察院之间是领导与被领导的关系。检察官在独立行使检察权时受“检察一体”原则的限制，上级检察院有权针对下级检察院的具体案件发出指令。

我国的主要检察制度包括刑事审判监督制度、立案监督制度、侦查监督制度、刑罚执行与监所监督制度、民事行政检察制度、检务公开制度等。

检察院抗诉案例

伍某是运煤工，上班时因感身体不适提前下班，向厂方请假后借款 500 元准备回家，因天色较晚，并未离厂。当晚 9 点左右大吐血送到医院抢救，后因抢救无效死亡。煤场就伍某的情况向当地社保局提出工伤认定申请，社保局认为伍某的情况不符合《工伤保险条例》第十四条、第十五条规定的认定工伤或者视同工伤的情形，因此不予认定工伤。事后，伍某的配偶胡某向法院提起行政诉讼，一审法院和二审法院都驳回了胡某的诉讼请求，胡某不服，向检察机关申请抗诉成功，由高级人民法院审理此案。

3. 司法的原则

(1)司法公正，包括实体法的公正和程序法的公正。司法活动的性质和法的内在精神要求司法公正。

(2)公民在法律面前一律平等。其中包括：法律对全体公民平等；公民依照法律享有平等的权利，承担平等的义务；任何公民的合法权益都受法律保护，任何公民的违法行为都要受法律的追究。

(3)以事实为依据，以法律为准绳。以事实为依据即以客观事实为依据，排除主观想象、分析和判断的依据。要以法律的标准和尺度审理案件，严格依照法律程序办事。

(4)司法机关依法独立行使职权。其中包括：国家的审判权和检察权分别由人民法院和人民检察院依法统一行使。司法机关依照法律独立行使职权，不受行政机关、社会团体和个人的干涉。司法机关在司法中必须依照法律规定正确地适用法律。这是司法权的三个性质即专属性、行使职权独立性和合法性决定的。

4. 司法的特征

(1)司法的被动性：行政在运行时具有主动性，而司法具有被动性。

(2)司法的中立性：行政权有倾向性，司法权则要求绝对的中立性。司法中立指法院以及法官态度不受任何因素影响。

(3)司法的形式性：行政权更注重权力结果的实质性，而司法权更注重权力过程的形式性，即程序性。

(4)司法的专属性：行政权具有可转授性，司法权则具有专属性。

(5)司法的终极性：行政权效力非终极性，司法权效力有终极性。司法权是最终、最权威的判断权。这是司法权的典型特征。

《中华人民共和国刑事诉讼法》(以下简称《刑事诉讼法》)第三十三条规定：犯罪嫌疑人、被告人除自己行使辩护权以外，还可以委托一至二人作为辩护人。下列的人可以被委托为辩护人：

(一)律师；

(二)人民团体或者犯罪嫌疑人、被告人所在单位推荐的人；

(三)犯罪嫌疑人、被告人的监护人、亲友。

正在被执行刑罚或者依法被剥夺、限制人身自由的人，不得担任辩护人。

被开除公职和被吊销律师、公证员执业证书的人，不得担任辩护人，但系犯罪嫌疑人、被告人的监护人、近亲属的除外。

《中华人民共和国行政处罚法》(以下简称《行政处罚法》)第四十五条规定：当事人有权进行陈述和申辩。行政机关必须充分听取当事人的意见，对当事人提出的事实、理由和证据，应当进行复核；当事人提出的事实、理由或者证据成立的，行政机关应当采纳。

行政机关不得因当事人陈述、申辩而给予更重处罚。

《民事诉讼法》第四十八条规定：当事人提出回避申请，应当说明理由，在案件开始审理时提出；回避事由在案件开始审理后知道的，也可以在法庭辩论终结前提出。

被申请回避的人员在人民法院作出是否回避的决定前，应当暂停参与本案的工作，但案件需要采取紧急措施的除外。

《民事诉讼法》第七十一条规定：证据应当在法庭上出示，并由当事人相互质证。对涉及国家秘密、商业秘密和个人隐私的证据应当保密，需要在法庭出示的，不得在公开开庭时出示。

《民事诉讼法》第一百四十七条规定：被告经传票传唤，无正当理由拒不到庭的，或者未经法庭许可中途退庭的，可以缺席判决。

【本章小结】

法律是国家制定或认可的并由国家强制力保证实施的行为规范的总和。法律规范可分为法律规则和法律原则。法律渊源是法律的形式，依据效力不同可分为宪法、法律、法规、规章、司法解释以及国际条约和约定。法律体系是一国现行有效的全部法律规范。法律体系的门类是法律部门，包括宪法及宪法相关法、刑法、行政法、民商法、经济法、社会法、诉讼与非诉讼程序法。

【课后测验】

1. 关于法律渊源和法律体系，下列说法正确的是(　　)

A. 法律渊源是法官赖以判案的依据

B. 法律体系是法律知识的逻辑体系

C. 法律渊源是无国界的，包括涉外纠纷中当事人选择的国外法

D. 法律体系是不分古今的，中国的法律体系包括中国历史上的法

2. 根据《民事诉讼法》规定的诚信原则的基本精神，下列哪一选项符合诚信原则?(　　)

A. 当事人以欺骗的方法形成不正当诉讼状态

B. 证人故意提供虚假证言

C. 法院根据案件审理情况对当事人提供的证据不予采信

D. 法院对当事人提出的证据任意进行取舍或否定

3. 某法院在审理一起合同纠纷案时，参照最高法院发布的第15号指导性案例所确定的“法人人格混同”标准作出了判决。对此，下列哪一说法是正确的?(　　)

A. 在我国，指导性案例是正式的法的渊源

B. 判决是规范性法律文件

C. 法官在该案中运用了类比推理

D. 在我国，最高法院和各级法院均可发布指导性案例

4. 特别法优先原则是解决同位阶的法律渊源冲突时所依凭的一项原则。关于该原则，下列说法正确的是(　　)

A. 同一机关制定的特别规定相对于同时施行或在前施行的一般规定优先适用

B. 同一法律内部的规则规定相对于原则规定优先适用

C. 同一法律内部的分则规定相对于原则规定优先适用

D. 同一法律内部的具体规定相对于一般规定优先适用

【深入阅读】

阅读并比较以下两个案例，分析为何法官作出的判决不同。

“亲吻权受伤害”案

陶某被吴某驾车撞伤，车祸造成陶某上唇裂伤等多处伤害，构成十级伤残。陶某认为，由于上嘴唇残留了片状瘢痕，让她每次与丈夫亲吻时都会疼痛，造成心理障碍，陶某向法院起诉要求赔偿。法院认为，亲吻权的提出于法无据，对陶某不能亲吻的精神损害抚慰金的请求不予支持；吴某侵犯了陶某的身体权、健康权，应给付500元精神损害赔偿金。

“性权利受损害”案

某环卫所驾驶员徐某，在工作时间倒车时，将正在卡车后帮助关车门的张某撞伤，法医鉴定结果为：因外伤致阴茎勃起障碍。张某的妻子王某认为，丈夫因车祸丧失性功能，使自己的生理及心理健康受到了严重损害。夫妻二人以环卫所为被告提起诉讼，要求赔偿各项损失15万元，其中包括性权利受损害的精神损失赔偿。法院认为性权利是公民健康权的一个方面，王某作为妻子的性权利受到侵害，法院判决环卫所赔偿张某医疗费、残疾生活补助费、残疾赔偿金等损失10万余元，赔偿王某精神损害抚慰金1万元。

分析：

两个案例中：前一个案件的诉求未得到法官的支持，这是因为法官认为“亲吻权”是一种推定的权利；后一个案件的诉求得到了法官的支持，这是因为法官认为“性权利”是公民健康权的一个方面，是一种法定权利。事实上，性权利显然是中国的民事法律未明确规定的一项权利，对于由它引起的诉讼请求，法院不仅坦然接受，而且作出了有利于原告的赔偿请求。不管审判该案的法官如何解释，其裁决的依据显然不是源自法律的明确规定，而是基于法律的基本原则和内在精神。而同样是法律未明确规定的权利，亲吻权就未得到法律的支持。

程序法正当法律程序

程序是指一件事情进行的先后顺序。程序法是实体法的对称，除了规范审判程序，还对立法、行政、调解、仲裁等活动的程序进行规范。常有观点认为实体法与程序法的关系是目的与手段的关系，程序法的价值在于其保障实体法实施的工具价值；但也有观点指出，程序法的价值不仅仅在于工具价值，程序法更有保障程序公正的独立价值。程序法之价值追求为公正和效率。比如，程序法应保证一项行为之做出方式的合法性，但同时程序的设置也不能过于烦琐。

法律程序有正当法律程序与非正当法律程序之分，正当法律程序旨在为公民提供权利保护。一方面，它保障程序参与主体的平等权利，尊重程序参与者的人格尊严、参与意志；另一方面，它制约权力的行使，形成规范的法律适用流程，从而有助于保障权力主体所作决定的权威性。

【网络学习】

检索“法”，整理“法”的词源变化。

【课后思考】

请在中国裁判文书网检索“(2019)琼01民终3031号”赠与合同纠纷二审民事判决书，梳理案件中法官和律师的观点，并运用所学知识谈谈你的观点。

案件简介：未经配偶同意而将财物赠与第三者，事后也未取得配偶追认，属擅自处分夫妻共有财产的行为，且该赠与行为违反公序良俗原则，应属无效。本案中，薛某在与陈某婚姻关系存续期间而与牛某发展成为情人关系显然有悖于社会主义道德，有违公序良俗。

第一编
民法总则

第 2 章　法律关系

【导言】

当你去商店买一本书，当你与企业签订合同……这些看似只是生活中的平常小事，但若从法律层面来看，则都包含着法律关系。法律关系就在我们身边。

以法律来规范社会关系，就形成了相应的法律关系。认真阅读本章内容，你会对法律如何规范社会关系有所理解，同时这会将你由社会感知带入法律分析的角度。法律关系是整个法律框架的基础，也是民法中最基本的分析工具。本章将以法律关系的构成要素为脉络，联系你所熟悉的社会事件，从法律规范的角度来阐述其主体、客体与内容。

另外，你常听闻的生老病死、自然灾害等事件都关系着法律关系的变动。对于法律关系变动的原因，本章也会进行介绍。

【学习目标】

- 理解民事法律关系的要素：主体、客体、内容。
- 掌握民事权利的分类。
- 了解民事法律事实的内容。

2.1　法律关系的概念

法律关系是根据法律规范产生的，以主体之间的权利与义务关系的形式表现出来的社会关系，包括民事法律关系、刑事法律关系、行政法律关系等。法律关系就在我们身边。以法律规范为前提，事实层面的社会关系就转化为相应的法律关系。

甲捡到装有现金的皮包，当晚看到寻物启事中失主着急寻找皮包。甲纠结于主动归还或是占为己有。若仅从道德层面看，无偿将皮包还给失主体现拾金不昧的品质。但从法律层面看，民法中存在应将遗失物交还失主的规定，因此这本身就是一种法律关系。

法律关系作为法学的基础术语，有以下内涵：

1. 法律关系体现国家意志

法律关系本质上体现的是国家意志。法律规范是根据国家意志有目的地建立起来的，因此，在法律规范基础上产生的法律关系也必然具有国家意志性。

2. 法律关系是一种特殊的社会关系

法律关系作为一种特殊的社会关系，最突出的特征是其产生是以法律规范为前提的。法律规范是以国家强制力为保障的，因此法律关系也必然具有合法性。

3. 法律关系是权利义务关系

法律关系的联结是以法律上的权利、义务为纽带的，主体之间若不存在实际的法律权利和法律义务，就不可能有法律关系的存在。

2.2 法律关系的构成要素

法律关系由法律关系主体、法律关系内容(权利与义务)和法律关系客体三要素构成。

甲从乙处买了一台笔记本。此案中，法律关系的主体为甲和乙，法律关系的客体为甲乙双方买卖的标的物——笔记本，法律关系的内容为甲乙之间关于笔记本和价款的给付或请求的权利或义务。

2.2.1 法律关系的主体

法律关系的主体即参加法律关系，享有权利、负有义务和承担责任的人。法律关系的主体包括自然人(公民)、法人和其他组织。

1. 自然人

自然人是基于生物学意义上的出生而享有法律人格的人。自然人具有民事权利能力，民事权利能力是指自然人依法享有民事权利和承担民事义务的资格。

《民法典》第十三条规定：自然人从出生时起到死亡时止，具有民事权利能力，依法享有民事权利，承担民事义务。

《民法典》第十四条规定：自然人的民事权利能力一律平等。

《民法典》第十五条规定：自然人的出生时间和死亡时间，以出生证明、死亡证明记载的时间为准；没有出生证明、死亡证明的，以户籍登记或者其他有效身份登记记载的时间为准。有其他证据足以推翻以上记载时间的，以该证据证明的时间为准。

对于胎儿的民事权利能力需要注意：

《民法典》第十六条规定：涉及遗产继承、接受赠与等胎儿利益保护的，胎儿视为具有民事权利能力。但是，胎儿娩出时为死体的，其民事权利能力自始不存在。

与民事权利能力不同，自然人的民事行为能力存在差异。民事行为能力是指自然人能够以自己的行为独立参加民事法律关系的能力。法律根据自然人的年龄和智力状态，将公民分为完全民事行为能力人、限制民事行为能力人和无民事行为能力人。

(1)完全民事行为能力人。

十八周岁以上的自然人是成年人，具有完全民事行为能力，可以独立实施民事法律行为，是完全民事行为能力人。十六周岁以上的未成年人，以自己的劳动收入为主要生活来源的，视为完全民事行为能力人(《民法典》第十八条第二款)。需要明确的是，完全民事行为能力人应具备精神正常这一条件。

(2)限制民事行为能力人。

八周岁以上的未成年人为限制民事行为能力人，实施民事法律行为需由其法定代理人代理或者经其法定代理人同意、追认；但是，可以独立实施纯获利益的民事法律行为或者与其年龄、智力相适应的民事法律行为(《民法典》第十九条)。不能完全辨认自己行为的成年人为限制民事行为能力人，实施民事法律行为由其法定代理人代理或者经其法定代理人同意、追认；但是，可以独立实施纯获利益的民事法律行为或者与其智力、精神健康状况相适应的民事法律行为(《民法典》第二十二条)。

(3)无民事行为能力人。

不满八周岁的未成年人为无民事行为能力人，由其法定代理人代理实施民事法律行为(《民法典》第二十条)。不能辨认自己行为的成年人为无民事行为能力人，由其法定代理人代理实施民事法律行为；八周岁以上的未成年人不能辨认自己行为的，也适用有关无民事行为能力的规定(《民法典》第二十一条)。

精神病人的民事行为能力必须由人民法院认定。

《民法典》第二十四条规定：不能辨认或者不能完全辨认自己行为的成年人，其利害关系人或者有关组织，可以向人民法院申请认定该成年人为无民事行为能力人或者限制民事行为能力人。

被人民法院认定为无民事行为能力人或者限制民事行为能力人的，经本人、利害关系人或者有关组织申请，人民法院可以根据其智力、精神健康恢复的状况，认定该成年人恢复为限制民事行为能力人或者完全民事行为能力人。

本条规定的有关组织包括：居民委员会、村民委员会、学校、医疗机构、妇女联合会、残疾人联合会、依法设立的老年人组织、民政部门等。

2. 法人

法人是具有民事权利能力和民事行为能力，依法独立享有民事权利和承担民事义务的组织(《民法典》第五十七条)。法人的民事权利能力和民事行为能力，从法人成立时产生，到法人终止时消灭(《民法典》第五十九条)。

《民法典》第五十八条规定：法人应当依法成立。

法人应当有自己的名称、组织机构、住所、财产或者经费。法人成立的具体条件和程序，依照法律、行政法规的规定。

设立法人，法律、行政法规规定须经有关机关批准的，依照其规定。

企业法人行使民事权利、承担民事义务的范围以及分立、合并后的民事责任的规定如下：

《民法典》第六十条规定：法人以其全部财产独立承担民事责任。

《民法典》第六十二条规定：法定代表人因执行职务造成他人损害的，由法人承担民事责任。

法人承担民事责任后，依照法律或者法人章程的规定，可以向有过错的法定代表人追偿。

《民法典》第六十七条规定：法人合并的，其权利和义务由合并后的法人享有和承担。

法人分立的，其权利和义务由分立后的法人享有连带债权，承担连带债务，但是债权人和债务人另有约定的除外。

《民法典》第七十四条规定：法人可以依法设立分支机构。法律、行政法规规定分支机构应当登记的，依照其规定。

分支机构以自己的名义从事民事活动，产生的民事责任由法人承担；也可以先以该分支机构管理的财产承担，不足以承担的，由法人承担。

3. 非法人组织

非法人组织不具有法人资格，但是能够依法以自己的名义从事民事活动的组织。非法人组织包括个人独资企业、合伙企业、不具有法人资格的专业服务机构等(《民法典》第一百零二条)。

非法人组织从事民事活动、承担民事责任的具体规定如下：

《民法典》第一百零三条规定：非法人组织应当依照法律的规定登记。

设立非法人组织，法律、行政法规规定须经有关机关批准的，依照其规定。

《民法典》第一百零四条规定：非法人组织的财产不足以清偿债务的，其出资人或者设立人承担无限责任。法律另有规定的，依照其规定。

《民法典》第一百零五条规定：非法人组织可以确定一人或者数人代表该组织从事民事活动。

2.2.2 法律关系的内容——权利与义务

权利是法律允许权利人为了满足自己的利益可以作为或不作为，或者要求他人为一定行为或不为一定行为，并由他人的法律义务作保证的资格；义务则是法律规定的义务人应该按照权利人要求从事一定行为(作为或不作为)，以满足权利人的利益的约束。权利和义务既是相互对立的，也是相互联系的。往往一方的权利就是另一方的义务，一方的义务就是另一方的权利，二者通常是对应的。此外，某些权利和义务是相对的，例如劳动、受教育既是权利又是义务。

2.2.3 法律关系的客体

法律关系的客体是指权利和义务所指向的对象。它是将法律关系主体之间的权利与义务联系在一起的中介。没有法律关系的客体作为中介，就不可能形成法律关系。客体的范围包括：

1. 物

法律上所说的物包括一切可以成为财产权利对象的自然之物和人造之物。例如，所有权关系的客体是物。

2. 行为

在法律关系客体的意义上，行为指的是权利和义务所指向的作为或不作为。例如，债权关系的客体是行为。

3. 智力成果

作为客体的智力成果是指人们在智力活动中所创造的精神财富，它是知识产权所指向的对象。知识产权关系的客体是智力成果。

4. 人身利益

人身利益包括人格利益和身份利益，是人格权和身份权的客体，如肖像、名誉、尊严、婚姻等。

2.3　民事法律关系

民事法律关系是指由民法调整平等主体的自然人、法人和非法人组织之间的人身关系和财产关系形成的法律关系。在逻辑上，民事法律关系是法律关系的一种，但是一般而言，法律关系往往是指民事法律关系。民事法律关系与实施民事活动密切相关，法律上对民事主体实施民事活动的规定如下：

《民法典》第三条规定：民事主体的人身权利、财产权利以及其他合法权益受法律保护，任何组织或者个人不得侵犯。

《民法典》第四条规定：民事主体在民事活动中的法律地位一律平等。

《民法典》第五条规定：民事主体从事民事活动，应当遵循自愿原则，按照自己的意思设立、变更、终止民事法律关系。

《民法典》第六条规定：民事主体从事民事活动，应当遵循公平原则，合理确定各方的权利和义务。

《民法典》第七条规定：民事主体从事民事活动，应当遵循诚信原则，秉持诚实，恪守承诺。

《民法典》第八条规定：民事主体从事民事活动，不得违反法律，不得违背公序良俗。

《民法典》第九条规定：民事主体从事民事活动，应当有利于节约资源、保护生态环境。

《民法典》第十条规定：处理民事纠纷，应当依照法律；法律没有规定的，可以适用习惯，但是不得违背公序良俗。

2.4　民事权利

民事权利和义务是民事法律关系的内容，也是整个民法体系的核心。相对于其他法律(如刑法)而言，民法的明显特点是它强调“权利”二字。民法中的两大类基本民事权利是人身权和财产权。

2.4.1 人身权

人身权是指与人身相联系或不可分离的没有直接财产内容的权利，包括人格权和身份权两大类。人格权有姓名权、名称权、肖像权等；身份权有亲属权、荣誉权等。

《民法典》第一百一十条规定：自然人享有生命权、身体权、健康权、姓名权、肖像权、名誉权、荣誉权、隐私权、婚姻自主权等权利。

法人、非法人组织享有名称权、名誉权和荣誉权。

《民法典》第一百一十一条规定：自然人的个人信息受法律保护。任何组织或者个人需要获取他人个人信息的，应当依法取得并确保信息安全，不得非法收集、使用、加工、传输他人个人信息，不得非法买卖、提供或者公开他人个人信息。

《民法典》第一百一十二条规定：自然人因婚姻家庭关系等产生的人身权利受法律保护。

1. 生命权、身体权、健康权

生命、身体、健康是最根本的人身权利，也是享受其他权利的基础。如果生命健康得不到保障，那么其他权利也无法实现。这三项权利往往是消极权利，法律限制权利人积极处分获得经济利益，常涉及的议题有自杀、卖淫、出卖身体器官、代孕等。

其中，未成年人的生命健康权受到法律的特殊保护。

《中华人民共和国未成年人保护法》(以下简称《未成年人保护法》)第三条第一款规定：国家保障未成年人的生存权、发展权、受保护权、参与权等权利。

2. 姓名权

姓名权是依法享有的决定、使用、变更自己的姓名并要求他人尊重自己姓名的一种人格权利。公民享有姓名权，有权决定、使用和依照规定改变自己的姓名，禁止他人干涉、盗用、假冒。干涉他人使用姓名、盗用和假冒他人姓名、以侮辱方式使用他人姓名等都是对他人姓名权的侵害。

姓名权包括姓名决定权、姓名使用权与姓名变更权。年满十八周岁的成年人有权决定自己的姓名、笔名或艺名，任何人无权干涉。而未成年人的名字由父母确定体现的是一种代理行为，并不是对自我命名权的否定。另外，自然人享有姓名的使用权并不妨碍将姓名转让给他人使用。

对于姓名权有两点需要注意：

(1)此处的姓名并不限于公民在户籍机关正式登记的本名，笔名、艺名在一定程度上也受到法律的保护。

歌手艺名受保护案例

某歌手与经纪公司解约后，经纪公司另谋新人演唱原歌手的成名曲。同时，经纪公司将与原歌手极为相似的名字用作新人的艺名，法院判决经纪公司与新人不得使用此艺名进行演艺活动，并要求赔礼道歉和赔偿。可见，艺名也受法律的保护。

(2)确定、使用或者变更姓名并不能完全按照自己的意愿。违背公序良俗、损害国家尊严的姓名是不被认可的。

李某改名案例

李某的第一代身份证的名字中含有外文字母，在办理第二代身份证时被告知，名字中不能含有外文字母。经过激烈辩论，法庭作出裁定：李某须用规范汉字更改名字，公安分局为李某办理更名手续。

3. 肖像权

肖像权是指公民对自己的肖像享有再现、使用并排除他人侵害的权利。法律保护公民的肖像，是因为肖像多方面体现了公民的精神利益、人格利益。

肖像权包括肖像再现权、肖像使用权与肖像利益维护权。自然人有权自己决定制作肖像，他人不得干涉。同时，自然人有权以任何方式使用自己的肖像，并通过使用取得收益。另外，公民也有权禁止他人非法使用自己的肖像权或对肖像权进行损害、玷污。未经本人同意，以营利为目的使用公民肖像，故意损毁、玷污、丑化公民的肖像，利用公民肖像进行人身攻击都属于侵害肖像权的情形。

但是，并非所有未经本人同意使用肖像的行为都造成了对肖像权的侵犯。违反道德和法律的行为的犯罪录像、新闻报道中人物的肖像、为社会公共利益而使用的肖像等都不属于对肖像权的侵害。

4. 名誉权

名誉权是指民事主体就自己获得的社会评价享有利益并排除他人侵害的权利。公民、法人享有名誉权，公民的人格尊严受法律保护，禁止用侮辱、诽谤等方式损害公民、法人的名誉。公民、法人享有荣誉权，禁止非法剥夺公民、法人的荣誉称号。

名誉权包括名誉保有权、名誉维护权与名誉利益支配权。民事主体有权保持自己的名誉不丧失。对于他人的侵害行为，民事主体可以要求侵权人赔偿损失。另外，自然人可以利用自身良好的名誉与他人进行民事活动以获取社会经济效益。

5. 信用权

《民法典》首次明确规定了信用权。信用权是指民事主体对基于自己经济能力所获得的社会信赖和评价享有的人格权。

与名誉权类似，信用权包括信用保持权、信用维护权和信用利益支配权。民事主体有权保持自己的信用不降低，并通过增强经济履约能力以获得更好的社会评价，同时有权维护自己的信用不受侵害。

《民法典》第一千零二十九条规定：民事主体可以依法查询自己的信用评价；发现信息评价不当的，有权提出异议并请求采取更正、删除等必要措施。信用评价人应当及时核查，经核查属实的，应当及时采取必要措施。

6. 隐私权

隐私权是指自然人享有的私人生活安宁与私人信息秘密依法受到保护，不被他人非法侵扰、知悉、收集、利用和公开的一种人格权。这里须要明确，隐私权的主体只能是公民，不包括法人尤其是企业法人的秘密(即商业秘密)。另外，隐私权的保护范围受公共利益的限制，违反法律的秘密不在隐私权的保护范围内。

隐私权包括个人生活安宁权、个人生活信息保密权、个人通信秘密权与个人隐私使用权。

通常情况下，自然人的隐私权受法律保护，但是法律对公众人物的隐私权应当设有限制。其中，对政治人物、公务人员与政治生活和公共利益有关的隐私的保护就在一定程度上有所限制。

7. 婚姻自主权

男女平等、婚姻自主，此在文明社会不言而喻，受法律保障。

《民法典》第一千零四十二条第一款规定：禁止包办、买卖婚姻和其他干涉婚姻自由的行为。禁止借婚姻索取财物。

《民法典》第一千零四十六条规定：结婚应当男女双方完全自愿，禁止任何一方对另一方加以强迫，禁止任何组织或者个人加以干涉。

《民法典》第一千零五十二条规定：因胁迫结婚的，受胁迫的一方可以向人民法院请求撤销婚姻。请求撤销婚姻的，应当自胁迫行为终止之日起一年内提出。被非法限制人身自由的当事人请求撤销婚姻的，应当自恢复人身自由之日起一年内提出。

2.4.2 财产权

财产权制度是现代社会一项极其重要的法律制度。民事主体的财产权利受法律平等保护(《民法典》第一百一十三条)。广义的财产权包括物权、债权和知识产权，狭义的财产权通常指物权。不少权利不仅是财产权利，而且含有人身权，例如知识产权、股权、继承权；有些权利是人身权，但又不是传统的人格、身份，例如个人信息权。

《民法典》第一百一十四条规定：民事主体依法享有物权。

物权是权利人依法对特定的物享有直接支配和排他的权利，包括所有权、用益物权和担保物权。

《民法典》第一百一十八条规定：民事主体依法享有债权。

债权是因合同、侵权行为、无因管理、不当得利以及法律的其他规定，权利人请求特定义务人为或者不为一定行为的权利。

《民法典》第一百二十三条规定：民事主体依法享有知识产权。

知识产权是权利人依法就下列客体享有的专有的权利：(一)作品；(二)发明、实用新型、外观设计；(三)商标；(四)地理标志；(五)商业秘密；(六)集成电路布图设计；(七)植物新品种；(八)法律规定的其他客体。

2.5 法律事实

主体、内容与客体这三个要素只是静态的法律关系，动态的法律关系包括法律关系的发生、变更和消灭。

甲与乙签订买卖合同，买卖合同生效，买卖关系形成——法律关系的发生。

甲原来租赁乙的二层楼，改为租赁乙的三层楼，甲与乙的租赁关系出现变化——法律关系的变更。

因遭受地震，甲的房屋完全损毁，甲对房屋的所有权消灭——法律关系的消灭。

法律关系变动的原因是法律事实。法律事实是指能够引起法律关系发生、变更或者消灭的现象的总称。依照法律事实是否与当事人的意志有关，可以把法律事实分为事件和行为。

2.5.1 事件

事件是指法律规定的，不以人的意志为转移的能够引起法律关系的产生、变更、消灭的客观情况。事件包括以下几种情形：

(1)人的出生与死亡；

(2)地震、洪水等自然灾害、战乱；

(3)经过法定期间。

甲父的死亡，导致甲父与甲之间继承关系的发生——人的死亡。

地震后房屋震塌导致所有权消灭，事前若投保，则保险赔偿关系发生——自然灾害。

甲在乙的胁迫下订立买卖合同，甲自胁迫行为终止之日起一年内没有行使撤销权，撤销权消灭——经过法定期间。

2.5.2 行为

行为是指与人的意志有关的法律事实。行为与人的意志有关，根据意志是否须明确作出意思表示，行为可划分为法律行为和事实行为。

1. 法律行为

法律行为是指民事主体通过意思表示设立、变更、终止民事法律关系的行为。

2. 事实行为

事实行为是指行为人主观上没有产生民事法律关系效果的意思表示，客观上引起法律效果发生的行为。事实行为包括不当得利、无因管理、侵权行为、违约行为等。

【本章小结】

1. 法律关系是根据法律规范产生的，以主体之间的权利与义务关系的形式表现出来的社会关系。法律关系的构成要素包括主体、内容、客体。法律关系的主体包括自然人、法人、非法人组织，法律关系的内容包括权利与义务，法律关系的客体包括物、行为、智力成果、人身利益。

2. 根据自然人的民事行为能力，自然人又分为完全民事行为能力人、限制民事行为能力人、无民事行为能力人。自然人的民事权利包括人身权和财产权，人身权包括生命权、身体权、健康权、姓名权、肖像权、名誉权、信用权、隐私权、婚姻自主权；财产权包括物权、债权、知识产权。

3. 法律事实包括事件和行为，行为又包括法律行为和事实行为。

【课后测验】

1. 下列选项中，属于限制行为能力人的是(　　)

A. 小李 15 周岁，是不能辨认自己行为的精神病人

B. 小刘 19 周岁，是尚未康复的间歇性精神病人

C. 小张 6 周岁，身体健康

D. 小赵 25 周岁，是先天性的肢体残疾人

2. 下列哪种情形成立民事法律关系？(　　)

A. 甲与乙约定某日商谈合作开发房地产事宜

B. 甲对乙说：如果你考上研究生，我就嫁给你

C. 甲不知乙不胜酒力而极力劝酒，导致乙酒精中毒住院治疗

D. 甲应同事乙之邀前往某水库游泳，因抽筋溺水身亡

3. 甲殴打乙致乙死亡，为此甲赔偿乙的家属 2 万元。乙家属料理乙的后事后，分割了乙的财产。引起上述侵犯赔偿关系和财产继承关系产生的法律事实分别是(　　)

A. 事件、行为

B. 行为、事件

C. 事件、事件

D. 行为、行为

【深入阅读】

实现胎儿民事权利的现实困惑

2006 年 4 月 14 日下午，陈某乘坐的由廖某驾驶的微型面包车与梁某驾驶的大型客车相撞，致陈某受伤后入住某县人民医院治疗。陈某经诊断为“先兆流产、胎膜早破”，其根据医嘱认为保胎的危险性较大，遂决定终止妊娠并产下一暂活女婴。交警部门认定：梁某负此次事故的主要责任，廖某负次要责任。后交警部门以当事人间就赔偿金额分歧较大不能达成协议为由而终结调解。陈某遂诉诸法院，请求判令梁某等三被告给付原告医疗费、误工费、住院伙食补助费等费用，并判令被告支付婴儿死亡赔偿金、丧葬费，以及精神抚慰金。

对婴儿的死亡赔偿金应否支持，在讨论中出现了两种意见：一种是胎儿不是独立的民事主体，对胎儿的损害导致其出生后死亡，不是对胎儿权利的侵害，而是对母体权利的侵害，应赔偿母体终止妊娠的损失而非婴儿的死亡赔偿金；另一种是胎儿享有一定的民事权益，被告的行为与婴儿的死亡存在间接的因果关系，被告应承担婴儿死亡的赔偿责任。

【网络学习】

在网络上查找有关胎儿民事权利能力的案件进行分析学习。

【课后思考】

请检索三里屯酒吧拒入案，思考为何法院根据一般人格权作出裁决。

张某年幼时，因家中失火，导致张某脸部大面积皮肤被烧伤，经医院抢救后，保住了性命，但留下了满脸的疤痕。张某经过长时间的心理治疗，终于走出阴霾，鼓起勇气，面对生活。

2015年6月，张某入职北京三里屯某公司，某日，张某与公司同事一同到北京三里屯某酒吧聚餐共欢。走到酒吧门口时，张某被酒吧保安拦住，拒绝让张某进入，并告知张某“您相貌欠佳，让您进去会吓到其他客户的，您请回吧”。张某无奈，只得独自先行离去。后来，张某向律师咨询后得知，酒吧已构成侵权，遂一纸诉状将酒吧告上法庭，要求酒吧支付精神损害抚慰金。

法院认为：我国公民依法享有人格自由、人格尊严、人格平等、人格独立等一般人格权利。公民的人格权依法受法律保护，他人不得随意侵害。酒吧作为一方民事主体，依法享有是否与张某建立合同关系的权利，但权利的行使不得损害他人合法利益。酒吧以张某相貌欠佳为由，拒绝张某进入酒吧，已构成对张某人格平等、人格尊严等一般人格权的侵害，且造成了给张某带来巨大心理创伤的结果，遂依法判决，酒吧依法向张某支付精神损害抚慰金。

第 3 章　法律行为

【导言】

受胁迫签订买卖合同，与别人约定 3 个月后签订租房合同，小孩独自到商店买文具……从上一章的学习中我们知道这一系列行为都属于法律行为，那么，这些事情的法律效力如何呢？学完本章你将对此有清楚的认识。

本章讨论的法律行为，是从民事法律制度角度具体展开的。民事法律行为是以意思表示为起点的，涉及成立和生效等问题。法律行为的成立与生效是有差异的。另外，本章将对无效、效力待定、可撤销、附条件、附期限的法律行为进行详细的介绍。

【学习目标】

- 理解意思表示。
- 了解法律行为的分类。
- 区分法律行为的成立与生效。
- 明确无效法律行为的情形。
- 判断可撤销的法律行为。
- 了解附条件和附期限的法律行为。

3.1　法律行为的概念

法律行为是指民事主体通过意思表示设立、变更、终止民事法律关系的行为。

3.1.1　法律行为的内涵

1. 法律行为是一种法律事实

法律行为作为法律事实的一类，就其本质来看是法律关系变动的原因，因而其必然与权利义务的设立、变更和消灭相关。

2. 法律行为是以意思表示为要素的

意思表示是法律行为不可缺少的核心要素。当事人作出意思表示后，法律行为能够产生主体预期的后果，能够依法在当事人之间产生约束力。

3. 法律行为是私法上的行为

从意思表示的内涵来看，法律行为所产生的效果是行为人希望发生的。如此看来，法律行为只有适用于民事法律关系才是合理的，本章的内容也是针对民事法律行为来阐述的。而行政法律行为、诉讼法律行为等概念是相对于民事法律行为来说的，其与私法上的民事法律行为有巨大差异。

这里须要强调一点：我国并未直接采用“法律行为”这一概念，而是采用了民事法律行为这个概念。民事法律行为是民事主体通过意思表示设立、变更、终止民事法律关系的行为(《民法典》第一百三十三条)。

3.1.2　法律行为的分类

1. 单方法律行为与双方法律行为

以法律行为中的人数为标准可分为单方法律行为与多方法律行为。

(1)单方法律行为：仅由一方的意思表示就能成立的法律行为，如债务的免除、立遗嘱捐赠身体器官等；

(2)多方法律行为：需要两个或者两个以上的行为人的意思表示一致才能成立的法律行为，如合同和决议等。

区分的意义：法律对两者成立的要求不同。单方法律行为如立遗嘱只需要一方当事人作出意思表示即可成立，而多方法律行为如签订合同一般需要多个当事人的意思表示一致法律行为才能成立。

2. 有偿法律行为与无偿法律行为

以法律行为有无对价为标准可分为有偿法律行为与无偿法律行为。

(1)有偿法律行为：双方须为对待给付代价的法律行为，如买卖合同。

(2)无偿法律行为：一方当事人承担给付代价，而他方当事人不承担相应给付代价的行为，如赠与、无偿消费借贷等。

区分的意义：

(1)无偿法律行为对于行为人的责任要求较低。无偿法律行为如赠与合同中赠与人一般不承担瑕疵担保责任，但有偿法律行为如买卖合同须要承担标的物的瑕疵担保责任。

《民法典》第六百一十五条规定：出卖人应当按照约定的质量要求交付标的物。出卖人提供有关标的物质量说明的，交付的标的物应当符合该说明的质量要求。

《民法典》第六百一十二条规定：出卖人就交付的标的物，负有保证第三人对该标的物不享有任何权利的义务，但是法律另有规定的除外。

《民法典》第六百六十二条第一款规定：赠与的财产有瑕疵的，赠与人不承担责任。附义务的赠与，赠与的财产有瑕疵的，赠与人在附义务的限度内承担与出卖人相同的责任。

(2)只有有偿法律行为才会因为显失公平而被撤销，而这在无偿法律行为中不存在。

(3)无民事行为能力人、限制民事行为能力人一般不能独立订立有偿合同或者实施其他与其能力不相适应的法律行为，但在无偿民事行为中可以作为纯获利益的一方。

3. 要式法律行为与不要式法律行为

以法律行为是否须采用一定的方式为标准可分为要式法律行为与不要式法律行为。

(1)要式法律行为：法律规定必须采用特定形式才能成立的法律行为。

(2)不要式法律行为：法律对其形式无要求的法律行为。

区分的意义：法律行为成立的条件不同。要式法律行为一般须要严格依照法律规定的方式才可成立，如建设工程合同应当采用书面形式；不要式法律行为如自然人之间的借贷，既可以用口头方式也可以用书面方式订立合同。

4. 主法律行为与从法律行为

以法律行为相互关系为标准可分为主法律行为与从法律行为。

(1)主法律行为：不须要有其他法律行为的存在就可以独立成立的法律行为。

(2)从法律行为：从属于其他法律行为而存在的法律行为。

区分的意义：主法律行为的存废与效力由其自身决定，从法律行为的存废与效力不影响主法律行为，如债权行为是主行为，不以担保行为为存在前提；从法律行为的存废与效力一般取决于主法律行为，如担保行为不能独立存在，须要以债权契约为存在条件，若债权行为无效或者被撤销，则担保行为随之无效。

须要注意，从法律行为不同于随附义务。当事人应当遵循诚实信用原则，根据合同的性质、目的和交易习惯履行通知、协助、保密等义务。其中，通知、协助、保密等义务，就属于随附义务。

3.2 意思表示

意思表示是指行为人将意欲达到某种预期法律后果的内在意思表现于外部的行为。意思表示包括内在意思与外在表示两个方面。

3.2.1 内在意思

内在意思是指当事人内心意思欲达到的法律效果。内在意思包括行为意思、表示意思与效力意思。

1. 行为意思

行为意思是指表意人自觉地从事某种行为。

甲在醉酒后精神错乱的情况下与乙签订了合同，可认为甲这种行为缺乏必要的行为意思。

2. 表示意思

表示意思是指行为人认识其行为具有某种法律行为上的意义。

若甲将正式的合同误以为是会议的请柬，而在上面签字确认，则此时甲的行为仅具有行为意思，但是缺乏表示意思。

3. 效力意思

效力意思是指行为人欲表示发生一定的法律效果。

拍卖会上，主持人最后一次询问：珠宝 10 万元是否有人要买，想买的请举手示意。此时甲看见好友从门外走来，便举手示意与其坐在一起，而主持人认为甲同意购买珠宝。实际上，甲的举手并非表现购买意愿，此行为并不具备效力意思。

3.2.2　外在表示

外在表示是指当事人将内心意思表现于外部。行为人可以明示或者默示作出意思表示(《民法典》第一百四十条)。外在表示的形式主要包括以下几类：

1. 书面形式

书面形式是指用书面文字形式所进行的意思表示，如书面合同等。书面形式又分为一般书面形式(包括信函、电报、电传、传真等)与特殊书面形式(包括公证、鉴证、审批等)。

2. 口头形式

口头形式是指以口头语言方式进行的意思表示，如双方当事人通过当面协商或者电话洽谈而订立的口头合同。

3. 推定形式

推定形式是指当事人通过有目的、有意义的积极行为将其内在意思表现于外部，使他人可以根据交易习惯等，推知当事人已作某种意思表示。须要注意的是，这种推定必须是符合法律要求的。如租赁期间届满，承租人继续使用租赁物，出租人没有提出异议的，原租赁合同继续有效，但租赁期限为不定期，此处可认为是推定形式。

4. 沉默形式

沉默形式是指行为人以不作为方式所作的意思表示，或者他人根据行为人的沉默推定其具有某种意思。但须要注意的是，沉默只有在有法律规定、当事人约定或者符合当事人之间的交易习惯时，才可以被视为意思表示(《民法典》第一百四十条)。

3.2.3　意思表示的分类

意思表示可从不同角度进行分类，而不同类型的意思表示的效力不同。

依据是否有相对人，意思表示可分为有相对人的意思表示和无相对人的意思表示。

1. 有相对人的意思表示

有相对人的意思表示是指行为人向相对人作出意思表示，相对人受领其意思表示。有相对人的意思表示又可分为对特定人的意思表示和对不特定人的意思表示。

(1)对特定人的意思表示：行为人向特定人作出的意思表示，如甲向乙发出要约，乙则为特定相对人。

(2)对不特定人的意思表示：行为人向不特定人作出的意思表示，如悬赏广告。

2. 无相对人的意思表示

无相对人的意思表示是指行为人不向相对人作出的意思表示，也无须相对人受领意思表示，如抛弃动产所有权的意思表示。

这两种意思表示真实含义的确定方式不同。

《民法典》第一百四十二条规定：有相对人的意思表示的解释，应当按照所使用的词句，结合相关条款、行为的性质和目的、习惯以及诚信原则，确定意思表示的含义。

无相对人的意思表示的解释，不能完全拘泥于所使用的词句，而应当结合相关条款、行为的性质和目的、习惯以及诚信原则，确定行为人的真实意思。

这两种意思表示的效力有所差别。

《民法典》第一百三十八条规定：无相对人的意思表示，表示完成时生效。法律另有规定的，依照其规定。

《民法典》第一百三十九条规定：以公告方式作出的意思表示，公告发布时生效。

《民法典》第一百四十一条规定：行为人可以撤回意思表示。撤回意思表示的通知应当在意思表示到达相对人前或者与意思表示同时到达相对人。

意思表示也可分为对话的意思表示和非对话的意思表示。

3. 对话的意思表示

对话的意思表示是指行为人与相对人直接以口头交谈或者电话通话方式进行的意思表示。

4. 非对话的意思表示

非对话的意思表示是指行为人采用信函、电报或通过传话人传达等方式进行的意思表示。

对话与非对话的意思表示生效时间有所区别。

《民法典》第一百三十七条规定：以对话方式作出的意思表示，相对人知道其内容时生效。

以非对话方式作出的意思表示，到达相对人时生效。以非对话方式作出的采用数据电文形式的意思表示，相对人指定特定系统接收数据电文的，该数据电文进入该特定系统时生效；未指定特定系统的，相对人知道或者应当知道该数据电文进入其系统时生效。当事人对采用数据电文形式的意思表示的生效时间另有约定的，按照其约定。

3.3 法律行为的成立与生效

法律行为的成立与生效有联系也有区别。法律行为的成立是法律行为生效的逻辑前提，法律行为的生效是民事法律行为成立的归宿。法律行为只有成立后，才有进一步衡量其是否有效的问题。法律行为的成立，仅是对法律行为是否存在这一事实的认定，是一种事实判断；法律行为的生效是一种法律评价，是一种价值判断。

3.3.1　法律行为的成立

法律行为的成立要件包括一般成立要件与特别成立要件。

1. 一般成立要件

一般成立要件包括当事人、标的与意思表示。其中，单方法律行为仅需一方的意思表示，多方法律行为需要意思表示一致。

2. 特别成立要件

特别成立要件是指根据法律规定或者依据当事人的约定，某些法律行为的成立还应具备的事实要素。

(1)实践法律行为除意思表示外还须交付标的物。如定金合同、保管合同是实践合同，自标的物交付时成立。

材料保管合同案例

甲与乙是好友，甲起初答应将工厂原材料在乙的仓库保管并且签订了合同。但在将原材料交付之前，两人关系僵化，甲希望收回原先的承诺。本案中，合同虽然签订，但由于保管合同需要标的物的交付，因此合同并未成立。

(2)要式法律行为须具备法定形式。

3.3.2　法律行为的生效

法律行为的生效要件包括一般生效要件与特别生效要件。

1. 一般生效要件

《民法典》第一百四十三条规定：具备下列条件的民事法律行为有效：

(一)行为人具有相应的民事行为能力；

(二)意思表示真实；

(三)不违反法律、行政法规的强制性规定，不违背公序良俗。

(1)行为人具有相应的民事行为能力。

这里的行为人具有相应的民事行为能力主要是对自然人提出的要求。民事法律行为是以意思表示为核心的，因此要求自然人具有相应的行为能力是为了确保行为人能作出合乎法律规范的意思表示。

就自然人而言：完全民事行为能力人可以以自己的行为独立实施民事活动；限制民事行为能力人只能从事与其年龄和智力发育程度、精神健康状况相适应的法律行为，其他行为由其法定代理人代理，或者征得其法定代理人的同意；无民事行为能力人不能独立从事法律行为，其民事法律行为必须由其法定代理人代理。但须要注意的是，无民事行为能力人和限制民事行为能力人实施的接受奖励、赠与、报酬等“纯获法律上利益”的行为有效。

就法人而言，一般都具备相应的民事行为能力，其民事行为能力是由法人核准登记的经营范围决定的。为了维护相对人的利益，如当事人超越经营范围订立合同，人民法院并不因此认定合同无效。但是，违反国家限制经营、特许经营以及法律、行政法规禁止经营规定的除外。

(2)意思表示真实。

法律行为生效后产生的法律后果是当事人所追求的，因此意思表示必须是在自愿的基础上反映真实的意愿。意思表示真实包括两个方面：一方面指行为人的意思表示是在其意志自由下作出的；另一方面指行为人的内心意思与其外在表示相符合。如果行为人的意思表示是在欺诈、胁迫等力量的影响下进行的，则不能反映行为人的真实意思。

意思表示不真实案例

甲与乙是朋友，乙因结婚需要钱，遂从甲处借款1万元。乙结婚后宴请一些好友。在宴席上，其他朋友对甲开玩笑讲："都是哥们，这1万元还借什么，干脆给乙算了。"甲也随口讲："算就算了。"乙遂笑着说："那我就不还了，算你送的。"时隔数月后，甲因事需用钱，向乙催还借款。而乙认为钱是甲送的，虽然甲向乙解释其在开玩笑，但乙表示他是当真的。甲多次催要无果，遂向人民法院起诉，要求乙归还借款。本案中，甲所作的赠与的表示，根据当时的场合、语气，可以判断出是在特定条件下的玩笑话，同其内在意思是不一致的，因此这种赠与行为并未生效。

(3)不违反法律、行政法规的强制性规定，不违背公序良俗。

这里须要注意，不能违反的是法律与行政法规中的效力性强制规定，而效力性强制规定不同于管理性强制规定。另外，不得违背公序良俗主要指不损害社会公共利益，广泛来看，其含义包括不违反公共秩序与不得损害国家、集体或者第三人利益。

2. 特别生效要件

通常情况下，法律行为具备上述一般生效要件即生效。但在特殊情形下，法律行为须满足法律的特殊规定或者当事人的约定条件，才能产生法律效力，如依法成立的合同，自成立时生效。法律、行政法规规定应当办理批准、登记等手续生效的，依照其规定。此处的批准、登记手续为特别生效要件。

3.4 无效法律行为

无效法律行为是指因欠缺民事法律行为的有效条件，不发生当事人预期法律后果的民事行为。此处的无效是指无效民事行为自始无效、当然无效、绝对无效。此处须要注意的是，民事法律行为部分无效，不影响其他部分效力的，其他部分仍然有效(《民法典》第一百五十六条)。

无效法律行为有以下几种情形。

3.4.1 无民事行为能力人实施的无效法律行为

这一情形缺乏"行为人具有相应的民事行为能力"这一生效要件。

无民事行为能力人实施的民事法律行为无效(《民法典》第一百四十四条)。但无民事行为能力人实施的行为并非完全无效，以下两种无民事行为能力人的行为有效：无民事行为能力人独立实施的纯获利益的行为；无民事行为能力人日常的、简单的生活行为，如以零花钱购买零食的行为。

3.4.2　以虚假的意思表示实施的无效法律行为

行为人与相对人以虚假的意思表示实施的民事法律行为无效。以虚假的意思表示隐藏的民事法律行为的效力，依照有关法律规定处理(《民法典》第一百四十六条)。

此种法律行为中，行为人一般以虚假的合法形式来隐藏内心真实的意思表示，由于其内心真实的意思表示非法，因此此种民事法律行为无效。

虚假租赁合同案例

甲公司与乙签订虚假的租赁合同，将租金计入企业的成本费用以逃避纳税。本案中，甲内心真实的想法是逃税、漏税，租赁合同是其虚假的意思表示，因此租赁合同无效。

3.4.3　违反法律、行政法规的效力性的强制性规定的无效法律行为

这一情形缺乏“不违反法律、行政法规的强制性规定，不违背公序良俗”这一生效要件。

《民法典》第一百五十三条第一款规定：违反法律、行政法规的强制性规定的民事法律行为无效。但是，该强制性规定不导致该民事法律行为无效的除外。

3.4.4　违背公序良俗的无效法律行为

与上一种情形相同，这一情形也缺乏“不违反法律、行政法规的强制性规定，不违背公序良俗”这一生效要件。公序良俗包括公共秩序和善良风俗两个方面，社会经济秩序、商业道德、社会公德与社会风尚等均属之。

《民法典》第一百五十三条第二款规定：违背公序良俗的民事法律行为无效。

3.4.5　恶意串通，损害他人合法权益的无效法律行为

这一情形同样缺乏“不违反法律、行政法规的强制性规定，不违背公序良俗”这一生效要件。

《民法典》第一百五十四条规定：行为人与相对人恶意串通，损害他人合法权益的民事法律行为无效。

恶意串通是指行为人与相对人双方合谋进行的不当行为。而此处的“他人合法利益”包括国家、集体或者第三人的利益。

串通投标无效案例

甲为投标人，乙为招标公司的领导，甲通过贿赂乙，两人恶意串通最终达成甲中

标。此案例中，甲中标无效，因为两人恶意串通损害了公司和其他投标人的利益。

3.5 效力待定的法律行为

限制民事行为能力人实施的纯获利益的民事法律行为或者与其年龄、智力、精神健康状况相适应的民事法律行为有效；实施的其他民事法律行为经法定代理人同意或者追认后有效。相对人可以催告法定代理人自收到通知之日起三十日内予以追认。法定代理人未作表示的，视为拒绝追认。民事法律行为被追认前，善意相对人有撤销的权利。撤销应当以通知的方式作出(《民法典》第一百四十五条)。

除限制民事行为能力人实施的纯获利益或者与其年龄、智力、精神健康状况相适应的法律行为本身有效以外，通常情况下限制民事行为能力人实施的民事法律行为(包括单方法律行为和合同等多方法律行为)为效力待定的法律行为。

限制民事行为能力人受赠与有效案例

甲自幼深得其祖母乙的疼爱。在甲12岁时，乙承诺在甲长大后给甲一万元，其后乙以甲的名义在银行为甲存了一万元，并告知甲。甲听后非常高兴，回家后即将此事告知父亲丙。后来，乙去世。丙兄妹三人在分遗产时：丙提出其母乙为甲存入银行的一万元存款应当归甲所有，不能作为遗产；而丙的哥哥和妹妹都主张，该存款也为遗产，应当由他们兄妹三人共同继承。本案中，甲虽作为限制民事行为能力人，但具有接受赠与的民事行为能力。甲接受乙的赠与是有效的，其他人不得以甲为限制民事行为能力人而主张该赠与无效。

3.6 可撤销的法律行为

可撤销的法律行为是指已经成立并生效，但因意思表示不真实，行为人具有撤销权的法律行为。可撤销的法律行为有以下特点：

(1)撤销权人行使撤销权之前该行为是已经生效的法律行为；

(2)撤销权人有选择权，其可以保留或者撤销该行为；

(3)撤销权人行使撤销权不能超过法定期限。

1. 撤销权

可撤销法律行为的撤销权是权利人以其单方的意思表示撤销已经成立的法律行为的权利。但是，在可撤销的法律行为中，并非所有的当事人均享有撤销权。

《民法典》中明确规定只有“受损害方”“受欺诈方”或是“受胁迫方”可以行使撤销权，因此，享有撤销权的主体是受害人。撤销权人撤销的意思表示须向人民法院或者仲裁机构作出，而非向相对人作出。撤销权的行使有法定期限的限制，具体规定如下：

《民法典》第一百五十二条规定：有下列情形之一的，撤销权消灭：

(一)当事人自知道或者应当知道撤销事由之日起一年内、重大误解的当事人自知道或者应当知道撤销事由之日起九十日内没有行使撤销权；

（二）当事人受胁迫，自胁迫行为终止之日起一年内没有行使撤销权；

（三）当事人知道撤销事由后明确表示或者以自己的行为表明放弃撤销权。

当事人自民事法律行为发生之日起五年内没有行使撤销权的，撤销权消灭。

须要注意的是，撤销权的行使期限属于除斥期间，即属于不变期间，不得适用诉讼时效的中止、中断和延长。

2. 撤销权行使的后果

可撤销的民事行为被撤销变为无效之前，具有法律上的效果，对当事人有约束力。一旦权利人行使撤销权，原实施的行为归于无效，但仍存在法律后果，且合同被撤销后不影响有关争议处理的条款。

《民法典》第一百五十五条规定：无效的或者被撤销的民事法律行为自始没有法律约束力。

《民法典》第一百五十七条规定：民事法律行为无效、被撤销或者确定不发生效力后，行为人因该行为取得的财产，应当予以返还；不能返还或者没有必要返还的，应当折价补偿。有过错的一方应当赔偿对方由此所受到的损失；各方都有过错的，应当各自承担相应的责任。法律另有规定的，依照其规定。

《民法典》第五百零七条规定：合同不生效、无效、被撤销或者终止的，不影响合同中有关解决争议方法的条款的效力。

根据《民法典》规定，可撤销的民事法律行为有以下四种类型：重大误解、显失公平、欺诈情形下或胁迫情形下实施的民事法律行为。

3.6.1　基于重大误解实施的可撤销法律行为

《民法典》第一百四十七条规定：基于重大误解实施的民事法律行为，行为人有权请求人民法院或者仲裁机构予以撤销。

行为人因为对行为的性质，对方当事人，标的物的品种、质量、规格和数量等的错误认识，使行为的后果与自己的意思相悖，并造成较大损失的，可以认定为重大误解同，见表 3-1。

表 3-1　重大误解的五大情形

五大情形	说　明
对行为的性质的误解	如将买卖的要约当作赠与的要约予以承诺
对对方当事人的误解	如将不懂会计业务的人聘为会计顾问
对标的物质量的误解	如误将玉石当作普通石头出售
对标的物的品种、规格的误解	如将中号零件当作大号零件购买
对价款或者报酬的误解	如误将价值 5000 元的商品当作 500 元

重大误解应具备以下构成要件:(1)必须对民事法律行为内容发生了重大误解,以上五大情形都属于对内容发生重大误解;(2)误解人因误解作出非真实的意思表示,即误解人的误解与其意思表示之间具有因果关系;(3)误解是由误解人自己的过错造成的。误解是误解人的非故意行为,误解的发生是由于误解人自身的不谨慎;(4)这种行为造成了表意人较大的损失。

重大误解买彩票案例

甲对买彩票不了解,某天却心血来潮想买几张彩票碰碰运气。买完彩票后却被告知要付款5万元。甲非常惊讶,表示自己没有那么多钱,也没想到彩票的价格如此之高,要求撤销交易。售票的却表示不能撤销,双方发生争执。无奈,甲只好先支付了200元,写下已经支付了200元,欠条应为49800元的欠条先脱身再说。后销售点的人来向甲讨要欠款。本案中,甲与销售点的买卖合同属于可撤销的民事行为,因甲对彩票性质和彩票中奖金额存在重大误解,符合重大误解的条件。

3.6.2 以欺诈手段使对方违背真实意思实施的可撤销法律行为

一方当事人故意告知对方虚假情况,或者故意隐瞒真实情况,诱使对方当事人作出错误意思表示的,可以认定为欺诈行为。欺诈的构成要件有四个:(1)须有欺诈人的欺诈行为,主要包括捏造虚拟事实、隐藏真实事实与歪曲真实事实;(2)欺诈人须有欺诈的故意;(3)表意人因相对人的欺诈而陷于错误;(4)对方因陷于错误而为意思表示,即错误与意思表示之间有因果关系。

一方以欺诈手段,使对方在违背真实意思的情况下实施的民事法律行为,受欺诈方有权请求人民法院或者仲裁机构予以撤销(《民法典》第一百四十八条)。第三人实施欺诈行为,使一方在违背真实意思的情况下实施的民事法律行为,对方知道或者应当知道该欺诈行为的,受欺诈方有权请求人民法院或者仲裁机构予以撤销(《民法典》第一百四十九条)。

欺诈情形下购车案例

甲公司与乙签订了一份购车合同。而乙使用时发现车辆被他人使用过,发动机被更换过,后乙与甲公司就该车纠纷磋商未果,遂提起诉讼。本案中,甲公司有欺诈的故意且实施了欺诈行为,甲公司对乙隐瞒车辆是他人因质量问题退回的事实,乙可以请求法院撤销购车合同。

3.6.3 以胁迫手段使对方违背真实意思实施的可撤销法律行为

以给公民及其亲友的生命健康、荣誉、名誉、财产等造成损害或者以给法人的荣誉、名誉、财产等造成损害为要挟,迫使对方违背真实意思表示的,可以认定为胁迫行为。胁迫的构成要件有三个:(1)有胁迫行为;(2)有胁迫的故意,即有使表意人陷于恐惧的意思;(3)相对人因受胁迫而为意思表示。

《民法典》第一百五十条规定：一方或者第三人以胁迫手段，使对方在违背真实意思的情况下实施的民事法律行为，受胁迫方有权请求人民法院或者仲裁机构予以撤销。

3.6.4　显失公平的可撤销法律行为

《民法典》第一百五十一条规定：一方利用对方处于危困状态、缺乏判断能力等情形，致使民事法律行为成立时显失公平的，受损害方有权请求人民法院或者仲裁机构予以撤销。

显失公平的民事法律行为包括两方面的要件：(1)对方有处于危困状态、缺乏判断能力的客观情况；(2)行为人有利用对方危困、缺乏判断能力的故意，这种利用他人的主观状态已表明此种行为背离了公平、诚信原则的要求。

显失公平卖古董案例

某山区农民甲有一个明朝古董。乙通过他人得知此消息便上门购买。甲不知这个古董的价值，以8000元卖给乙。随后，乙将古董拍卖，以12万元成交。甲在一个月后得知此事，认为乙欺骗自己，通过多方渠道要求乙退还古董。但乙以双方自愿买卖、不存在欺骗为理由，拒绝了甲的请求。本案中，乙欺负甲无经验、缺乏判断能力，他们之间的买卖合同显失公平，甲可以请求法院撤销以要回财产。

3.7　附条件和附期限的法律行为

民事法律行为可以附条件与期限。此处所附的条件与期限是法律行为成立与生效之间时间差产生的原因之一。《民法典》对民事法律行为可以附条件、附期限的规定是为了防止民事法律行为的效果意思确定后，行为人的预期目的没有出现而违背行为人的初衷的情况。通过附条件、附期限可以方便人们在民事法律行为中灵活地控制行为效力暂不发生，或使已经发生的效力及时终止。

附条件的合同案例

甲大学毕业前找到了工作单位，单位要与其签劳动合同，但他又考了研究生。如果签合同，考上了研究生就不可能再履行劳动合同，这样就会违约；如果不签合同，万一考不上研究生再签合同该单位可能已另有人选，就会面临失业。如果允许劳动合同附条件，将考不上研究生作为合同的生效要件，一旦考上研究生合同因条件不成就不生效，考不上就生效，这样就完全符合了行为人的内心意思。

3.7.1　附条件的法律行为

附条件的法律行为是以一定的条件成就与否作为效力发生或者消灭的法律行为。

民事法律行为可以附条件，但是按照其性质不得附条件的除外(《民法典》第一百五十八条)。根据相关法律规定，下列民事法律行为不得附条件：

(1)行使形成权的民事行为通常不得附条件。例如,抵销不得附条件或者附期限。

(2)不符合社会公共利益或社会公德的不得附条件,如结婚、收养等行为。

(3)登记等法律程序行为不得附条件。

并非任何事件或者行为都可以作为所附的条件,它应当具备下列特征:

(1)必须是将来发生的事实。

(2)必须是将来不确定的事实。如果该事实是将来必然发生的,则该事实应当作为法律行为的期限而非条件。

(3)条件应当是双方当事人约定的。民事行为所附条件,必须是双方当事人约定,不能是法律规定的与民事行为效力有关的条件。

(4)条件必须合法。违反法律、社会公德或损害社会公共利益,以及以侵害他人权利为目的的事实,不能作为条件。

所附的条件根据不同的分类标准可以进行不同分类。

(1)根据所附条件对民事法律行为产生的效力不同,可以将所附的条件分为生效条件和解除条件。

①生效条件

生效条件,又称延缓条件、停止条件,是只有当约定的事实出现时,法律行为才发生效力的条件。生效条件的作用在于使法律行为暂时不生效,如果所附条件最终未出现,该法律行为不生效。附生效条件的法律行为,在条件成就时生效,双方形成权利义务关系。

②解除条件

解除条件,又称消灭条件,是使已发生效力的民事法律行为在条件成就时终止的条件。解除条件的作用在于使所附条件的已生效的法律行为的效力归于消灭。附解除条件的法律行为,条件成就时失效,双方解除权利义务关系。

(2)根据某种客观事实的发生或不发生为标准,可分为积极条件和消极条件。

①积极条件

积极条件是以所设事实发生为内容的条件。

②消极条件

消极条件是以所设事实不发生为内容的条件。

须要注意的是,当事人负有顺应条件自然发展而不加以不正当干预的义务,即条件不能受到任何一方的不当影响。在条件成就与否未得到确定之前,行为人一方不得损害另一方将来条件成就时可能得到的利益,行为人也不得为了自己的利益,以不正当行为促成或阻止条件成就。附条件的民事法律行为,当事人为自己的利益不正当地阻止条件成就的,视为条件已成就;不正当地促成条件成就的,视为条件不成就(《民法典》第一百五十九条)。

不当阻止条件成就案例

甲乙双方在租赁合同中规定,如果甲之子从外地回来,乙应搬出另租房屋。后来,乙为了长期租用甲的房屋，蓄意爆破了甲之子回家必经的大桥，阻碍其归来。本案中，甲乙的租赁合同为附解除条件的合同，乙采取不正当方式阻止甲之子从外地回来，视为解除条件已成就，该合同应该解除。

3.7.2 附期限的法律行为

附期限的法律行为是以一定期限的到来作为效力发生或消灭的法律行为。民事法律行为可以附期限，但是按照其性质不得附期限的除外(《民法典》第一百六十条)。

与所附条件类似，所附期限也须具备法律要件：

(1)必须是将来发生的事实，已经发生的事实不能被设定为期限。

(2)必须是必然发生的事实，不可能发生的事实不能被设定为期限。

附期限的民事法律行为案例

甲与乙约定，甲父死亡之时，将房屋出租与乙。双方的约定不属于附条件的民事法律行为而是附期限的民事法律行为。

根据期限对法律行为效力所起作用的不同，可以将期限分为生效期限和终止期限。

(1)生效期限

生效期限，又称始期，是使法律行为效力发生的期限。附生效期限的民事法律行为，在始期到来前不生效，自期限届至时生效。

(2)终止期限

终止期限，又称终期，是使法律行为效力终止的期限。附终止期限的民事法律行为，在终期到来前效力不终止，自期限届满时失效。

【本章小结】

1. 法律行为是指民事主体通过意思表示设立、变更、终止民事法律关系的行为。根据不同的分类标准，法律行为可以分为单方法律行为与多方法律行为，有偿法律行为与无偿法律行为，要式法律行为与不要式法律行为，主法律行为与从法律行为。

2. 法律行为的生效要件包括一般生效要件和特别生效要件。

3. 直接生效的法律行为之外，还存在无效法律行为，可撤销的法律行为，附条件和附期限的法律行为。无效法律行为的情形包括无民事行为能力人实施的无效法律行为；以虚假的意思表示实施的无效法律行为；违反法律、行政法规的效力性的强制性规定的无效法律行为；违背社会公序良俗的无效法律行为；恶意串通，损害他人合法权益的无效法律行为。可撤销的法律行为的种类包括基于重大误解实施的可撤销法律行为；以欺诈手段使对方违背真实意思实施的可撤销法律行为；以胁迫手段使对方违背真实意思实施的可撤销法律行为；显失公平的可撤销法律行为；对于附条件和附期限的法律行为，我们应关注其生效条件与解除条件、生效期限与终止期限。

【课后测验】

1. 甲与乙签订了一份租房协议，协议规定，如果甲父死亡，则甲将房租与乙居住。这一民事行为的性质如何认定？(　　)

A. 既未成立也未生效

B. 已成立但未生效

C. 是附条件的民事行为

D. 是附期限的民事行为

2. 对于可撤销的民事行为，下列表述正确的是(　　)

A. 在该行为被撤销前，其效力已经发生的，视为未发生

B. 该行为的撤销应由享有撤销权的当事人行使

C. 撤销权人对权利的行使拥有选择权

D. 该行为已经撤销，其效力溯及行为的开始

3. 下列选项中，属于无效民事行为的有(　　)

A. 不满 8 周岁的小明自己决定用压岁钱 1000 元买手机

B. 李某因记错号码为其儿子买回一双不能穿的球鞋

C. 甲企业的业务员黄某得到乙企业给予的回扣款 1000 元而代理甲企业向乙企业购买了 10 吨劣质原材料

D. 丙公司胁迫李某签订了买卖合同

【深入阅读】

未成年人订立的电子合同效力该如何认定？

2017 年 8 月 24 日，黄女士与丈夫到派出所报案称，2017 年 1 月黄女士先后 4 次往卡里存了 6 万余元，8 月 23 日下午取钱时却发现卡里只剩 80 余元。他们夫妻都没取过钱，黄女士怀疑遭遇了电信诈骗。经民警侦查发现，黄女士卡内的 6 万余元是被自己 8 岁的儿子分 300 余次转入另一账号，全部用于购买手游装备。

要玩网络游戏就必须实名注册。王先生 14 岁的儿子是使用自己的身份证注册的，黄女士的儿子只有 8 岁，那游戏平台是否会对未成年人消费有所限制呢？记者电话联系了平台的客服，客服回复称，“如果未成年人需要充值的话是没有限制的”。

上述两名游戏消费者目前均属于限制民事行为能力人，那么他们做出的大额交易行为是否能够撤销？花的上万元能否退回来呢？

【网络学习】

根据本章所学内容，查找有关未成年人订立电子合同的案件，并思考这类行为的有效性。

【课后思考】

请在中国裁判文书网检索平山县人民法院“(2016)冀0131民初485号”民事裁定书、石家庄市中级人民法院“(2017)冀01行终282号”行政判决书、石家庄市中级人民法院“(2018)冀01行终330号”行政判决书、石家庄市中级人民法院“(2019)冀01民终13915号”民事判决书，并思考附条件法律行为成就的法律处理，特别是涉及行政问题的复杂处理。

案情简介：1989年，某公司与某县某镇南街村村民委员会(以下简称南街村委会)签订《协议书》，约定某公司租赁南街村委会土地33亩(1亩≈666.7平方米)，并约定在该公司不得不退耕还田时，上述土地全部归还南街村委会，不得转让他方。协议签订后，南街村委会按约定给某公司提供了33亩土地。2000年企业改制。同年，县人民政府为某公司办理了平集建(2000)字第009号《集体建设用地使用权证》，县房产局为公司办理了平企字第02500019号房屋所有权证。《协议书》签订时，某公司的投资方和主管单位为县林业局，2018年因机构改革，县林业局的职能由县自然资源和规划局承接。现公司已全部停产，土地已闲置、停用。

诉讼过程：

第一次民事诉讼：2016年，南街村委会向县法院提起民事诉讼，请求依法判令公司与县林业局归还南街村委会位于南街村的33亩土地。法院认为，此案属于土地使用权争议，不属人民法院受理民事诉讼的范围，故驳回南街村委会的起诉。

行政诉讼(土地证的撤销)：2016年11月2日，任某某等19人作为争议土地的原承包经营权人向县人民法院提起行政诉讼，要求撤销《集体建设用地使用权证》。一审法院撤销《集体建设用地使用权证》，二审法院维持原判。

行政诉讼(房产证的撤销)：任某某等19人针对争议土地上的房产向县人民法院提起行政诉讼。一审判决撤销房屋所有权证，二审法院维持原判。

第二次民事诉讼：在土地证和房产证均被撤销后，2019年8月20日南街居委会再次向法院提起民事诉讼，请求依法判令某公司与县自然资源和规划局归还其位于南街村的33亩土地。一审法院认为，本案争议的焦点是本案所涉土地是征用还是租赁。纵观《协议书》内容，该协议应为附条件的土地租赁协议，即所附条件成就时，涉案土地全部归还乙方。法院认为，公司长期停产，其厂内土地长期闲置，双方《协议书》约定的返还南街村委会的条件已经成就，故判决公司归还涉案土地。二审判决维持原判。

案件分析：

这是一起因民事案件引发的行政案件，并最终又回到民事案件的典型案例。一般民事案件在审理中，如果涉及一些法律问题须要先经过行政诉讼的话，法院会让当事人撤诉，如果当事人不撤诉，就会以驳回起诉的方式审理案件。这种驳回起诉的裁定，在实体上并不影响原案件的实体诉求，只是一种程序性的审理，如果行政问题解决了，当事人可以再提起民事诉讼，从而维护自己的合法权益。

第 4 章　代理

【导言】

当你委托他人帮你卖掉房子时，当你打官司委托律师时，当你委托别人帮你交税时，甚至当你让朋友帮忙带份早餐时，你都已经处于代理关系中了。在日常生活中，我们会不经意间进入一个被代理人、代理人或者第三人的角色。由此看来，代理其实是一种接地气的法律关系，值得我们每一个人去了解，从而更好地应对代理活动中可能出现的各种问题。

代理总是涉及三方当事人——被代理人、代理人与第三人。在这三方之间又存在着三种关系——被代理人与代理人之间的关系，代理人与第三人之间的关系，被代理人与第三人之间的关系。不论我们处于代理关系中的何种角色，我们都应该履行好自己的义务，同时也要学会运用法律保护自己的合法权利。学习完本章内容，你可以避免不少代理活动中的麻烦。

【学习目标】

- 理解代理的含义，区分代理与相关概念。
- 明确代理的适用范围、分类与终止情形。
- 描述代理权的取得途径，区分代理权滥用的情形。
- 了解无权代理的情形与法律后果。
- 掌握表见代理的情形与法律后果。

4.1　代理概论

代理是指一人(代理人)在代理权限内，以他人(被代理人)的名义与第三人实施民事法律行为，被代理人对代理人的该行为承担民事责任的一种法律制度。

《民法典》第一百六十二条规定：代理人在代理权限内，以被代理人名义实施的民事法律行为，对被代理人发生效力。

在代理关系中存在三个主体：代理人、被代理人和第三人。由此，在他们之间也存在三种关系：

(1)代理人与被代理人之间代理与被代理的关系；

(2)代理人与第三人之间直接进行法律行为的关系；

(3)被代理人与第三人之间的权利与义务关系。

4.1.1　代理的特征与区分

代理行为作为一种事关三个法律主体和三种法律关系的民事法律行为，与行纪、委托、中介等概念有所区别，具有以下几个特征：

1. 代理人以被代理人的名义实施民事法律行为

代理人必须以被代理人的名义实施民事法律行为。非以被代理人的名义而以自己的名义代替他人实施民事法律行为的不属于代理行为，对被代理人不发生约束，这也是代理与行纪的区别。行纪是指经纪人受委托人的委托，以自己的名义与第三方进行交易，并承担规定的法律责任的行为。

行纪合同纠纷案例

甲受乙的委托向丙购买生猪，乙未出现在交易现场，并且乙与丙并不相识，甲也未声明实际购买人是乙。将生猪拉走后，部分猪款已由甲支付，剩余猪款尚未支付。法院认为，剩余猪款应由甲支付，因为甲与丙之间已经形成了买卖合同，甲与乙之间形成了行纪合同，而不是代理关系，因此，丙未得到的货款应由甲来支付。

须要注意的是，我国法律也并未完全否定代理人以自己的名义进行的代理行为。在特定情况下的以代理人名义而为的代理行为也是被承认的。

《民法典》第九百二十五条规定：受托人以自己的名义，在委托人的授权范围内与第三人订立的合同，第三人在订立合同时知道受托人与委托人之间的代理关系的，该合同直接约束委托人和第三人；但是，有确切证据证明该合同只约束受托人和第三人的除外。

2. 代理人直接向第三人进行意思表示

代理行为的目的在于与第三人设立、变更或终止权利义务关系。因此，只有代理人直接向第三人为意思表示，才能实现代理行为的目的。这一点也正是代理行为与委托的区别，委托只涉及两方当事人，即委托人与受托人，而不存在第三人。但是，委托与代理之间也存在联系。例如，在委托代理中，代理人(受托人)与被代理人(委托人)之间就是委托关系，而代理人、被代理人与第三人三者之间就是代理关系。

3. 代理人在代理权限内独立地为意思表示

代理人在代理权限内，有权根据情况，独立地进行判断，并作出意思表示或者接受意思表示。非独立进行意思表示的行为，不属于代理行为，如传达、中介等。传达就是我们平常所说的传递信息。传递信息的人(传达者)仅仅起到传递信息的作用，而不能进行独立的意思表示，因此不是代理行为。中介是指中介人向委托人报告商业机会，提供订立合约的媒介服务并收取报酬的行为。在中介行为中，中介者只是起到了订立合同的桥梁作用，既不向第三人作出意思表示，也不接受意思表示，因此也不是代理行为。

4. 代理行为的法律效果直接归属于被代理人

尽管是由代理人与第三人进行直接的民事法律行为，但是在代理活动中，代理人只是履行了代理的责任，并不从此民事法律行为中获得任何的个人利益或者承担任何的责任。当然，在一些代理行为中，代理人是可以获得一定的报酬的。代理所产生的法律后果归属于被代理人，设立、变更或者终止的权利义务关系都是被代理人与第三人之间的。这个特征使得代理与代表区别开来。法人组织有自己的法定代表人，法定代表人本身就是法人组织的组成部分，因此代表人所为的行为就视为法人组织本身的行为，而不存在法律效果归属的问题。

4.1.2 代理的适用范围

代理一般适用于民事主体之间设立、变更或终止权利义务关系的法律行为，同时也适用于民事法律行为之外的一些其他行为，如申请行为、申报行为、诉讼行为等。由此，代理行为大致可以分为三类：①民事法律行为；②民事诉讼行为；③申请、申报等行政、财政行为。另外，有一些民事法律行为并不适用于代理制度，这些行为主要有以下几种：

(1)具有严格人身性质的行为，如订立遗嘱、婚姻登记、收养子女等；

婚姻无效案例

甲与乙登记结婚时未满法定结婚年龄，于是托人代为办理结婚登记。此案例中，法院认为，婚姻登记是具有严格人身性质的行为，不能适用代理制度，因此托人代为办理的婚姻登记无效。

(2)履行人须要有特定的技能或身份的行为，如约稿、预约绘画、演出等；

(3)其他双方当事人约定必须由本人亲自实施的民事法律行为。

除此之外，根据法律的规定，还有一些民事法律行为只能由一些特定的民事主体才能进行代理，例如代理发行证券，只有拥有证券承销资格的机构才能进行代理。

《民法典》第一百六十一条第二款规定：依照法律规定、当事人约定或者民事法律行为的性质，应当由本人亲自实施的民事法律行为，不得代理。

4.1.3 代理的分类

依据不同的分类标准，可以对代理进行分类。

(1)根据代理权产生的方式不同，代理可分为委托代理、法定代理两类。

《民法典》第一百六十三条规定：代理包括委托代理和法定代理。

委托代理人按照被代理人的委托行使代理权。法定代理人依照法律的规定行使代理权。

委托代理，又称意定代理，指基于被代理人的委托授权而发生的代理。授权行为是一种单方法律行为，即仅凭被代理人一方的意思表示，就可以发生授权的效果。

法定代理指基于法律直接规定而当然发生的代理，通常适用于被代理人是民事无行为能力人或者限制民事行为能力人的情况。

《民法典》第二十三条规定：无民事行为能力人、限制民事行为能力人的监护人是其法定代理人。

关于监护人的确定，我国法律有具体的规定。

父母是未成年子女的监护人。未成年人的父母已经死亡或者没有监护能力的，由下列有监护能力的人按顺序担任监护人：祖父母、外祖父母；兄、姐；其他愿意担任监护人的个人或组织，但是须经未成年人住所地的居民委员会、村民委员会或者民政部门同意。

无民事行为能力或者限制民事行为能力的成年人，由下列有监护能力的按顺序担任监护人：配偶；父母、子女；其他近亲属；其他愿意担任监护人的个人或者组织，但是须经被监护人住所地的居民委员会、村民委员会或者民政部门同意。

对于监护人的确定存在争议的，可由有关部门指定确定。对监护人的确定有争议的，由被监护人住所地的居民委员会、村民委员会或者民政部门指定监护人，有关当事人对指定不服的，可以向人民法院申请指定监护人；有关当事人也可以直接向人民法院申请指定监护人。

(2)根据代理权来源的不同，代理可分为本代理和复代理两类。

本代理指直接基于被代理人的授权或者法律规定而产生的代理。复代理指代理人为被代理人的利益而将代理权转托给他人而产生的代理，又称再代理。须要注意的是，复代理的代理权来源是代理人的转托，因此再代理人的代理权限必然不能超过本代理的代理权限。同时须要明确，再代理人是被代理人的代理人，而不是本代理人的代理人，因此其为的民事法律行为的法律效果也直接归属于被代理人。

复代理纠纷案例

甲委托乙办理某事，后又经乙的介绍与丙认识，经协商约定，甲支付丙一定数量的报酬，乙与丙约定：由丙办理该事，若事情未办成，则将报酬如数退还。最终，丙未办成该事。法院认为，乙与丙之间的行为实质为转委托行为。在该事件中，甲为被代理人，乙为本代理人，丙为复代理人，故丙实施民事法律行为的法律效果归属于甲。甲身为委托人，也可就委托事务直接指示丙。现丙未办成此事，甲可直接向丙主张其要求退回全款的权利。

委托代理中，由于发生委托授权的原因在于被代理人对于代理人的信任，因此原则上代理人不得将代理权转托给他人，但是在下列情况下，可以实现转委托：①事先取得被代理人的同意；②事后告知被代理人并得到追认；③在紧急情况下为了保护被代理人的利益。

《民法典》第一百六十九条规定：代理人需要转委托第三人代理的，应当取得被代理人的同意或者追认。

转委托代理经被代理人同意或者追认的，被代理人可以就代理事务直接指示转委托的第三人，代理人仅就第三人的选任以及对第三人的指示承担责任。

转委托代理未经被代理人同意或者追认的，代理人应当对转委托的第三人的行为承担责任；但是，在紧急情况下代理人为了维护被代理人的利益需要转委托第三人代理的除外。

(3)根据代理人为民事法律行为时所依的名义，可将代理分为直接代理和间接代理。

直接代理指代理人以被代理人的名义实施民事法律行为的代理制度。间接代理指代理人以自己的名义实施民事法律行为，但法律效果仍归属于被代理人的代理制度。在代理的第一个特征中，我们已经提到过在特定情形下我国法律承认间接代理的存在。

(4)根据代理权行使时所需的代理人个数，可将代理分为单独代理和共同代理。

单独代理是指代理人可以单独行使代理权的代理制度。共同代理是指数个代理人必须共同行使代理权。数人为同一代理事项的代理人的，应当共同行使代理权，但是当事人另有约定的除外(《民法典》第一百六十六条)。在共同代理中，一个代理人单独行使代理权并不能使代理行为生效，而必须经过本人或者其他代理人的共同承认才能生效。

共同代理纠纷案例

甲工厂委托乙与丙共同代理购买所需的材料。结果，乙未与丙协商就与丁公司签订了材料买卖合同，给甲工厂和丁公司带来了巨大的损失。法院认为，乙与丙拥有共同代理权，而乙单独行使了代理权，这样的代理行为无效，由此对甲工厂以及丁公司造成的损失由乙承担。

4.1.4 代理的终止

代理的终止指代理人与被代理人之间的代理关系消灭，代理人不再拥有代理权，不能继续以被代理人的名义实施民事法律行为。基于代理权产生方式不同的委托代理与法定代理，其终止的原因也不相同。

《民法典》第一百七十三条规定：有下列情形之一的，委托代理终止：(一)代理期限届满或者代理事务完成；(二)被代理人取消委托或者代理人辞去委托；(三)代理人丧失民事行为能力；(四)代理人或者被代理人死亡；(五)作为代理人或者被代理人的法人、非法人组织终止。

《民法典》第一百七十五条规定：有下列情形之一的，法定代理终止：(一)被代理人取得或者恢复完全民事行为能力；(二)代理人丧失民事行为能力；(三)代理人或者被代理人死亡；(四)法律规定的其他情形。

值得注意的是，由于法定代理主要针对限制民事行为能力人和无民事行为能力人，若被代理人死亡，自然不再需要代理人，因此在法定代理中，被代理人死亡必然导致代理终止。而在委托代理中，在一些情况下委托代理人在被代理人死亡后所为的代理行为依然有效。

被代理人死亡后，有下列情形之一的，委托代理人实施的代理行为有效：

(1)代理人不知道并且不应当知道被代理人死亡；

(2)被代理人的继承人予以承认；

(3)授权中明确代理权在代理事务完成时终止；

(4)被代理人死亡前已经实施，为了被代理人的继承人的利益继续代理。

作为被代理人的法人、非法人组织终止的，参照适用前款规定(《民法典》第一百七十四条)。

有关被代理人死亡的案例

乙公司拖欠甲货款，甲委托丙律师代理其打官司。但是，在打官司的过程中，甲因病去世。乙公司以甲死亡为理由，认为甲与丙律师之间的代理关系已经消灭。法院认为，尽管甲已死亡，但是该代理行为在被代理人(甲)死亡前已经在进行，在被代理人(甲)死亡后为了继承人的利益应继续完成。因此，甲与丙之间的代理关系仍然存在，委托代理人(丙律师)实施的代理行为依然有效。

4.2　代理权

代理权是代理关系的基础，是指代理人以被代理人名义独立为意思表示，并使其效果直接归属于被代理人的一种法律资格。

4.2.1　代理权的产生

在代理的分类中，我们已经有所了解，代理权的产生方式有两种，包括委托代理中的委托行为、法定代理中的法律规定。

1. 委托代理的代理权的产生

委托代理是基于被代理人的委托授权而发生的，并且被代理人的委托授权行为是单方民事行为，无须代理人的同意即可使得委托授权行为生效。委托代理授权采用书面形式的，授权委托书应当载明代理人的姓名或者名称、代理事项、权限和期间，并由被代理人签名或者盖章(《民法典》第一百六十五条)。

2. 法定代理的代理权的发生

法定代理人代理权的发生是由于法律的直接规定。无民事行为能力人和限制民事行为能力人与其代理人之间的代理关系的基础是监护关系。

4.2.2　代理权行使的一般要求

代理人行使代理权必须符合被代理人的利益，不得利用代理权为自己谋取私利，必须做到勤勉尽责，审慎周到，以实现和保护被代理人的利益。

代理人不得因故意或者过失损害被代理人的利益，也不得怠于行使代理权。同时，代理人必须及时向被代理人报告代理事项的进展情况，以便被代理人及时知道自己的利益的得失。另外，在整个代理过程中，代理人不得滥用代理权，有关代理权滥用的内容将在下一部分详细阐述。代理人不履行或者不完全履行职责，造成被代理人损害的，应当承担民事责任(《民法典》第一百六十四条第一款)。

代理人不履行职责案例

甲将新农村合作医疗事宜交予村委会，由村委会代为办理新农村合作医疗。结果，村委会未将甲一家的新农村合作医疗一事办妥。法院认为，村委会在这场纠纷中没有履行代理人的职责，应由村委会承担民事赔偿责任。

在代理关系结束后，代理人应向被代理人报告事项的处理结果，并提供必要的文件材料；在执行代理事务中，应保守被代理人的个人秘密与商业秘密。

4.2.3 代理权的滥用

代理人能够以被代理人的名义实施民事法律行为，就在于他拥有代理权。然而，若其实施的行为损害了被代理人的利益，即可被认为滥用代理权。滥用代理权的行为主要包括以下三种情形：

(1)自己代理，即代理人以被代理人的名义与自己实施民事法律行为；

(2)双方代理，即代理人以被代理人的名义与其同时代理的其他人实施民事法律行为；

(3)代理人和第三人恶意串通，损害被代理人的合法权益的民事法律行为。

《民法典》第一百六十八条规定：代理人不得以被代理人的名义与自己实施民事法律行为，但被代理人同意或者追认的除外。

代理人不得以被代理人的名义与自己同时代理的其他人实施民事法律行为，但是被代理的双方同意或者追认的除外。

《民法典》第一百六十四条第二款规定：代理人和相对人串通，损害被代理人合法权益的，代理人和相对人应承担连带责任。

自己代理和双方代理属于效力待定的代理行为，即被代理人若追认，该代理行为生效。第三种滥用代理权的行为，即代理人和第三人恶意串通，视为无效代理。代理人滥用代理权给被代理人和他人带来损失的，必须承担相应的民事责任。

代理权滥用案例

甲受公司委托购买一批材料。甲与乙商定，甲从乙那里以正常价格购买一批劣质材料，乙给予甲高额的报酬。后来，因材料劣质，公司遭受巨大损失。法院认为，甲作为公司的代理人，与第三人(乙)恶意串通，损害了被代理人(公司)的利益，由代理人(甲)和第三人(乙)承担连带责任。

4.3 无权代理

无权代理指没有代理权而以他人的名义与第三人进行民事行为的代理。无权代理不是真正的代理，而是一种具有代理的表象却欠缺代理权的行为。无权代理的产生是因为代理人在没有代理权的情况下以被代理人的名义进行代理行为。

4.3.1 无权代理的情形

根据不具备代理权的具体原因，无权代理有以下三种情形：

(1)没有代理权的代理行为；

(2)超越代理权的代理行为；

(3)代理权终止后的代理行为。

《民法典》第一百七十一条规定：行为人没有代理权、超越代理权或者代理权终止后，仍然实施代理行为，未经被代理人追认的，对被代理人不发生效力。

4.3.2 无权代理的法律效果

虽然代理人在进行无权代理的行为时并不具备代理权，但是无权代理并非必然无效，而是属于一种效力待定的法律行为。无权代理行为是否无效须要根据实际情况进行具体的分析判断。

1. 本人(被代理人)的追认权与拒绝权

在无权代理的情况下，若本人在代理行为发生后追认的，无权代理人所为的代理行为的法律效果归属于被代理人，视为有权代理，即代理行为有效。追认权性质上属于形成权，即仅凭被代理人的单方面的意思表示即可决定无权代理行为是否有效。追认权的行使必须在第三人行使撤销权之前才能发生效力。

当然，被代理人也享有拒绝权，可以拒绝对该代理行为进行追认，使该代理行为归于无效。对于拒绝追认的行为，无权代理人应当对无权代理行为给被代理人和善意相对人造成的损失进行赔偿。被代理人在相对人的催告期内未作出追认的表示或者消极的不作为视为拒绝追认。

2. 相对人的催告权和撤销权

相对人享有催告权。相对人可以催告被代理人自收到通知之日起三十日内予以追认(《民法典》第一百七十一条第二款)。但是，催告权仅是意思通知行为，不能决定无权代理行为是否有效。被代理人是否要追认，无权代理行为是否有效都由被代理人本人决定。

相对人的撤销权是指在无权代理的情况下，在合同被追认之前，善意相对人有权撤销其对无权代理人已经作出的意思表示。撤销权在性质上属于形成权，即仅凭善意相对人的单方面的意思表示即可决定无权代理行为是否有效。一旦被撤销，无权代理行为即变为无效代理，即在被代理人与第三人之间不产生权利义务关系。

但是，撤销权的行使需要两个条件：一是相对人必须是善意相对人。若相对人知道或应当知道无权代理人是无权代理仍与其进行代理行为，则不具有撤销权。二是撤销权的行使必须在被代理人进行追认之前。若被代理人已经追认，则认为代理行为有效，此时，善意相对人不再拥有撤销权。

《民法典》第一百七十一条第二款规定：相对人可以催告被代理人自收到通知之日起三十日内予以追认。被代理人未作表示的，视为拒绝追认。行为人实施的行为被追认前，善意相对人有撤销的权利。撤销应当以通知的方式作出。

相对人知道或者应当知道行为人无权代理的，相对人和行为人按照各自的过错承担责任(《民法典》第一百七十一条第四款)。

3. 表见代理

善意相对人客观上有理由相信无权代理人拥有代理权时，可以向被代理人主张代理的效力。这是为了保护善意相对人的法律规定。在学术界，这种无权代理被称为“表见代理”。我们将在下一小节对其进行具体分析。

《民法典》第一百七十二条规定：行为人没有代理权、超越代理权或者代理权终止后，仍然实施代理行为，相对人有理由相信行为人有代理权的，代理行为有效。

4.4 表见代理

表见代理属于广义的无权代理。法律上关于表见代理的规定主要是为了维护人们对代理制度的信赖，保护善意相对人的利益。

4.4.1 表见代理的构成要件

除了满足代理的一般形式，只有满足以下条件的代理才能被认为是表见代理：

(1)行为人没有代理权、超越代理权或者代理权已经终止。既然表见代理属于广义的无权代理，那么该行为必然属于无权代理中的情形之一。

(2)相对人主观上为善意且无过失。相对人应当不知道行为人所实施的行为是无权代理，并且相对人在主观判断上并没有错误。

(3)有使相对人相信行为人具有代理权的情形。存在客观事由，使得相对人相信行为人是拥有代理权的。

(4)交易相对人因相信行为人拥有代理权与行为人确实进行了民事行为。只有民事行为确实进行了，才说得上构成了代理。

4.4.2 表见代理的一般情形

根据相对人相信无权代理人拥有代理权的客观事由，可以将表见代理概括为以下几种情形：

(1)被代理人对第三人表示已将代理权授予某人，但实际未授予或就特定民事行为未授予，而相对人相信该人拥有代理权；

(2)被代理人将某种有代理权的证明文件(如带有公章或者被代理人签名的空白介绍信或空白合同文本、合同专用章等)交给他人，他人以此使第三人相信其有代理权；

(3)代理关系终止或者撤销后，被代理人未采取必要的措施(如公示代理关系的终止、收回代理证书)而使第三人仍然相信无权代理人有代理权；

(4)代理授权不明或者代理人违反被代理人的意思、超越代理权，第三人无过失地相信其有代理权并与之进行法律行为。

只有发生以上四种情形，表见代理才成立。除此之外的无权代理，均不是表见代理，按照普通的无权代理对待。

4.4.3　表见代理的法律效果

1. 对于被代理人而言

表见代理对被代理人来说产生与有效代理一样的法律效果。表见代理下的民事行为的法律效果归属于被代理人，被代理人受无权代理人与第三人所为的民事行为的约束，不得以无权代理作为抗辩理由。

表见代理案例

甲公司委托乙作为洽谈签订某工程的代理人，在洽谈成功之后，乙又成为该工程负责人。在该工程另一方的介绍与保证之下，乙以甲公司的名义向丙借钱，借钱理由是供甲公司工程周转使用。并且，乙向丙出示了授权委托书以及工程另一方的保证书，丙亦去工地进行了考察。但是，之后乙将这笔钱挪为私用，现丙向甲公司主张自己的债权。法院认为，虽然钱是乙挪为私用的，但是丙在这场代理中，已经尽到了其谨慎审查代理人身份的义务，属于善意且无过失的相对人。而甲公司在乙完成代理工作后，未将授权委托书收回，也未作出任何公告。因此，该代理行为属于表见代理，甲公司需要按照借款协议归还借款。

2. 对于第三人而言

表见代理对于第三人来说：第三人既可主张其为狭义的无权代理，行使其作为善意相对人的撤销权使代理行为无效，向行为人主张权利、追究责任；又可以主张其为表见代理，向被代理人主张代理行为的效力使代理行为有效。

【本章小结】

1. 代理是指一人(代理人)在代理权限内，以他人(被代理人)的名义与第三人实施民事法律行为，被代理人对代理人的该行为承担民事责任的一种法律制度。根据不同的标准，可以将代理分为委托代理与法定代理、本代理与复代理、直接代理与间接代理、单独代理与共同代理。

2. 对于委托代理，其代理权来自被代理人的委托授权。其终止的原因包括代理期间届满或者代理事务完成，被代理人取消委托或者代理人辞去委托，代理人丧失民事行为能力，代理人或者被代理人死亡，作为被代理人或者代理人的法人、非法人组织终止。

3. 对于法定代理，其代理权来自法律的直接规定。其终止的原因包括被代理人取得或者恢复完全民事行为能力，代理人丧失民事行为能力，代理人或者被代理人死亡，法律规定的其他情形。

4. 对于滥用代理权和无权代理的有效性，可以参考表4-1：

表4-1　滥用代理权和无权代理的效力

情形			效力
滥用代理权	自己代理	被代理人追认或同意	有效
		被代理人未追认或同意	无效
	双方代理	被代理人追认或同意	有效
		被代理人未追认或同意	无效
	与第三人恶意串通		无效
无权代理	在善意相对人撤销前，被代理人追认		有效
	被代理人未追认		无效
	在被代理人追认前，善意相对人撤销		无效
	表见代理	第三人主张代理效力	有效
		第三人行使撤销权	无效

【课后测验】

1. 公民甲的下列哪一行为属于民事代理行为？(　　)

A. 代理公民乙买一台旧电脑

B. 代理公民丙草拟一份重要的买卖合同

C. 代理公民丁向法院出示一份丁的证言

D. 代理公民戊参加结婚登记

2. 甲委托乙到广东进一批家用电器。乙到达广州后突发疾病住进了医院，又联系不上甲，而甲所托事项不能耽搁。于是乙自作主张委托其在广州的好友丙去订货，并给甲发了过去。乙病好后回去告诉甲事情经过，甲不同意乙委托丙的做法，要求乙负责此事。关于此事，下列不正确的说法是哪一项？(　　)

A. 乙转委托属于紧急情况

B. 丙的行为后果应由乙负责

C. 丙的行为后果应由甲负责

D. 乙转委托是为了甲的利益

3. 下列哪一情形构成无权代理？(　　)

A. 甲冒用乙的姓名从某杂志社领取乙的论文稿酬据为己有

B. 某公司董事长超越权限以本公司名义为他人提供担保

C. 刘某受同学周某之托冒充丁某参加求职面试

D. 关某代收某推销员谎称关某的邻居李某订购的保健品并代为付款

4. 吴某是甲公司员工，持有甲公司授权委托书。吴某与温某签订了借款合同，该合同由温某签字、吴某用甲公司合同专用章盖章。后来，温某要求甲公司还款。下列哪些情形有助于甲公司否定吴某的行为构成表见代理？（　　）

A. 温某明知借款合同上的盖章是甲公司合同专用章而非甲公司公章，未表示反对

B. 温某未与甲公司核实，即将借款交给吴某

C. 吴某出示的甲公司授权委托书载明甲公司仅授权吴某参加投标活动

D. 吴某出示的甲公司空白授权委托书已届满

【深入阅读】

兄长代弟赔款的行为是否构成表见代理？

2009年3月，原告张某与被告刘某各自在自家的自留山上造林时，因地界的问题发生打架，当时刘某头部受伤，经法医鉴定构成轻伤甲级，检察院以原告涉嫌故意伤害罪而将原告收押，其间，原告的哥哥张某某为了能将原告取保候审，在当地村委会的主持下与被告刘某达成了赔偿协议，并当场赔了5000元钱给被告。后来，检察院以证据不足为由将原告张某无罪释放。原告被释放后，以其哥哥在未取得自己同意的情况下而与被告达成的赔偿协议无效为由将被告刘某告上法庭，要求被告返还5000元赔款。

第一种意见认为，原告的哥哥代表原告和被告达成协议时，原告因涉嫌犯故意伤害罪而被关押，被告没有证据证明协议时代理人取得了原告的同意，原告哥哥的代理行为是一种无权代理，事后也没有取得原告本人的追认，其代理行为不构成表见代理，代理行为无效。

第二种意见认为，代理人张某某是原告张某的哥哥，足以使被告确信其代理行为是原告的真实意思，构成表见代理，代理行为有效。

【网络学习】

在网络上查找表见代理相关的案例，并思考法院作出相应裁决的原因。

【课后思考】

在上海市高级人民法院网检索母亲未经委托替女儿“卖房”案例，并思考法院判定母亲构成无权代理的原因。

案情简介：陈先生与殷某母亲、中介天佑公司三方签订房屋买卖居间协议，约定陈先生购买系争房屋，房价为290万元。陈先生当日支付殷某母亲定金5万元，殷某母亲出具收条并出具《承诺书》，承诺若产权人及家庭成员不同意居间协议，由其承担协议中的违约责任。陈先生原以为买房一事尘埃落定，却接到了殷某母亲的电话，告知其无法如约签署合同。殷某母亲提出可赔偿陈先生1万元解约金，或房屋加价至300

万元。双方未能达成协议，陈先生诉至上海市青浦区人民法院。

陈先生诉称，殷某的母亲携带产权证原件到场签订居间协议，故其有理由相信殷某的母亲有权代表殷某签订协议。陈先生请求判令殷某及殷某母亲共同承担违约责任，即双倍返还定金10万元。殷某辩称，从未委托任何人代理涉案房屋的买卖事宜，更未委托他人签订房屋买卖居间协议。

上海青浦法院审理认为：殷某作为房屋的权利人，对房屋享有占有、使用、处分、收益等一切排他权利。殷某对其母亲代其签订的房地产买卖居间协议明确拒绝追认，其母亲行为系无权代理行为，对殷某不发生效力，由行为人自己承担责任。法院判决，殷某母亲根据此前出具的《承诺书》，双倍返还定金，支付陈先生10万元。

第 5 章　时效、期间、民事责任

【导言】

这一章的内容较多，主要包括诉讼时效、除斥期间、期间和民事责任四大知识点。其中，除斥期间在我国的法律文本里没有提及，只是一个学术概念。

这些内容与我们的生活有着很多联系。比如：你一直将某项权利抛在脑后，结果过了诉讼时效期间，此时你即使仍拥有这项权利，也不受法院的保护了；某项权利若过了权利的除斥期间，你的权利就直接消失了。因此，为了维护自己的合法权益，我们有必要懂得基本的有关诉讼时效和除斥期间的知识。另外，民事责任的重要性自然不必多说。无论是我们自己违约或侵权，还是被违约或被侵权，我们都应当知道相关的民事责任的规定。

【学习目标】

- 清楚诉讼时效的适用范围和诉讼时效期间。
- 明确诉讼时效期间的起算、中止、中断和延长。
- 明白诉讼时效届满之后的法律效果。
- 了解除斥期间的适用对象、计算以及其与诉讼时效的区别。
- 懂得期间的计算。
- 描述民事责任的归责原则、免责事由以及承担方式。

5.1　诉讼时效

诉讼时效是指权利人在法定期间内不行使某权利而失去人民法院和仲裁机关对其权利的保护的法律制度。建立诉讼时效制度的目的主要在于避免因时间过长导致举证困难，促使权利人及时行使权利，维护法律秩序，促进财物的流通和利用。

5.1.1　诉讼时效制度适用范围

诉讼时效制度的适用范围主要是请求权。

就债权请求权而言，大多数的债权请求权是适用于诉讼时效制度的。但是，出于维护金融和货币市场的秩序，促进我国金融和货币市场的发展的目的，以下这些债权请求权并不适用于诉讼时效制度：

(1)支付存款本金及利息请求权；

(2)兑付国债、金融债券以及向不特定对象发行的企业债券本息请求权；

(3)基于投资关系的缴付出资请求权；

(4)其他依法不适用诉讼时效规定的债权请求权。

除了债权请求权，损害赔偿请求权也适用于诉讼时效制度，但是其他的物权请求权(如排除妨碍请求权、消除危险请求权等)并不适用。

《民法典》对不适用诉讼时效的请求权也作出了相关规定。下列请求权不适用诉讼时效的规定：

(1)请求停止侵害、排除妨碍、消除危险；

(2)不动产物权和登记的动产物权的权利人请求返还财产；

(3)请求支付抚养费、赡养费或者扶养费；

(4)依法不适用诉讼时效的其他请求权(《民法典》第一百九十六条)。

不适用诉讼时效的案例

甲与乙签订了一份在建的房屋买卖合同，并且乙出资完成了对该房屋的继续建造。建完后，乙实际使用了一段时间。但该房屋的第一层登记在甲的名下，甲不愿办理手续将房屋过户，因此双方产生了矛盾。乙提起诉讼，甲以诉讼时效届满为由抗辩。法院认为，根据法律相关规定，在房屋建造结束后，所有权即为乙所有。该纠纷是因为双方在房屋归属权方面存在争议，属于物权纠纷，不适用诉讼时效。

5.1.2 诉讼时效期间的概念与种类

诉讼时效期间是指权利人请求人民法院和仲裁机构保护其民事权利的法定期间，即诉讼时效概念中所提到的“法定期间”。法定期间意味着由法律直接作出规定的诉讼时效期间具有强制性，不能由当事人协议或变更。

《民法典》第一百九十七条规定：诉讼时效的期间、计算方法以及中止、中断的事由由法律规定，当事人约定无效。

当事人对诉讼时效利益的预先放弃无效。

在这里，要解释一下当事人的诉讼时效利益。若诉讼时效期间届满，义务人以诉讼时效届满为由，提出不履行义务的抗辩，可以得到法院的支持，权利人则失去了法院对其权利的保护。义务人由此得到的利益即为诉讼时效利益。

诉讼时效期间根据时间长短和适用事件的不同可以分为以下两类：

(1)普通诉讼时效期间。普通诉讼时效期间为3年，除法律有特别规定之外的民事权利都适用3年的普通诉讼时效期间。

《民法典》第一百八十八条第一款规定：向人民法院请求保护民事权利的诉讼时效期间为三年。法律另有规定的，依照其规定。

(2)特殊诉讼时效期间。特殊诉讼时效期间是指短于或长于3年的诉讼时效期间，只适用于特殊的民事法律关系。例如，因国际货物买卖合同和技术进出口合同争议提起诉讼或者申请仲裁的时效期间为四年(《民法典》第五百九十四条)。

5.1.3　诉讼时效期间的起算

我国法律规定，诉讼时效期间自权利人知道或者应当知道权利受到损害以及义务人之日起计算，法律另有规定的，依照其规定(《民法典》第一百八十八条第二款)。就该条法律条文的最后一句我们可以知道，根据具体的事实，诉讼时效的起算也会有不同的情况：

(1)附条件或期限的债权请求权，诉讼时效期间从条件成就或期限届满时起算。

(2)当事人约定同一债务分期履行的，诉讼时效期间自最后一期履行期限届满之日起计算(《民法典》第一百八十九条)。

(3)未定有履行期限或履行期限不明的债权请求权：若履行期限可确定，诉讼时效期间从履行期限届满起算；若履行期限不可确定，则从债权人要求债务人履行债务的宽限期限届满起算。若债权人未确定履行的宽限期限，则从债权人主张权利时起算。但若债务人在债权人第一次要求履行债务时即明确表示不履行的，从债务人明确表示不履行之日起算。

(4)请求他人不作为的债权请求权，诉讼时效期间从义务人违反不作为义务时起算。

(5)损害赔偿请求权自权利人知道被侵害事实以及侵害人时起算。人身伤害赔偿请求权从受伤之日起算，若受伤当时未发现，后经检查后发现并能证明由该人身伤害事件引起，则从伤势确诊时起算。

有关诉讼时效期间起算点的案例

甲于 2011 年 7 月 17 日将乙撞伤。之后乙一直在治疗之中，直到 2012 年 6 月 19 日出院。2012 年 6 月 22 日，乙进行了伤残程度鉴定。2013 年 4 月 24 日，乙提起诉讼。甲以诉讼时效届满为由，拒绝赔偿。法院认为，直至 2012 年 6 月 22 日，乙做完伤残程度鉴定，才能确定损失的大小。因此，2012 年 6 月 23 日才是诉讼时效的起算点。那么，2013 年 4 月 24 日就并未到达诉讼时效届满之日。

(6)合同被撤销后，请求返还财产、赔偿损失的，诉讼时效期间从合同被撤销之日起计算。

(7)无民事行为能力人或者限制民事行为能力人对其法定代理人的请求权的诉讼时效期间，自该法定代理终止之日起计算(《民法典》第一百九十条)。

(8)未成年人遭受性侵害的损害赔偿请求权的诉讼时效期间，自受害人年满十八周岁之日起计算(《民法典》第一百九十一条)。

诉讼时效期间从权利人知道或应当知道权利被侵害以及义务人时起算，也就是只有满足了知道或者应当知道权利被侵害以及义务人两个方面的事实时，诉讼时效才开始起算。但是，基于取证方面的困难，法院对权利人的保护不可能是无期限的。因此，从权利被侵害之日起算，超过权利的最长保护时间20年的，人民法院不予保护。

《民法典》第一百八十八条第二款规定：诉讼时效期间自权利人知道或者应当知道权利受到损害以及义务人之日起计算。法律另有规定的，依照其规定。但是，自权利受到损害之日起超过二十年的，人民法院不予保护，有特殊情况的，人民法院可以根据权利人的申请决定延长。

5.1.4 诉讼时效期间的中止、中断与延长

1. 诉讼时效期间的中止

诉讼时效期间的中止指诉讼时效期间进行中，因发生一定的法定事由而使权利人不能行使请求权，暂时停止计算诉讼时效期间，以前经过的诉讼时效期间依然有效，待阻碍时效进行的事由消除后，继续进行诉讼时效期间的计算。

《民法典》第一百九十四条规定：在诉讼时效期间的最后六个月内，因下列障碍，不能行使请求权的，诉讼时效中止：

(一)不可抗力；

(二)无民事行为能力人或者限制民事行为能力人没有法定代理人，或者法定代理人死亡、丧失民事行为能力、丧失代理权；

(三)继承开始后未确定继承人或者遗产管理人；

(四)权利人被义务人或者其他人控制；

(五)其他导致权利人不能行使请求权的障碍。

自中止时效的原因消除之日起满六个月，诉讼时效期间届满。

上面的这条法条明确规定了诉讼时效中止的各种原因，即定义中的“法定事由”。

另外，我们也可以从该条规定中知道，诉讼时效期间的中止是有时间限定的。只有发生在诉讼时效期间的最后6个月的法定事由才能使诉讼时效期间中止。这意味着若法定事由发生在诉讼时效期间最后6个月之前，并在最后6个月之前已经被消除了，则不会引起诉讼时效期间的中止。若法定事由一直延续到最后6个月仍未被消除，则从最后6个月开始暂时停止计算诉讼时效期间；待事由被消除之后，自被消除之日起6个月，诉讼时效期间届满。若法定事由发生在诉讼时效期间的最后6个月之中，则自事由发生之日起暂时停止计算诉讼时效期间；待事由被消除之后，从被消除之日起满6个月，诉讼时效期间届满。另外须要注意的是，尽管诉讼时效可以中止，但是仍受权利最长保护时间20年的限制，即虽然诉讼时效期间中止，但是若自权利被侵害之日起过了20年，那么仍会失去人民法院的保护。

服刑是否导致诉讼时效期间的中止

甲与乙存在借款协议，乙迟迟未还款，但是在诉讼时效期间的最后六个月内，甲因故被羁押入狱。待甲出狱后提起诉讼时，已过了原来的诉讼时效期间。甲认为，由于其服刑无法行使请求权，因此诉讼时效期间应当中止，直至其出狱再继续计算。法院认为，虽然服刑期间甲的人身自由受到限制，但是可以委托狱外人士为其行使权利，

因此服刑并不能认定为导致权利人不能行使请求权的障碍。因此，甲的诉讼已超过了诉讼时效期间。

事实上，就上面这个问题“服刑是否导致诉讼时效期间的中止”是存在一定争议的。有些法官认为应当视情况而定，有些权利人缺少法律知识，也缺少在服刑期间寻求代理的能力，而法律应当是保护人们权益的工具，此时若仍判定诉讼时效期间届满，是否有些缺少人情关爱，也不符合法律保护人们权益的宗旨。当然，这也是值得我们思考的问题。

2. 诉讼时效期间的中断

诉讼时效期间的中断是指在诉讼时效进行中，因发生一定的法定事由，致使已经经过的时效期间统归无效，待引起诉讼时效期间中断的法定事由消除后，诉讼时效期间重新计算。

《民法典》第一百九十五条规定：有下列情形之一的，诉讼时效中断，从中断、有关程序终结时起，诉讼时效期间重新计算：

（一）权利人向义务人提出履行请求；

（二）义务人同意履行义务；

（三）权利人提起诉讼或者申请仲裁；

（四）与提起诉讼或者申请仲裁具有同等效力的其他情形。

关于该规定中的第四项，在我国法律中也有明确的规定。下列情形与提起诉讼或者申请仲裁具有同等效力：

(1)申请支付令；

(2)申请破产、申报破产债权；

(3)为主张权利而申请宣告义务人失踪或死亡；

(4)申请诉前财产保全、诉前临时禁令等诉前措施；

(5)申请强制执行；

(6)申请追加当事人或者被通知参加诉讼；

(7)在诉讼中主张抵消；

(8)其他与提起诉讼具有同等诉讼时效中断效力的事项(《最高人民法院关于审理民事案件适用诉讼时效制度若干问题的规定》第十一条)。

至于该法规中的第一项“权利人向义务人提出履行要求”，在相关法律中也具体规定了与其效力相同的事件：

(1)当事人一方直接向对方当事人送交主张权利文书，对方当事人在文书上签字、盖章、按指印或者虽未签字、盖章、按指印但能够以其他方式证明该文书到达对方当事人的；

(2)当事人一方以发送信件或者数据电文方式主张权利，信件或者数据电文到达或者应当到达对方当事人的；

(3)当事人一方为金融机构，依照法律规定或者当事人约定从对方当事人账户中扣收欠款本息的；

(4)当事人一方下落不明，对方当事人在国家级或者下落不明的当事人一方住所地的省级有影响的媒体上刊登具有主张权利内容的公告的，但法律和司法解释另有特别规定的，适用其规定。

前款第(1)项情形中：对方当事人为法人或者其他组织的，签收人可以是其法定代理人、主要负责人、负责收发信件的部门或者被授权主体；对方当事人为自然人的，签收人可以是自然人本人、同住的具有完全行为能力的亲属或者被授权主体(《最高人民法院关于审理民事案件适用诉讼时效制度若干问题的规定》第八条)。

“义务人同意履行义务”依照法律同样也有与其效力相同的行为。义务人作出分期履行、部分履行、提供担保、请求延期履行、制定清偿债务计划等承诺或者行为的，被视为同意履行义务(《最高人民法院关于审理民事案件适用诉讼时效制度若干问题的规定》第十四条)。

关于诉讼时效的中断的案例

甲公司与乙公司因买卖合同引起纠纷。在诉讼时效期间，甲公司向乙公司发出了询证函，以确定甲公司对乙公司须承担的债务。后来，甲公司迟迟未归还债务，乙公司向法院提起诉讼。甲公司以诉讼时效期间届满为由提出抗辩。法院认为，甲公司向乙公司发出询证函视为“当事人一方同意履行义务”，因此导致了诉讼时效的中断，由此，乙公司提起的诉讼并未超过诉讼时效。

另外，关于诉讼时效期间的中断，我们还需要注意以下三种情况：

(1)对连带债权人或连带债务人中的一人发生诉讼时效期间中断的事由，应当认定对其他连带债权人或连带债务人都发生了诉讼时效期间中断的效力；

(2)债权人提起代位权诉讼时，应当认定对债权人的债权和债务人的债权都发生了诉讼时效期间中断的效力；

(3)债权转让的，诉讼时效期间从债权转让通知到达债务人之日起中断；债务转让给他人承担的，并且债权人同意的，诉讼时效期间从债务承担通知到达债权人之日起中断。

诉讼时效期间的中断意味着在发生法定事由之前的已经过的诉讼时效期间均无效，诉讼时效重新从零计算。但是，诉讼时效期间的中断也依然受到权利最长保护时间20年的限制。

3. 诉讼时效期间的延长

诉讼时效期间的延长是指人民法院对已经届满的诉讼时效，根据特殊情况而予以延长。这是法律赋予司法机关的一种自由裁量权，何为特殊情况，由人民法院判定。诉讼时效的延长适用于所有的诉讼时效期间，包括最长保护时间20年。

5.1.5 诉讼时效期间届满的法律效果

诉讼时效期间届满后失去的只是人民法院或者仲裁机关对其权利的保护，而不会失去实体权利。这意味着，即使诉讼时效期间届满，权利人仍然可以提起诉讼，法院也应该受理，权利人并不失去起诉权。但是，人民法院不得主动适用诉讼时效的规定（《民法典》第一百九十三条）。当事人未提出诉讼时效抗辩，法院不应对诉讼时效问题进行释明（《最高人民法院关于审理民事案件适用诉讼时效制度若干问题的规定》第二条）。只有在另一方当事人以诉讼时效届满抗辩时，法院才进行审查核实，若确已届满，则驳回权利人提起的诉讼。但若当事人在一审中未提出诉讼时效届满的抗辩，在未找到新证据的情况下，在二审中以诉讼时效届满为由提出抗辩，法院不予支持。在诉讼时效期间届满后，义务人同意履行义务的，又以诉讼时效届满为由抗辩的，法院也不予支持。

有关诉讼时效届满的抗辩是否有效的案例

甲公司与乙公司因买卖合同产生纠纷，后甲公司向法院提起诉讼，此时，诉讼时效期间已经届满。在一审中乙公司未提出诉讼时效期间届满的抗辩，但是在二审中乙公司提出了诉讼时效期间届满的抗辩。法院认为，乙公司在未找到新证据的情况下，在二审中提出诉讼时效届满的抗辩，在一审中未提出，法院不予支持。

当然，由于权利人并不失去实体权利，在诉讼时效届满后，若义务人自愿放弃时效利益，履行义务，不受诉讼时效的限制，也不得请求返还。

《民法典》第一百九十二条规定：诉讼时效期间届满的，义务人可以提出不履行义务的抗辩。

诉讼时效期间届满后，义务人同意履行的，不得以诉讼时效期间届满为由抗辩；义务人已经自愿履行的，不得请求返还。

5.2　除斥期间

除斥期间是指法律规定或者当事人约定的撤销权、解除权等权利的存续期间。事实上，除斥期间为学名，在我国的法律中均未见使用，但是在立法中是存在的。

《民法典》第一百九十九条规定：法律规定或者当事人约定的撤销权、解除权等权利的存续期间，除法律另有规定外，自权利人知道或者应当知道权利产生之日起计算，不适用有关诉讼时效中止、中断和延长的规定。存续期间届满，撤销权、解除权等权利消灭。

5.2.1　除斥期间的适用对象和几种常见的除斥期间

除斥期间一般适用于形成权，即权利人依单方意思表示就能使民事法律关系发生、消灭、变更的权利，如追认权、解除权、撤销权等。但是，并非所有的形成权都有除斥期间，如法定抵销权就没有除斥期间。

以下将介绍我国法律中的几种常见的除斥期间：

(1)时长九十日的：因重大误解导致的可撤销民事法律行为，重大误解的当事人自知道或者应当知道撤销事由起九十日内未行使撤销权的，撤销权消灭(《民法典》第一百五十二条第一款)。

(2)时长 6 个月的：①在赠与合同中，因受赠人的行为致使赠与人死亡或者丧失民事行为能力的，赠与人的继承人或者法定代理人可以撤销赠与，撤销权自知道或者应当知道撤销事由之日起 6 个月内行使；②在保证合同中，当事人未约定保证期间的，保证期间为 6 个月，债权人应自主债务履行期限届满之日起 6 个月内对债务人提起诉讼或者申请仲裁(保证期间是除斥期间，对债务人提起诉讼或者申请仲裁后，随之而来的是保证债务诉讼时效的开始)。③保证合同约定保证人承担保证责任直至主债务本息还清时为止等类似内容的，视为约定不明，保证期间为主债务履行期限届满之日起 6 个月(《最高人民法院关于适用〈中华人民共和国民法典〉有关担保制度的解释》第三十二条)。

(3)时长 1 年的：①除因重大误解导致的可撤销民事法律行为外，其他可撤销民事法律行为的撤销权自当事人知道或者应当知道撤销事由起，1 年内未实施的，撤销权消灭；②债权人对债务人某些行为的撤销权应自债权人知道或者应当知道撤销事由之日起 1 年内行使；③赠与人在某些情况下具有撤销权，撤销权应自赠与人知道或应当知道撤销事由之日起 1 年内行使。

关于可撤销合同的撤销权的案例

甲与乙签订合同，后甲发现乙隐瞒真相，涉嫌商业欺诈，于是提起诉讼，但并未要求撤销合同，在过了一年多之后，甲再次提起诉讼，要求行使撤销权。法院认为，甲在知道自己被欺骗签订合同后，却未要求撤销合同，而当其要求行使撤销权时，已超过除斥期间，因此甲已不再拥有撤销权。

(4)时长 5 年的：①在可撤销民事法律行为中，当事人自民事法律行为发生之日起 5 年内没有行使撤销权的，撤销权消灭(《民法典》第一百五十二条)；②债权人领取提存物的权利，自提存之日起 5 年内不行使而消灭(《民法典》第五百七十四条)。

事实上，除了以上几种除斥期间外，我国法律中还有许多其他的期间也是除斥期间，如受遗赠人应当在知道受遗赠后 60 日内，作出接受或放弃遗赠的表示；到期没有表示的，视为放弃受遗赠。

5.2.2 除斥期间的计算以及届满的法律后果

根据《民法典》第一百九十九条的规定，除斥期间自权利人知道或者应当知道权利产生之日起开始计算。

另外，除斥期间一般是一种不变期间，即不因任何事情而中止、中断或延长，不适用有关诉讼时效中止、中断和延长的规定。

除斥期间届满后，撤销权、解除权等实体权利消灭，即权利人不再拥有该权利。

关于除斥期间的案例

甲借给乙一笔钱，乙未归还，后来乙与其妻子离婚，并在离婚后将其名下的一套房子转到妻子名下。甲在乙离婚后三个月知道了乙将其名下的房子转让给其前妻的事实，催促乙还款，乙却无力还款。但在一年多后，甲才提起诉讼，要求行使债权人的撤销权，撤销乙的转让行为。法院认为，除斥期间的起算点应是甲知道了乙转让房产的行为以及乙无力还款的事实之日。甲提起诉讼要求撤销乙的转让行为时，已超过了除斥期间，不具有撤销权。

5.2.3　除斥期间与诉讼时效的区别

除斥期间与诉讼时效都是民法中的与期间相关的概念，但两者有所差异，我们须要注意区分：

(1)适用对象不同。诉讼时效主要适用于债权请求权，而除斥期间适用于形成权。

(2)法律效力不同。诉讼时效届满后，实体权利不消灭，起诉权也不消灭，只是债务人可以提出抗辩，而使债权人丧失胜诉权。而除斥期间届满后，实体权利就会消灭。

(3)期间性质不同。除斥期间是不变期间，不因任何事情而中止、中断或延长。诉讼时效是可变期间，可以发生中止、中断和延长。

(4)起算时间不同。诉讼时效自权利人知道或者应当知道权利被侵害时起算，而除斥期间自权利人知道或者应当知道权利产生时起算。

(5)法院的处理不同。对于诉讼时效，只有当事人主张，法院才可援用，不得主动援用或者释明。而对于除斥期间，法院应当主动审查并适用。

5.3　期间

期间，在民法上是指时段，即一段时间跨度。位于期间两端的为两个时间点——期间的起始时点与终止时点，期间就是从起始时点到终止时点的这样一个时间段。因此，期间的确定主要依赖于起始时点和终止时点两个时间点的确定。

5.3.1　期间的计算

关于计算单位，民法所称的期间计算按照公历年、月、日、小时计算(《民法典》第二百条)。

期间的计算方法主要可以分为自然计算法和历法计算法。

自然计算法是指依据实际经过的时间进行计算，主要适用于以日、小时为计算单位的期间计算以及不连续的期间计算。另外，若出现含半个月的期间，那最后的半个月也以自然计算法计算。运用此计算方法，规定一日为 24 小时，一星期为 7 日，一月为 30 日，一年为 365 日。

历法计算法即以历法的规则进行计算，主要适用于以月、年为计算单位并且连续的期间计算。运用此计算方法，最后一个月与期间开始当日的对应日为期间的最后一日，最后一月没有对应日的，其结束日为期间的最后一日。

自然计算法和历法计算法的区分

若期间的起算点是3月1日，期间长度为一个月，若以自然计算法来计算的话，那么期间的终止点是3月30日；若以历法计算法来计算的话，那么期间的终止点应该是2月28日或者2月29日对应于3月的那一天，也就是3月28日或者3月29日。

5.3.2 期间的起算与终止

按照年、月、日计算期间的，开始的当日不计入，自下一日开始计算。按照小时计算期间的，自法律规定或者当事人约定的时间开始计算(《民法典》第二百零一条)。

至于期间的终止，从期间起算之日起按照适用的计算方法，经过法律规定的或者当事人约定的一定时间段后，自然到达了期间的终止之日。但是，有以下两点须要特别说明：

(1)期间的最后一日是法定休假日的，以法定休假日结束的次日为期间的最后一日；

(2)期间的最后一日的截止时间为二十四时；有业务时间的，停止业务活动的时间为截止时间(《民法典》第二百零三条)。

5.4 民事责任

民事责任指的是民事主体因违反合同或者不履行其他义务，而应依法承担的民事法律后果。值得注意的是，侵害英雄烈士等的姓名、肖像、名誉、荣誉，损害社会公共利益的，应当承担民事责任(《民法典》第一百八十五条)。

《民法典》第一百七十六条规定：民事主体依照法律规定或者按照当事人约定，履行民事义务，承担民事责任。

民事责任主要具有以下几个特征：

(1)民事责任具有强制性，是不履行民事义务的民事主体和侵权行为人必须承担的法律后果，以国家强制力为保证；

(2)民事责任主要是一种财产责任，即承担民事责任的方式主要是进行财产性的赔偿；

(3)民事责任具有补偿性，即按照造成的实际经济损失确定赔偿数额，是一种等价赔偿。

5.4.1 民事责任的分类

根据不同的分类标准，可以对民事责任进行不同的分类：

(1)根据民事责任是否由合同关系引起，可以分为合同责任和非合同责任。合同责任是指由合同关系引起的民事责任，非合同责任是指不是由合同关系引起的民事责任。

(2)根据承担的责任是否带有财产性质，可以分为财产责任和非财产责任。财产责任是指直接以一定的财产为承担内容的责任，非财产责任是指不直接具有财产承担内容的民事责任。

(3)根据承担民事责任者的数量及其内在关系的不同，分为单独责任和共同责任。单独责任指由一个民事主体单独地承担民事责任。共同责任指由多个民事主体共同承担民事责任。共同责任又分为按份责任和连带责任。按份责任中，权利人只能要求每个责任人承担其所承担的那一部分责任。连带责任中，权利人可以要求其中的任一责任人或者部分责任人承担全部责任。

《民法典》第一百七十七条规定：二人以上依法承担按份责任，能够确定责任大小的，各自承担相应的责任；难以确定责任大小的，平均承担责任。

《民法典》第一百七十八条规定：二人以上依法承担连带责任的，权利人有权请求部分或者全部连带责任人承担责任。

连带责任人的责任份额根据各自责任大小确定；难以确定责任大小的，平均承担责任。实际承担责任超过自己责任份额的连带责任人，有权向其他连带责任人追偿。

连带责任，由法律规定或者当事人约定。

(4)根据行为人的行为有无过错，可以分为过错责任和无过错责任。行为人有过错时承担的民事责任为过错责任。在法律规定的一些情况下，行为人无过错时也须承担民事责任，此时承担的民事责任即为无过错责任。

(5)根据过错行为人是一方还是双方，可以分为单方责任和双方责任。单方责任是指由于当事人一方的过错行为而给对方造成损害时，应承担的民事责任；双方责任是指由于当事人双方的过错行为而造成损害，双方根据各自过错大小来分担责任。

5.4.2　民事责任的归责原则

民事责任的归责原则一般包括过错责任原则、无过错责任原则和公平责任原则。

(1)过错责任原则：过错责任原则是指以行为人的过错为依据，通过判断行为人造成的损害大小来承担民事责任的归责原则。过错责任原则在使用中常常贯彻“谁主张谁举证”原则，即受害人在主张加害人承担民事责任时，要举证证明加害人对损害的发生具有主观过错，即具有故意或过失，如不能举证，则主张不能成立。因在一些情况下举证困难，为了保护受害人的合法权益，产生了特殊的举证方法——过错推定。过错推定是指在一些特定情形下，法律规定只有行为人在举证证明了自己没有过错的情形下，才能不承担民事责任。这样就将举证的责任转移到了被告人一方。

过错推定原则的案例

甲在出现身体不适后，多次在乙卫生所就诊，后病情加重，甲到丙医院就诊，不幸抢救无效去世。于是，甲的家人将乙卫生所告上法庭。经鉴定，甲的死亡是由自身病情发展所致，但乙卫生所未能提供完整、真实、规范的诊疗记录。法院认为，因甲的家人难以举证，而乙卫生所未能举证证明自己的诊疗过程没有过失，根据“过错推定”，尽管甲的死亡是由自身病情发展所致，但是乙卫生所仍要承担一定的责任。

(2)无过错责任原则：无过错责任原则是指在法律有特别规定的情况下，以已经发生的损害结果为判断标准，与该损害结果有因果关系的行为人，不问其有无过错，都要承担民事责任的归责原则。

无过错责任原则的案例

甲是乙公司雇用的货车司机。在午饭时间，甲私自开乙公司的货车回家，路上因货车出现故障，甲进行不当处理，导致事故发生，造成了人身损害。法院认为，尽管乙公司在此事件中并无过错，但是根据适用雇主的“无过错责任原则”，乙公司仍须承担一定的责任，但因为该事件中甲有过错，并且甲作为一位专业司机，在货车出现问题后，进行了不当操作，对损害的扩大存在过失，所以可以减轻乙公司的赔偿责任。

(3)公平责任原则：公平责任原则是指致害人和受害人都没有过错，又不在法律所规定的无过错原则适用情况的范围内的，在损害事实已经发生的情况下，以公平考虑为评判标准，根据实际情况由双方公平地分担损失的原则。

公平责任原则的案例

甲与乙在打篮球时，发生了肢体碰撞，造成了乙身体上的损害。法院认为，篮球本属于肢体碰撞较强烈的运动，并且在该案件中，甲并没有伤害的故意或过失，因此甲与乙都不存在过失，但是已造成了乙受到伤害的事实。于是，适用公平责任原则，甲与乙分担民事责任。

5.4.3 民事责任的免责事由

免责事由是指本应承担民事责任的一方依法可以不承担或者部分承担的事由。《民法典》规定，以下情形下，本应承担民事责任的一方可以免责：

(1)因不可抗力不能履行民事义务的，不承担民事责任。法律另有规定的，依照其规定。不可抗力是指不能预见、不能避免且不能克服的客观情况(《民法典》第一百八十条)。

(2)因正当防卫造成损害的，不承担民事责任(《民法典》第一百八十一条第一款)。

(3)因紧急避险造成损害的，由引起险情发生的人承担民事责任。危险由自然原因引起的，紧急避险人不承担民事责任，可以给予适当补偿(《民法典》第一百八十二条第一款第二款)。

(4)因自愿实施紧急救助行为造成受助人损害的，救助人不承担民事责任(《民法典》第一百八十四条)。

但是，有几点是我们须要注意的：当事人迟延履行后发生不可抗力的，不免除其违约责任(《民法典》第五百九十条)；正当防卫超过必要的限度，造成不应有的损害的，正当防卫人应当承担适当的民事责任(《民法典》第一百八十一条第二款)；紧急避险采取措施不当或者超过必要的限度，造成不应有的损害的，紧急避险人应当承担适当的民事责任(《民法典》第一百八十二条第三款)。

5.4.4 民事责任的承担

就民事责任的承担方式，我国法律中有比较具体的规定。

《民法典》第一百七十九条规定：承担民事责任的方式主要有：

(一)停止侵害；

(二)排除妨碍；

(三)消除危险；

(四)返还财产；

(五)恢复原状；

(六)修理、重作、更换；

(七)继续履行；

(八)赔偿损失；

(九)支付违约金；

(十)消除影响、恢复名誉；

(十一)赔礼道歉。

法律规定惩罚性赔偿的，依照其规定。

本条规定的承担民事责任的方式，可以单独适用，也可以合并适用。

在民事责任的承担方面，若同时存在多种民事责任，也可能会存在选择或者优先的问题。在以下两种情况下就存在选择或优先问题：

(1)因当事人一方的违约行为，损害对方人身权益、财产权益的，受损害方有权选择请求其承担违约责任或者侵权责任(《民法典》第一百八十六条)；

(2)民事主体因同一行为应当承担民事责任、行政责任和刑事责任的，承担行政责任或者刑事责任不影响承担民事责任；民事主体的财产不足以支付的，优先用于承担民事责任(《民法典》第一百八十七条)。

【本章小结】

1. 诉讼时效是指权利人在法定期间内不行使某权利而失去人民法院和仲裁机关对其权利的保护的法律制度。诉讼时效期间分为普通诉讼时效期间和特殊诉讼时效期间。

2. 诉讼时效期间自权利人知道或者应当知道权利受到损害以及义务人之日起算。在诉讼时效期间的最后6个月内，因法定事由不能行使请求权的，诉讼时效中止，自中止时效的原因消除之日起满6个月，诉讼时效届满。在诉讼时效进行中，因发生一定的法定事由，致使已经经过的时效期间统归无效，诉讼时效中断，从中断、有关程序终结时起，诉讼时效期间重新计算。有特殊情况的，人民法院可延长诉讼时效期间。

诉讼时效期间届满，实体权利并不消灭。若义务人同意履行义务，则不受诉讼时效的限制。

3. 除斥期间指权利的存续期间，届满实体权利消灭。除斥期间从权利人知道或者应当知道权利产生之日起计算，不发生中止、中断与延长。

4. 诉讼时效期间与除斥期间的区别包括适用对象不同、法律效力不同、期间性质不同、起算时间不同、法院的处理不同。

5. 期间的计算方法有自然计算法与历法计算法。法律规定按照小时计算期间的，从约定的时间开始起计算；规定按照日、月、年计算期间的，开始的当日不算入，自下一天开始起计算。

6. 民事责任的归责原则一般包括过错责任原则、无过错原则和公平责任原则。民事责任的免责事由包括不可抗力、正当自卫、紧急避险和自愿紧急救助他人。民事责任主要有停止侵害、返还财产、赔偿损失等十一种承担方式，可以单独适用，也可以合并适用。

【课后测验】

1. 甲欠乙1万元，丙为甲的代理人。丙与乙约定2002年5月1日偿还乙1万元借款。但到了2002年6月1日，甲仍未还钱。于是，乙向丙表示同意延期履行债务。此行为在法律上将产生下列哪种效果？(　　)

A. 诉讼时效的中断

B. 诉讼时效的中止

C. 诉讼时效的延长

D. 改变法定时效期间

2. 1996年12月20日，甲从乙商店购买花炮两盒送给其姐丙的儿子小兵(9岁)。1997年3月2日晚，小兵放花炮时，因花炮质量不合格横飞到小兵眼前，致使其左眼受伤失明，为此，还花了医药费6000余元。1997年5月2日，丙找乙提出赔偿全部损失的要求。但乙商店以花炮不是自己生产为由拒绝。本案中丙向乙请求赔偿全部损失的诉讼时效应从(　　)

A. 1996年12月21日起计算

B. 1997年1月1日起计算

C. 1997年3月3日起计算

D. 1997年5月3日起计算

3. 下列原则中，不包括在我国承担民事责任的归责原则的是(　　)

A. 过错责任原则

B. 无过错责任原则

C. 等价有偿原则

D. 公平责任原则

【深入阅读】

2008年7月5日，吴某因资金周转需要向陈某借款8500元。当日，吴某向陈某出具了欠条一张，欠条载明：今借到陈某人民币8500元。2010年8月，陈某因儿子升学向吴某催索此笔借款，但吴某以该借款已超过两年诉讼时效为由推诿，为此，陈某将吴某诉至法院。

第一种意见认为：欠条中未载明具体还款时间，故权利人应当在“欠条”出具之日起两年内向人民法院主张权利。陈某在吴某出具欠条两年内未主张自己的权利，应驳回其诉讼请求。

第二种意见认为：欠条实为借条。对于没有还款期限的借条，出借人向法院起诉的时间一般不受两年限制，故应支持陈某的诉讼请求。

【网络学习】

查阅《民法典》关于侵权的规定，更深入地了解民事责任的相关内容。

【课后思考】

阅读以下案例，根据本章所学，思考物业公司和承担责任的建筑物使用人分别承担何种责任。

2016年10月4日上午，受害人卜某某在驾驶电动自行车行驶至伊顿公馆28幢1单元“老邻居私房菜馆”门口人行道时，被高空坠落的红砖砸中头部而死亡。经公安机关排查后，无法确认加害人。

法院经审理认为，不能因为无法确认加害人，就盲目放大可能加害的主体范围，民事案件的审理应以高度盖然性作为评判依据。因此，存在可能加害的责任主体应限定在伊顿公馆28幢1单元2楼以上的住户；被告某某公司未尽物业管理义务，应承担过错赔偿责任；房屋产权人并非实际使用人，房屋在事发前已出售或出租他人，责任由实际使用人承担；有证据证明不存在侵权可能的住户不承担补偿责任。故法院判决，被告某某公司承担30%责任，其余70%由28幢1单元住户(排除侵权可能的除外)按户承担补偿责任。

本案一审法院为安徽省芜湖市镜湖区人民法院。一审后，部分被告上诉至芜湖市中院，二审法院根据新证据改判了部分建筑物使用人的补偿责任，其余则维持一审判决。

第二编
合　同

第 6 章　合同原理

【导言】

合同在我们的生活中非常常见，与我们的生活息息相关，饭店的用餐、商场的购物都涉及合同。例如：我们出行乘坐地铁、火车等公共交通工具就涉及与客运方签订的客运合同；我们通过中介租房，我们与中介公司就形成了中介合同。那么，合同究竟是什么，合同中的哪些内容容易引起纠纷以及如何规避其中的风险，本章即将对这些问题进行展开。

合同法律关系是特定当事人之间的法律关系，具有相对性，双方当事人订立的合同通常不能让无关的第三人去履行。当然，凡事都有例外，合同的相对性也有例外，但这些例外情况必须是由法律明确规定的，这是本章的重点。

【学习目标】

- 了解合同及有关定义。
- 了解合同的特征。
- 了解合同的分类。
- 了解合同的相对性及其例外。

6.1　合同及其有关法律规定

合同是民事主体之间设立、变更、终止民事法律关系的协议。

关于合同的案例

甲与乙签订房屋买卖协议，约定甲以 100 万元的价格购买乙的房子，那么在本案中，甲与乙签订的房屋购买协议就是合同。

关于合同法的溯源。《中华人民共和国合同法》(以下简称《合同法》)是 1999 年 3 月 15 日由第九届全国人民代表大会第二次会议通过的。随之有诸多司法解释，如《最高人民法院关于适用〈中华人民共和国合同法〉若干问题的解释(一)》《最高人民法院关于适用〈中华人民共和国合同法〉若干问题的解释(二)》《最高人民法院关于审理商品房买卖合同纠纷案件适用法律若干问题的解释》《最高人民法院关于审理城镇房屋租赁合同纠纷案件具体应用法律若干问题的解释》《最高人民法院关于审理技术合同纠纷案件适用法律若干问题的解释》《最高人民法院关于审理买卖合同纠纷案件适用法律问题解释》。

2020年5月,《民法典》通过并发布,于2021年1月1日起施行。这意味着《合同法》时代已经过去,相关的司法解释也会更新。

6.2 《民法典》合同编的适用范围

《民法典》合同编调整的范围十分广阔,包括所有的民事主体之间有关民事权利义务关系设立、变更、终止的协议。但是,婚姻、收养、监护等有关身份关系的协议,一般不适用该编调整。

《民法典》第四百六十四条规定:合同是民事主体之间设立、变更、终止民事法律关系的协议。

婚姻、收养、监护等有关身份关系的协议,适用有关该身份关系的法律规定;没有规定的,可以根据其性质参照适用本编规定。

在涉外合同中,能否适用合同编的规定要根据具体情况分析。原则上,涉外合同的当事人可以选择处理合同争议所适用的法律,但法律另有规定的除外。涉外合同的当事人对此没有选择的,适用与合同有最密切联系的国家的法律。但是,在中华人民共和国境内履行的中外合资经营企业合同、中外合作经营企业合同、中外合作勘探开发自然资源合同,只能适用中华人民共和国法律。

6.3 合同的分类

根据不同的分类标准,可将合同分为不同的种类。

6.3.1 典型合同与非典型合同

分类标准:《民法典》合同编或者其他法律是否对合同规定有确定的名称与调整规则。

典型合同是立法上规定了确定名称与规则的合同,如《民法典》合同编在分则中规定的买卖合同、赠与合同、借款合同、租赁合同等。非典型合同是立法上尚未规定确定名称与规则的合同。

区分两者的法律意义在于法律适用的不同。典型合同可直接适用《民法典》合同编分则中关于该种合同的具体规定。非典型合同则只能在适用《民法典》合同编总则中一般规则的同时,参照该法分则或者其他法律中最相类似的规定执行。

6.3.2 单务合同与双务合同

分类标准:合同当事人是否相互负有对价义务。对价义务要求双方的给付具有相互依存、相互牵连的关系。

单务合同是指仅有一方当事人承担义务的合同，如赠与合同。双务合同是指双方当事人互负对价义务的合同，如买卖合同、承揽合同、租赁合同等。

关于单务合同双务合同的案例

甲为帮助乙上学，捐赠乙10万元。此时，甲乙之间形成了赠与合同，而赠与合同是单务合同。在这一法律关系中，只有甲按照合同约定捐赠乙这一义务，而乙对甲无须承担相对应的义务。

甲与乙签订房屋买卖合同，约定甲将自己的古董花瓶以10万元卖给乙。甲与乙签订的房屋买卖合同是双务合同。在这一法律关系中，乙须要支付对价，甲须要把花瓶交给乙，即把花瓶的所有权转移给乙。

区分两者的意义在于双务合同中当事人之间的给付义务具有依存和牵连关系。因此，双务合同中存在同时履行抗辩权和风险负担的问题，单务合同则无这些问题。

6.3.3　诺成合同与实践合同

分类标准：根据合同成立除当事人的意思表示以外，是否还要其他现实给付。

诺成合同是指当事人意思表示一致即可认定合同成立的合同。实践合同是指在当事人意思表示一致以外，尚须有实际交付标的物或者有其他现实给付行为才能成立的合同。

区分两者的法律意义在于：除了两种合同的成立要件不同以外，实践合同中作为合同成立要件的给付义务的违反不产生违约责任，而只是一种缔约过失责任。

合同还可以分为有偿合同与无偿合同、要式合同与不要式合同、主合同与从合同等类型。

6.4　合同的相对性

合同法律关系是特定当事人之间的法律关系，与物权法律关系中物权的绝对性不同，合同法律关系具有相对性。合同的相对性是指合同主要在特定的合同当事人之间发生权利义务关系，当事人只能基于合同向另一方当事人提出请求或提起诉讼，不能向无合同关系的第三人提出合同上的请求，也不能擅自为第三人设定合同上的义务。合同的相对性可以拓展为“债的相对性”。

1. 合同相对性的体现

(1)主体的相对性。合同关系只能发生在特定的主体之间，只有合同当事人一方能够向合同的另一方当事人基于合同提出请求或提起诉讼。

(2)内容的相对性。除法律、合同另有规定以外，只有合同当事人才能享有某个合同所规定的权利，并承担该合同规定的义务，任何第三人不能主张合同上的权利。

(3)责任的相对性。合同责任只能在特定的当事人之间即合同关系的当事人之间发生，合同关系以外的人不负违约责任。

2. 合同相对性的例外

虽然合同关系具有相对性，但可能因为“物权化”或者保障债权实现，这种相对性在一定条件下也会被打破。从《民法典》合同编的规定来看，下列情形属于合同相对性原则的例外：

(1)债的保全的规定突破了合同的相对性，使得债权人可以向合同关系以外的第三人提起诉讼，主张权利。

《民法典》第五百三十五条规定：因债务人怠于行使其债权或者与该债权有关的从权利，影响债权人的到期债权实现的，债权人可以向人民法院请求以自己的名义代位行使债务人对相对人的权利，但是该权利专属于债务人自身的除外。

代位权的行使范围以债权人的到期债权为限。债权人行使代位权的必要费用，由债务人负担。

相对人对债务人的抗辩，可以向债权人主张。

《民法典》第五百三十八条规定：债务人以放弃其债权、放弃债权担保、无偿转让财产等方式无偿处分财产权益，或者恶意延长其到期债权的履行期限，影响债权人的债权实现的，债权人可以请求人民法院撤销债务人的行为。

《民法典》第五百三十九条规定：债务人以明显不合理的低价转让财产、以明显不合理的高价受让他人财产或者为他人的债务提供担保，影响债权人的债权实现，债务人的相对人知道或者应当知道该情形的，债权人可以请求人民法院撤销债务人的行为。

《民法典》第五百四十条规定：撤销权的行使范围以债权人的债权为限。债权人行使撤销权的必要费用，由债务人负担。

银行诉公司代位权纠纷案例

银行为第三人乙公司申请开具的信用证垫付款项，该债权合法且已到期，乙公司未及时支付。甲公司欠乙公司的进口设备款项，到期后，乙公司没有通过诉讼或仲裁的方式向甲公司主张到期债权，相反，对甲公司提出的延期还款计划予以认可。乙公司的认可行为属怠于行使到期债权，且对银行的债权造成损害，故银行可以对甲公司提起代位权诉讼。在相对关系中，银行的债务人是乙，不是甲，但因为债的保全突破了合同的相对性，使银行可以向甲提起诉讼。

(2)“所有权让与不破租赁”的规定，使得租赁合同的承租人可以以自己的租赁权对抗新的所有权人，突破了合同关系的相对性。

《民法典》第七百二十五条规定：租赁物在承租人按照租赁合同占有期限内发生所有权变动的，不影响租赁合同的效力。

房屋租赁合同纠纷案例

甲与乙签订房屋租赁合同，甲租住乙的房屋三年，在第二年时乙将房子卖给了丙，现丙要求甲搬离房屋。因为租赁物在租赁期间发生所有权变动的，不影响租赁合同的效力，所以即使丙拥有了房屋的所有权，也应当继续履行甲与乙签订的租赁合同，因此丙要求甲搬离房屋是没有法律依据支持的，是不合理的。

(3)关于分包人与承包人共同对发包人承担连带责任、单式联运合同中某一区段的承运人与总的承运人共同向托运人承担连带责任的规定也都突破了合同的相对性。实际上，在这两种合同中，分包人与发包人，托运人与某一区段的承运人之间并无合同关系。

《民法典》第七百九十一条规定：发包人可以与总承包人订立建设工程合同，也可以分别与勘察人、设计人、施工人订立勘察、设计、施工承包合同。发包人不得将应当由一个承包人完成的建设工程支解成若干部分发包给数个承包人。

总承包人或者勘察、设计、施工承包人经发包人同意，可以将自己承包的部分工作交由第三人完成。第三人就其完成的工作成果与总承包人或者勘察、设计、施工承包人向发包人承担连带责任。承包人不得将其承包的全部建设工程转包给第三人或者将其承包的全部建设工程支解以后以分包的名义分别转包给第三人。

禁止承包人将工程分包给不具备相应资质条件的单位。禁止分包单位将其承包的工程再分包。建设工程主体结构的施工必须由承包人自行完成。

《民法典》第八百三十四条规定：两个以上承运人以同一运输方式联运的，与托运人订立合同的承运人应当对全程运输承担责任；损失发生在某一运输区段的，与托运人订立合同的承运人和该区段的承运人承担连带责任。

【本章小结】

合同是作为民事主体之间设立、变更、终止民事权利义务关系的协议。

根据不同的分类标准，可将合同分为典型合同与非典型合同，单务合同与双务合同，诺成合同与实践合同。

【课后测验】

1. 孙某与李某签订房屋租赁合同，李某承租后与陈某签订了转租合同，孙某表示同意。但是，孙某在与李某签订租赁合同之前，已经把该房租给了王某并已交付。李某、陈某、王某均要求继续租赁该房屋。下列哪一表述是正确的？(　　)

A. 李某有权要求王某搬离房屋

B. 陈某有权要求王某搬离房屋

C. 李某有权解除合同，要求孙某承担赔偿责任

D. 陈某有权解除合同，要求孙某承担赔偿责任

2. 甲与乙订立房屋租赁合同，约定租期 5 年。半年后，甲将该出租房屋出售给丙，但未通知乙。不久，乙以其房屋优先购买权受侵害为由，请求法院判决甲丙之间的房屋买卖合同无效。下列哪一表述是正确的？(　　)

A. 甲出售房屋无须通知乙

B. 丙有权根据善意取得规则取得房屋所有权

C. 甲侵害了乙的优先购买权，但甲丙之间的合同有效

D. 甲出售房屋应当征得乙的同意

3. 关于保管合同和仓储合同，下列哪些说法是错误的？(　　)

A. 二者都是有偿合同

B. 二者都是实践性合同

C. 寄存人和存货人均有权随时提取保管物或仓储物而无须承担责任

D. 因保管人保管不善造成保管物或仓储物毁损、灭失的，保管人承担严格责任

4. 下列协议中，应由我国民法典调整的是(　　)

A. 甲与乙签订的收养协议

B. 甲与乙离婚时签订的子女抚养协议

C. 甲行政机关与公务员签订的廉政协议

D. 甲村委会与本村村民签订的土地承包经营权协议

5. 吴某是甲公司员工，持有甲公司授权委托书。吴某与温某签订了借款合同，该合同由温某签字、吴某用甲公司合同专用章盖章。后温某要求甲公司还款。下列哪些情形有助于甲公司否定吴某的行为构成表见代理？(　　)

A. 温某明知借款合同上的盖章是甲公司合同专用章而非甲公司公章，未表示反对

B. 温某未与甲公司核实，即将借款交给吴某

C. 吴某出示的甲公司授权委托书载明甲公司仅授权吴某参加投标活动

D. 吴某出示的甲公司空白授权委托书已届满

【深入阅读】

利他合同

利他合同，指的是双方当事人约定由一方向第三方给付之合同，债务人对债权人负有向第三人给付的义务，第三人亦得直接请求债务人向自己给付。利他合同突破了合同相对性原则，并非合同当事人的第三人可以获得对合同债务人的履行请求权。利他合同以当事人之间的基础合同有效及使当事人之外的第三人直接取得债权为成立要件。利他合同成立后，即对第三人、债权人、债务人发生效力。

【网络学习】

检索“民事合同纠纷案由”，了解《民事案件案由规定》，思考其优势与不足，以及其在实践应用中的优势。

【课后思考】

请在中国裁判文书网检索“(2015)京0101民初6644号”判决书、“(2017)京02民终10790号”判决书，梳理案件中法官和律师的观点，并运用所学知识谈谈你的观点。

案件简介：原告刘某实际承建了由某公司中标的六个院落的改造工程，该工程已

通过竣工验收，并已实际使用，但二被告尚欠原告工程款。本案中，该公司将承包的部分院落分包给叶某承建，叶某又将与该公司的6个院落分别分包给原告承建。虽叶某与原告均系个人，没有建设工程的经营资格和资质，但涉案工程为平房院落的修缮工程，属于小型建筑工程，故依法应认定层层分包合同有效。因此，原告与该公司不具有合同关系，其应当向其合同相对方叶某主张工程款。现原告向该公司主张工程款，于法无据。

第 7 章　合同的订立与效力

【导言】

合同的订立过程就是要约和承诺的过程。要约与承诺的规模取决于其本质和合同的复杂性。一个建设工程中发生的要约与承诺比一个小超市发生的要约与承诺要多得多，但是其本质仍然是合同订立的过程。如何区分要约与要约前的行为，如何识别要约和承诺之间的磋商过程，如何认定承诺和承诺后的行为，这些问题对合同的成立都至关重要。本章着重讲解与此相关的合同订立与效力理论。

【学习目标】

- 要约及其相关概念。
- 承诺及其相关概念。
- 了解合同生效的要件。
- 了解合同不同的效力情形及其具体运用。

7.1　要约

7.1.1　要约的构成要件

要约就是指希望与他人订立合同的意思表示，具体来说是一方当事人(要约人)以订立合同为目的，向对方当事人(受要约人)提出合同条件，希望对方当事人接受的意思表示。要约可以向特定人发出，也可以向不特定人发出。

要约的构成要件如下：

(1)内容具体确定。

“内容具体确定”要求该意思表示必须具备未来订立合同的必要内容，但并不强制要求必须具备《民法典》第四百七十条规定的全部内容。

(2)表明经受要约人承诺，要约人即受该意思表示约束。

乙诉甲悬赏广告酬金纠纷的案例

甲不慎将汽车提货单等物品遗忘在公交车座位上，乙发现后捡起。之后，甲刊登寻包启事，声明“一周内有知情送还者酬谢 15000 元”。乙得知以甲名义刊登的寻包启事后与其联系，双方在约定的时间和地点交接钱物。甲事后反悔，拒绝给付乙酬金。

甲在报刊上刊登的“寻包启事”，其实是一种悬赏广告，甲还明确表示：“一周内有知情送还者酬谢15000元”，系向社会不特定人的要约。乙在广告规定的“一周内”完成了广告指定的送还公文包的行为，则是对广告人的有效承诺。甲事后反悔，拒绝给付乙酬金有违诚实信用原则。

7.1.2　要约邀请

要约邀请是希望他人向自己发出要约的意思表示。要约邀请的目的不是订立合同，是邀请相对人向自己发出要约，然后由自己决定是否作出承诺的意思表示。

《民法典》第四百七十三条规定：要约邀请是希望他人向自己发出要约的表示。拍卖公告、招标公告、招股说明书、债券募集办法、基金招募说明书、商业广告和宣传、寄送的价目表等为要约邀请。

商业广告和宣传的内容符合要约条件的，构成要约。

悬赏人以公开方式声明对完成一定行为的人支付报酬，完成特定行为的人请求悬赏人支付报酬的，人民法院依法予以支持。

要约与要约邀请的区别主要如下：

(1)当事人的目的。要约的目的是订立合同。要约邀请的目的是邀请相对人向自己发出要约，然后由自己决定是否作出承诺。

(2)是否具有法律效力。要约具有法律效力，而要约邀请则不具有法律效力。因为要约邀请不具有订立合同的目的，其目的是邀请相对人向自己发出要约，所以要约邀请不是订立合同必备的行为，可以视为订立合同前的预备行为，因此没有法律约束力。

商业广告不是要约

甲商业经营管理有限公司在媒体上多次联合刊登广告，向社会推销位于某大道的地下商铺，其中承诺陶瓷、卫浴的商铺的投资回报率为8%～14%，乙投资后发现并没有实现上述目标。

该商业广告的内容不符合《民法典》第四百七十二规定的要件，即不符合“表明经受要约人承诺，要约人即受该意思表示约束”的要件；该商业广告的内容只是一种商业宣传，属于要约邀请。

7.1.3　要约的生效

以对话方式作出的意思表示，相对人知道其内容时生效。

以非对话方式作出的意思表示，到达相对人时生效。以非对话方式作出的采用数据电文形式的意思表示，相对人指定特定系统接收数据电文的，该数据电文进入该特定系统时生效；未指定特定系统的，相对人知道或者应当知道该数据电文进入其系统时生效。当事人对采用数据电文形式的意思表示的生效时间另有约定的，按照其约定。

《民法典》第四百七十四条规定：要约生效的时间适用本法第一百三十七条的规定。

《民法典》第一百三十七条规定：以对话方式作出的意思表示，相对人知道其内容时生效。

以非对话方式作出的意思表示，到达相对人时生效。以非对话方式作出的采用数据电文形式的意思表示，相对人指定特定系统接收数据电文的，该数据电文进入该特定系统时生效；未指定特定系统的，相对人知道或者应当知道该数据电文进入其系统时生效。当事人对采用数据电文形式的意思表示的生效时间另有约定的，按照其约定。

7.1.4 要约的撤回与撤销

1. 要约的撤回

要约可以撤回。撤回要约的通知应当在要约到达受要约人之前或者与要约同时到达受要约人。要约撤回的通知应该在要约到达受要约人之前或者与要约同时到达受要约人(要约生效之前)。如果要约生效，那么就是要约的撤销了。

《民法典》第四百七十五条规定：要约可以撤回。要约的撤回适用本法第一百四十一条的规定。

《民法典》第一百四十一条规定：行为人可以撤回意思表示。撤回意思表示的通知应当在意思表示到达相对人前或者与意思表示同时到达相对人。

2. 要约的撤销

要约可以撤销。撤销要约的通知应当在受要约人发出承诺通知之前到达受要约人。邀约不得撤销的情形：(1)要约人确定了承诺期限；(2)以其他形式明示要约不可撤销；(3)受要约人有理由认为要约是不可撤销的，并已经为履行合同做了合理准备工作。

《民法典》第四百七十六条规定：要约可以撤销，但是有下列情形之一的除外：

(一)要约人以确定承诺期限或者其他形式明示要约不可撤销；

(二)受要约人有理由认为要约是不可撤销的，并已经为履行合同做了合理准备工作。

7.1.5 要约的失效

有下列情形之一的，要约失效：

(1)要约被拒绝；

(2)要约被依法撤销；

(3)承诺期限届满，受要约人未作出承诺；

(4)受要约人对要约的内容作出实质性变更。

7.2 承诺

承诺是受要约人同意要约的意思表示。

7.2.1　承诺的期限

承诺应当在要约确定的期限内到达要约人。要约以信件或者电报作出的，承诺期限自信件载明的日期或者电报交发之日开始计算。信件未载明日期的，自投寄该信件的邮戳日期开始计算。要约以电话、传真等快速通讯方式作出的，承诺期限自要约到达受要约人时开始计算。

要约没有确定承诺期限的，承诺应当依照下列规定到达：(1)要约以对话方式作出的，应当即时作出承诺，但当事人另有约定的除外；(2)要约以非对话方式作出的，承诺应当在合理期限内到达。

《民法典》第四百八十一条规定：承诺应当在要约确定的期限内到达要约人。

要约没有确定承诺期限的，承诺应当依照下列规定到达：

(一)要约以对话方式作出的，应当即时作出承诺；

(二)要约以非对话方式作出的，承诺应当在合理期限内到达。

《民法典》第四百八十二条规定：要约以信件或者电报作出的，承诺期限自信件载明的日期或者电报交发之日开始计算。信件未载明日期的，自投寄该信件的邮戳日期开始计算。要约以电话、传真、电子邮件等快速通讯方式作出的，承诺期限自要约到达受要约人时开始计算。

7.2.2　承诺的生效时间

承诺自通知到达要约人时生效。承诺不需要通知的，根据交易习惯或者要约的要求作出承诺的行为时生效。采用数据电文形式订立合同的，收件人指定特定系统接收数据电文的，该数据电文进入该特定系统的时间，视为承诺到达的时间；未指定特定系统的，该数据电文进入收件人的任何系统的首次时间，视为承诺到达的时间。承诺生效时合同成立。

《民法典》第四百八十三条规定：承诺生效时合同成立，但是法律另有规定或者当事人另有约定的除外。

《民法典》第四百八十四条规定：以通知方式作出的承诺，生效的时间适用本法第一百三十七条的规定。

承诺不需要通知的，根据交易习惯或者要约的要求作出承诺的行为时生效。

《民法典》第一百三十七条规定：以对话方式作出的意思表示，相对人知道其内容时生效。

以非对话方式作出的意思表示，到达相对人时生效。以非对话方式作出的采用数据电文形式的意思表示，相对人指定特定系统接收数据电文的，该数据电文进入该特定系统时生效；未指定特定系统的，相对人知道或者应当知道该数据电文进入其系统时生效。当事人对采用数据电文形式的意思表示的生效时间另有约定的，按照其约定。

7.2.3 承诺的撤回

承诺可以撤回。承诺的撤回需要通知，撤回承诺的通知应当在承诺通知到达要约人之前或者与承诺通知同时到达要约人，即承诺生效前到达要约人。

在此须要注意的是，承诺不像要约可以撤销，因为承诺一旦生效，合同就成立，承诺没有撤销一说。

关于承诺撤回的案例

甲向乙发出要约，想把自己的清朝古董花瓶出售给乙，乙表示很感兴趣，但是手里钱不够，须要考虑几天。之后，丙打听到甲要出售花瓶，于是找到甲以高价买入。之后，在聊天中，乙从甲的邻居丁口中得知，甲已经把清朝古董花瓶出售给丙。在本案例中，甲的要约已经被撤回。因为乙得到了确切的消息，尽管消息来自丁，但是也足以达到要约撤回的通知。

7.2.4 承诺的迟延与迟到

1. 承诺的迟延

受要约人超过承诺期限发出承诺的，除要约人及时通知受要约人该承诺有效的以外，为新要约。

《民法典》第四百八十六条规定：受要约人超过承诺期限发出承诺，或者在承诺期限内发出承诺，按照通常情形不能及时到达要约人的，为新要约；但是，要约人及时通知受要约人该承诺有效的除外。

关于承诺迟延的案例

甲公司以邮件的形式向乙公司发出要约，愿意以100万元的价钱购买10吨原材料，要求乙公司两天内回复。乙收到原材料后表示同意，但是因为马上要开会，忘记了回复，等工作人员想起来后，已经过了3天，马上回复同意。此时，受要约人超过承诺期限发出承诺，应被视为新要约。

2. 承诺的迟到

受要约人在承诺期限内发出承诺，按照通常情形能够及时到达要约人，但因其他原因承诺到达要约人时超过承诺期限的，除要约人及时通知受要约人因承诺超过期限不接受该承诺的以外，该承诺有效。

《民法典》第四百八十七条规定：受要约人在承诺期限内发出承诺，按照通常情形能够及时到达要约人，但是因其他原因致使承诺到达要约人时超过承诺期限的，除要约人及时通知受要约人因承诺超过期限不接受该承诺外，该承诺有效。

关于承诺迟到的案例

甲公司以邮件的形式向乙公司发出要约，愿意以100万元的价钱购买10吨原材料，要求乙公司两天内回复。乙收到原材料后表示同意，于是准备通过邮件来发出承诺，但乙地突发地震，通信设施无法使用，在第三天的时候邮件到达甲的信箱。在这一案例中，按照通常情形下承诺能够及时到达甲，由于地震这一自然灾害使邮件无法到达，属于不可抗力的事件，因此即使邮件在第三天到达，超过要约要求的期限，该承诺也是有效的。

7.2.5　承诺的内容

承诺的内容应当与要约的内容一致。受要约人对要约的内容作出实质性变更的，为新要约。

《民法典》第四百八十八条规定：承诺的内容应当与要约的内容一致。受要约人对要约的内容作出实质性变更的，为新要约。有关合同标的、数量、质量、价款或者报酬、履行期限、履行地点和方式、违约责任和解决争议方法等的变更，是对要约内容的实质性变更。

《民法典》第四百八十九条规定：承诺对要约的内容作出非实质性变更的，除要约人及时表示反对或者要约表明承诺不得对要约的内容作出任何变更外，该承诺有效，合同的内容以承诺的内容为准。

有关合同标的、数量、质量、价款或者报酬、履行期限、履行地点和方式、违约责任和解决争议方法等的变更，是对要约内容的实质性变更。承诺对要约的内容作出非实质性变更的，除要约人及时表示反对或者要约表明承诺不得对要约的内容作出任何变更的以外，该承诺有效，合同的内容以承诺的内容为准。

关于承诺变更的案例

甲企业向乙企业发出要约，以 1000 美元出售一台机器，乙在收到邀约后，立即召开董事会，在期限内向甲表示，1000 美元太贵，愿意以 800 美元购入此台机器。在本案例中，乙发出的不是承诺，而是反要约，因为与甲的要约的内容不一致，相当于一个新的要约。

7.3　合同生效

合同根据其效力层次可以分为有效合同、效力待定的合同、可撤销合同、无效合同和成立但未生效的合同。

由于无效合同和可撤销合同已经在前面的民事法律行为部分做过详细分析，在此不再赘述，本部分主要讲述合同生效和合同效力待定。

7.3.1　合同生效的要件

(1)行为人有相应的行为能力。

(2)意思表示真实。意思表示真实是指缔约认定的行为表示应真实地反映其内心的效果意图，其效果意思要与表示行为相一致。

(3)不违反法律、行政法规的强制性规定，不违背公序良俗。当事人订立、履行合同，应当遵守法律、行政法规，尊重社会公德，不得扰乱社会经济秩序、损害社会公共利益。

7.3.2 合同生效的时间

《民法典》第五百零二条、第一百五十八条、第一百五十九条、第一百六十条分别规定了不同类型下合同生效的时间。

(1)依法成立的合同，自成立时生效。

(2)法律、行政法规规定，应当办理批准、登记等手续生效的，依照其规定办理批准、登记等手续后生效。依照法律、行政法规的规定经批准或登记才能生效的合同成立后，义务人未办理申请批准或者未申请登记的，法院可以根据案件的具体情况和相对人的请求，判决相对人自己办理有关手续；对方当事人对由此产生的费用和对相对人造成的实际损失，应当承担损害赔偿责任。

(3)法律、行政法规规定合同应当办理登记手续，但未规定登记后生效的，当事人未办理登记手续不影响合同的效力，但合同标的所有权及其他物权不能转移。

(4)当事人对合同的效力可以约定附条件。附生效条件的合同，自条件成就时生效。附解除条件的合同，自条件成就时失效。当事人为自己的利益不正当地阻止条件成就的，视为条件已成就；不正当地促成条件成就的，视为条件不成就。

(5)当事人对合同的效力可以约定附期限。附生效期限的合同，自期限届至时生效。附终止期限的合同，自期限届满时失效。

关于合同生效的案例

某老人因为儿子不孝，不照顾自己，故该老人与养老院签订合同，约定该老人将自己房子死后赠送给养老院，养老院则负责照顾该老人直到死亡。该老人死后，其儿子要求按照法定继承来继承该老人的房子。在本案例中，养老院与该老人签订的合同是两者的真实意思表示，且不违反法律与行政法规的有关规定以及公序良俗，合同是有效的，养老院也按照约定履行了义务，故该房产应归养老院所有。

7.4 合同效力待定

效力待定的合同是指，在合同订立后生效前，必须经过权利人追认才能生效的合同，追认的意思表示自到达相对人时生效。根据《民法典》第一百四十五条、第一百七十一条，效力待定的合同主要有以下分类。

7.4.1 限制民事行为能力人独立订立的与其年龄、智力、精神健康状况不相适应的合同

限制民事行为能力人实施的纯获利益的民事法律行为或者与其年龄、智力、精神

健康状况相适应的民事法律行为有效，实施的其他民事法律行为经法定代理人同意或者追认后有效。

相对人可以催告法定代理人自收到通知之日起三十日内予以追认。法定代理人未作表示的，视为拒绝追认。民事法律行为被追认前，善意相对人有撤销的权利。撤销应当以通知的方式作出。

7.4.2　无权代理人订立的合同

行为人没有代理权、超越代理权或者代理权终止后以被代理人名义订立的合同，未经被代理人追认，对被代理人不发生效力，由行为人承担责任。相对人可以催告被代理人在一个月内予以追认。被代理人未作表示的，视为拒绝追认。被代理人已经开始履行合同义务的，视为对合同已经追认。合同被追认之前，善意相对人有撤销的权利。撤销应当以通知的方式作出。

《民法典》第一百七十一条规定：行为人没有代理权、超越代理权或者代理权终止后，仍然实施代理行为，未经被代理人追认的，对被代理人不发生效力。

相对人可以催告被代理人自收到通知之日起三十日内予以追认。被代理人未作表示的，视为拒绝追认。行为人实施的行为被追认前，善意相对人有撤销的权利。撤销应当以通知的方式作出。

行为人实施的行为未被追认的，善意相对人有权请求行为人履行债务或者就其受到的损害请求行为人赔偿。但是，赔偿的范围不得超过被代理人追认时相对人所能获得的利益。

相对人知道或者应当知道行为人无权代理的，相对人和行为人按照各自的过错承担责任。

赵某与托管公司股权转让纠纷案例

托管公司在代理权终止后，在没有代理权的情况下，将赵某的股权私自转让，并且其行为亦未得到赵某追认，故托管经营股份公司签订的股权转让协议无效。

【本章小结】

要约，是一方当事人以订立合同为目的，向对方当事人提出合同条件，希望对方当事人接受的意思表示。发出要约的一方称要约人，接受要约的一方称受要约人。

承诺是受要约人同意要约的意思表示，承诺应当在要约确定的期限内到达要约人。承诺可以撤回。撤回承诺的通知应当在承诺通知到达要约人之前或者与承诺通知同时到达要约人，即承诺生效前到达要约人。

合同根据效力层次可分为四大类，即有效合同、无效合同、效力待定合同、可撤销合同。

【课后测验】

1. 乙公司向甲公司发出要约，旋又发出一份“要约作废”的函件。甲公司的董事长助理收到乙公司“要约作废”的函件后，忘了交给董事长。第三天，甲公司董事长发函给乙公司，提出只要将交货日期推迟两个星期，其他条件都可接受。后甲、乙公司未能缔约。双方缔约没能成功的原因是什么？(　　)

A. 要约已被撤回

B. 要约已被撤销

C. 甲公司对要约作了实质性改变

D. 甲公司承诺超过了有效期间

2. 甲公司于6月10日向乙公司发出要约订购一批红木，要求乙公司于6月15日前答复。6月12日，甲公司欲改向丙公司订购红木，遂向乙公司发出撤销要约的信件，于6月14日到达乙公司。而6月13日甲公司收到乙公司的回复，乙公司表示红木缺货，问甲公司能否用杉木代替。根据合同法律制度的规定，甲公司的要约失效的时间为(　　)

A. 6月12日

B. 6月13日

C. 6月14日

D. 6月15日

3. 下列行为中属于要约的是(　　)

A. 投标

B. 发布拍卖公告

C. 寄送价目表

D. 刊登招股说明书

4. 根据我国《民法典》的规定，以书面形式作出承诺的，承诺的生效时间是(　　)

A. 承诺人作出承诺时

B. 承诺通知发出时

C. 承诺通知到达要约人时

D. 要约人了解承诺时

5. 甲将其计算机借给乙使用，乙却将该计算机卖给丙。依据我国《民法典》的规定，下列关于乙丙之间买卖计算机的合同效力的表述哪一项是正确的？(　　)

A. 无效

B. 有效

C. 效力待定

D. 可撤销

6. 甲用伪造的乙公司公章，以乙公司名义与不知情的丙公司签订食用油买卖合同，

以次充好，将劣质食用油卖给丙公司。合同没有约定仲裁条款。关于该合同，下列哪一表述是正确的？(　　)

A. 如乙公司追认，则丙公司有权通知乙公司撤销

B. 如乙公司追认，则丙公司有权请求法院撤销

C. 无论乙公司是否追认，丙公司均有权通知乙公司撤销

D. 无论乙公司是否追认，丙公司均有权要求乙公司履行

7. 李女与林男离婚后，双方所生的孩子判给了李。李将孩子由姓林改为姓李，林一气之下停止支付原定每半年给的3000元抚养费。李代理孩子诉请法院打赢官司时，才发现林男早有准备，已将名下的房屋过户送给了他弟弟，现既无职业又无收入，无财产可供执行。现问，林将房屋赠与其弟的行为是否有效？(　　)

A. 是有效民事法律行为

B. 是无效民事行为

C. 是可撤销民事行为

D. 经李代理孩子行使撤销权后，林的赠与行为才无效

8. 甲乙签订一份试用买卖合同，但没有约定试用期。之后，双方对是否购买标的物没有达成协议。下列哪些说法是正确的？(　　)

A. 试用买卖合同没有约定试用期的，应适用法律规定的6个月试用期

B. 试用买卖合同没有约定试用期的，如果不能按照合同法的规定加以确定，应由出卖人确定

C. 试用期间届满，买受人对是否购买标的物未作表示的，视为购买

D. 试用期间，买受人没有对质量提出异议的，则应当购买标的物

9. 甲委托乙前往丙厂采购男装，乙觉得丙生产的女装市场看好，便自作主张以甲的名义向丙订购。丙未问乙的代理权限，便与之订立了买卖合同。对此，下列哪些说法是正确的？(　　)

A. 甲有追认权

B. 丙有催告权

C. 丙有撤销权

D. 构成表见代理

10. 根据《民法典》规定，当事人对合同是否成立存在争议，除法律另有规定或者当事人另有约定外，人民法院能够确定必备条款的，一般应当认定合同成立。这些必备条款包括(　　)

A. 标的

B. 质量

C. 数量

D. 当事人名称或姓名

【深入阅读】

格式条款与免责条款

格式条款和免责条款都是我们生活中十分常见且重要的条款。

格式条款又称为标准条款，是指当事人为了重复使用而预先拟定并在订立合同时未与对方协商的条款。保险合同、拍卖成交确认书等，都包含格式条款。格式条款有两个突出的特点：第一，格式条款总是一方(即提供商品或服务的企业)预先拟定的；第二，不与(或未与)合同对方当事人进行磋商。

免责条款是指当事人约定的用以免除或限制其未来合同责任的条款。免责条款常被合同一方当事人写入合同或格式合同之中，作为明确或隐含的意思表示，以获得另一方当事人的承诺，使其发生法律效力。就其本意讲是指合同中双方当事人在订立合同或格式合同提供者提供格式合同时，为免除或限制一方或者双方当事人责任而设立的条款。因此，免责条款以限制或免除当事人未来责任为目的，属于民事法律行为。

免责条款具有如下特点：

第一，免责条款是一种合同条款，它是合同的组成部分。因此，许多国家的法律规定，任何企图援引免责条款免责的当事人必须首先证明该条款已经构成合同的一部分，否则其无权援引该免责条款。

第二，免责条款是事先约定的。当事人约定免责条款是为了减轻或免除其未来发生的责任，因此只有在责任发生以前由当事人约定且生效的免责条款，才能导致当事人责任的减轻或免除。若在责任产生以后，当事人之间通过和解协议而减轻责任，则与达成免责条款是有本质区别的。

第三，免责条款旨在免除或限制当事人未来所应负的责任。基于不同的目的，免责条款可以分为两类。一是限制责任条款，即将当事人的法律责任限制在某种范围内的条款。例如，在合同中规定，卖方的赔偿责任不超过货款的总额。二是免除责任条款，如某些商店在其柜台上标明“货物出门，恕不退换”，就属于免除责任条款。严格地说，限制和免除责任的条款还是有区别的。在一般情况下，法律对免责条款的有效条件比对限责条款的有效条件要求更为严格。但是，由于免责条款和限责条款都是为了排除当事人未来的责任，因此，对这两种条款在理论上并没有作严格区别，一般将其统称为“免责条款”。

【网络学习】

检索“经营范围与合同效力”“审批义务与合同效力”，探索行政管制对合同效力的影响。

【课后思考】

请在中国裁判文书网检索“(2014)娄中民三终字第152号”刘某诉新某县公安局悬

赏广告纠纷案的相关资料，了解悬赏广告的性质。

案件简介：原告刘某发现无名尸体后向“110”报警，于死者身份确认后请求被告新某县公安局按悬赏公告奖励两万元奖金。悬赏广告是一种契约行为，悬赏人通过公开方式向不特定人发布悬赏广告系要约，不特定人完成指定任务视为对悬赏人要约的承诺。此时，不特定人与悬赏人之间的悬赏广告合同即成立。

第 8 章　合同的履行

【导言】

并不是所有的合同的内容都是明确的，现实生活中存在着许多内容约定不明的合同；虽然合同只对签订合同的双方产生拘束力，但是由于现实交往的复杂性，在合同履行过程中常常涉及第三人。

买卖合同履行中会出现履行顺序上的利益，谁先履行，谁后履行，对当事人的权利义务都有重大影响。在债的保全中，为了保护债权人的利益，法律设计了代位权、撤销权制度。这些都是合同履行以及与确保履行相关的重要制度。

【学习目标】

- 了解合同履行的规则。
- 理解双务合同履行中的同时履行抗辩权、先履行抗辩权、不安抗辩权的概念及其适用。
- 理解代位权的定义及行使要件。
- 理解撤销权的定义及行使要件。
- 理解撤销权的期限及法律效果。

8.1　合同的履行规则

8.1.1　约定不明时合同内容的确定规则

根据《民法典》第五百一十条、第五百一十一条可知：

合同生效后，当事人就质量、价款或者报酬、履行地点等内容没有约定或者约定不明确的，可以协议补充；不能达成补充协议的，按照合同相关条款或者交易习惯确定。

当事人就有关合同内容约定不明确，依据前条规定仍不能确定的，适用下列规定：

(1)质量要求不明确的，按照强制性国家标准履行；没有强制性国家标准的，按照推荐性国家标准履行；没有推荐性国家标准的，按照行业标准履行；没有国家标准、行业标准的，按照通常标准或者符合合同目的的特定标准履行。

(2)价款或者报酬不明确的，按照订立合同时履行地的市场价格履行；依法应当执行政府定价或者政府指导价的，依照规定履行。

(3)履行地点不明确，给付货币的，在接受货币一方所在地履行；交付不动产的，在不动产所在地履行；其他标的，在履行义务一方所在地履行。

(4)履行期限不明确的，债务人可以随时履行，债权人也可以随时请求履行，但是应当给对方必要的准备时间。

(5)履行方式不明确的，按照有利于实现合同目的的方式履行。

(6)履行费用的负担不明确的，由履行义务一方负担；因债权人原因增加的履行费用，由债权人负担。

甲与乙房地产开发有限公司商品房销售合同纠纷案例

甲(买受人)与乙公司(出卖人)签订了《商品房买卖合同》，但是乙公司未依照约定将涉案房屋交付给买受人。甲与乙公司签订的《商品房买卖合同》系双方当事人真实意思表示，属有效合同，对当事人具有法律约束力。双方当事人应按照约定全面履行自己的权利义务。当事人一方不履行合同义务或者履行合同义务不符合约定的，应当承担继续履行、采取补救措施或者赔偿损失等违约责任。

8.1.2　向第三人履行和由第三人履行

合同虽然是特定主体间的法律行为，具有相对性，但是合同作为一种交易习惯，往往会涉及第三人，如当事人约定向第三人履行和由第三人履行债务。当合同履行涉及第三人时，为保障各方利益，《民法典》第五百二十二条、第五百二十三条、第五百二十四条规定了向第三人履行和由第三人履行的情况。

当事人约定由债务人向第三人履行债务，债务人未向第三人履行债务或者履行债务不符合约定的，应当向债权人承担违约责任。

法律规定或者当事人约定第三人可以直接请求债务人向其履行债务，第三人未在合理期限内明确拒绝，债务人未向第三人履行债务或者履行债务不符合约定的，第三人可以请求债务人承担违约责任；债务人对债权人的抗辩，可以向第三人主张。

当事人约定由第三人向债权人履行债务，第三人不履行债务或者履行债务不符合约定的，债务人应当向债权人承担违约责任。

债务人不履行债务，第三人对履行该债务具有合法利益的，第三人有权向债权人代为履行；但是，根据债务性质、按照当事人约定或者依照法律规定只能由债务人履行的除外。

债权人接受第三人履行后，其对债务人的债权转让给第三人，但是债务人和第三人另有约定的除外。

8.1.3　中止履行、提前履行与部分履行

1. 中止履行

当事人中止履行的，应当及时通知对方。对方提供适当担保时，应当恢复履行。

中止履行后，对方在合理期限内未恢复履行能力并且未提供适当担保的，中止履行的一方可以解除合同。债权人分立、合并或者变更住所没有通知债务人，致使履行债务发生困难的，债务人可以中止履行或者将标的物提存。

《民法典》第五百二十八条规定：当事人依据前条规定中止履行的，应当及时通知对方。对方提供适当担保的，应当恢复履行。中止履行后，对方在合理期限内未恢复履行能力且未提供适当担保的，视为以自己的行为表明不履行主要债务，中止履行的一方可以解除合同并可以请求对方承担违约责任。

《民法典》第五百二十九条规定：债权人分立、合并或者变更住所没有通知债务人，致使履行债务发生困难的，债务人可以中止履行或者将标的物提存。

2. 提前履行

债权人可以拒绝债务人提前履行债务，但提前履行不损害债权人利益的除外。债务人提前履行债务给债权人增加的费用，由债务人负担。

《民法典》第五百三十条规定：债权人可以拒绝债务人提前履行债务，但是提前履行不损害债权人利益的除外。

债务人提前履行债务给债权人增加的费用，由债务人负担。

3. 部分履行

债权人可以拒绝债务人部分履行债务，但部分履行不损害债权人利益的除外。债务人部分履行债务给债权人增加的费用，由债务人负担。

《民法典》第五百三十一条规定：债权人可以拒绝债务人部分履行债务，但是部分履行不损害债权人利益的除外。

债务人部分履行债务给债权人增加的费用，由债务人负担。

8.2 双务合同履行中的抗辩权

双务合同中双方当事人互负债务，互为债权人和债务人，为了体现双方权利义务的对等及保护交易安全，《民法典》规定了双务合同中同时履行抗辩权、先履行抗辩权和不安抗辩权这三种履行抗辩权，从而保护债务人的合法权益。

8.2.1 同时履行抗辩权

同时履行抗辩权是指双务合同的当事人应同时履行义务，一方在对方未履行义务前，有权拒绝对方的履行请求。

《民法典》第五百二十五条规定：当事人互负债务，没有先后履行顺序的，应当同时履行。一方在对方履行之前有权拒绝其履行请求。一方在对方履行债务不符合约定时，有权拒绝其相应的履行请求。

8.2.2　先履行抗辩权

先履行抗辩权，是指在双务合同中一方当事人应当先履行合同，若应当先履行合同的一方当事人没有先履行，对方当事人有拒绝其履行请求的权利。

《民法典》第五百二十六条规定：当事人互负债务，有先后履行顺序，应当先履行债务一方未履行的，后履行一方有权拒绝其履行请求。先履行一方履行债务不符合约定的，后履行一方有权拒绝其相应的履行请求。

8.2.3　不安抗辩权

不安抗辩权，是指双务合同中应先履行义务的一方当事人，有确切证据证明对方当事人财产明显减少或缺少信用，不能保证给付时，有暂时终止履行合同的权利。

《民法典》第五百二十七条规定：应当先履行债务的当事人，有确切证据证明对方有下列情形之一的，可以中止履行：

(一)经营状况严重恶化；

(二)转移财产、抽逃资金，以逃避债务；

(三)丧失商业信誉；

(四)有丧失或者可能丧失履行债务能力的其他情形。

当事人没有确切证据中止履行的，应当承担违约责任。

8.3　代位权

代位权与撤销权共同构成合同的保全制度。合同的保全，是指为了保护债权人不因债务人的财产不当减少而受有损害，允许债权人干预债务人处分自己债权行为的法律制度。其中，代位权是针对债务人的消极不作为(消极不行使自己的债权)，撤销权是针对债务人积极作为侵害债权人债权实现的行为。

代位权，是指因债务人怠于行使其到期债权，对债权人造成损害的，债权人可以向人民法院请求以自己的名义代位行使债务人的债权，但该债权专属于债务人自身的除外。代位权的行使范围以债权人的债权为限。债权人行使代位权的必要费用，由债务人负担。

相对人对债务人的抗辩，可以向债权人主张。

债权人的债权到期前，债务人的债权或者与该债权有关的从权利存在诉讼时效期间即将届满或者未及时申报破产债权等情形，影响债权人的债权实现的，债权人可以代位向债务人的相对人请求其向债务人履行、向破产管理人申报或者作出其他必要的行为。

人民法院认定代位权成立的，由债务人的相对人向债权人履行义务，债权人接受履行后，债权人与债务人、债务人与相对人之间相应的权利义务终止。债务人对相对人的债权或者与该债权有关的从权利被采取保全、执行措施，或者债务人破产的，依照相关法律的规定处理。

8.3.1 代位权行使的条件

债权人提起代位权诉讼，应当符合下列条件：

(1)债权人对债务人的债权合法且到期。

(2)债务人怠于行使其到期债权，对债权人造成损害。

(3)债务人对次债务人的债权合法且到期。

(4)债务人的债权不是专属于债务人自身的债权。

《民法典》第五百三十五条规定：因债务人怠于行使其债权或者与该债权有关的从权利，影响债权人的到期债权实现的，债权人可以向人民法院请求以自己的名义代位行使债务人对相对人的权利，但是该权利专属于债务人自身的除外。

代位权的行使范围以债权人的到期债权为限。债权人行使代位权的必要费用，由债务人负担。

相对人对债务人的抗辩，可以向债权人主张。

8.3.2 代位权诉讼中的管辖及主体

债权人提起代位权诉讼的，由被告住所地人民法院管辖。债权人向人民法院起诉债务人以后，又向同一人民法院对次债务人提起代位权诉讼，符合条件的，应当立案受理。受理代位权诉讼的人民法院在债权人起诉债务人的诉讼裁决发生法律效力以前，应当依照《民事诉讼法》第一百五十三条第(五)项的规定中止代位权诉讼。

在代位权诉讼中，债权人是原告，次债务人是被告，债务人为第三人。在代位权诉讼中，债权人胜诉的，诉讼费由次债务人负担，从实现的债权中优先支付。

8.3.3 代位权行使的法律效果

债权人向次债务人提起的代位权诉讼经人民法院审理后认定代位权成立的，由次债务人向债权人履行清偿义务，债权人与债务人、债务人与次债务人之间相应的债权债务关系消灭。

《民法典》第五百三十七条规定：人民法院认定代位权成立的，由债务人的相对人向债权人履行义务，债权人接受履行后，债权人与债务人、债务人与相对人之间相应的权利义务终止。债务人对相对人的债权或者与该债权有关的从权利被采取保全、执行措施，或者债务人破产的，依照相关法律的规定处理。

8.4　撤销权

撤销权，是指债权人对于债务人实施减少财产、危害债权的行为，可请求法院予以撤销的权利。

撤销权具有请求权和形成权的特点。撤销权的行使必须依照法定程序，债权人行使撤销权，可以请求受益人返还财产，恢复债务人责任财产的原状。

8.4.1　撤销权的成立要件

(1)债权人必须以自己的名义实施。

(2)债权人对债务人存在有效的债权。债权人对债务人的债权可以已到期，也可以未到期。

(3)债务人实施了以财产为标的的危害债权的行为。

根据《民法典》第五百三十八条及第五百三十九条可知，具体为：

①放弃其未到期的债权；

②放弃到期债权；

③放弃债权担保；

④恶意延长到期债权的履行期；

⑤无偿转让财产；

⑥以明显不合理的低价转让财产，且受让人知道；

⑦以明显不合理的高价收购他人财产。

对于什么是“明显不合理的低价”，法院应当以交易当地一般经营者的判断，并参考交易当时交易地的物价部门指导价或者市场交易价，结合其他相关因素综合考虑予以确认。转让价格达不到交易时交易地的指导价或者市场交易价百分之七十的，一般可以视为明显不合理的低价；对转让价格高于当地指导价或者市场交易价百分之三十的，一般可以视为明显不合理的高价。

(4)债务人的处分行为有害于债权人债权的实现。

撤销权的行使范围以债权人的债权为限。债权人行使撤销权的必要费用，由债务人负担。

关于行使撤销权的案例

王某欠李某钱至今未还。经查，王某曾与其妹夫阮某签订了一份债权转让合同，约定王某将自己的债权转让给阮某。阮某系王某妹夫，双方之间的债权债务不实，是王某为逃避债务恶意串通所为，该债权转让行为严重损害了李某的合法权益。李某有权请求法院撤销王某与阮某签订的债权转让合同。

8.4.2 撤销权行使的期限

撤销权自债权人知道或者应当知道撤销事由之日起一年内行使。自债务人的行为发生之日起五年内没有行使撤销权的，该撤销权消灭。此处的“五年”期间为除斥期间，不适用诉讼时效中止、中断或者延长的规定。

《民法典》第五百四十一条规定：撤销权自债权人知道或者应当知道撤销事由之日起一年内行使。自债务人的行为发生之日起五年内没有行使撤销权的，该撤销权消灭。

8.4.3 撤销权行使的法律效果

债务人影响债权人的债权实现的行为被撤销的，自始没有法律约束力。

黄某诉李某债权撤销权纠纷案例

李某向黄某借款5万元用于投资餐馆经营，后李某经营不善，收益不佳，在约定借款期限届满前无偿将其名下的面包车转让给其哥哥赵某。后黄某诉李某，请求法院依法撤销李某与黄某的赠与行为。因为此赠与行为系恶意且严重损害债权人债权的实现，所以应撤销此赠与行为。

8.4.4 撤销权行使的主体与管辖

1. 主体

撤销权的行使必须经过法定程序。在诉讼中，债权人为原告，债务人为被告，受益人或者受让人为第三人。

2. 管辖

债权人依法提起撤销权诉讼的，由被告住所地人民法院管辖。

债权人行使撤销权所支付的律师代理费、差旅费等必要费用，由债务人负担；第三人有过错的，应当适当分担。

【本章小结】

合同履行，是指合同债务人按照合同的约定或法律的规定，全面、适当地完成合同义务，使债权人的债权得以实现(本章内容延伸总结)。双务合同中有三大抗辩权，包括同时履行抗辩权、先履行抗辩权、不安抗辩权。

代位权与撤销权共同构成合同的保全制度，具体包括债权人代位权制度和债权人撤销权制度。

【课后测验】

1. 周某与林某协议离婚时约定，孩子归女方林某抚养，周某每年给付1000元抚养费。离婚后，因林某将孩子由姓周改为姓林，周某停止给付抚养费。因这一年年景不

好，周某就将卖粮仅得的 1000 元捐献给了希望工程，自己出去打工了。林某能请求法院撤销该赠与吗？(　　)

A. 不能，因为赠与物已经交付

B. 不能，因为是公益性捐赠

C. 不能，因为周某处分的是自己的合法财产

D. 能，因为周某逃避法定义务进行赠与

2. 甲公司向乙公司购买汽车，约定 7 月 1 日预付 10 万元，10 月 1 日预付 20 万元，12 月 1 日乙公司交车时付清尾款。甲公司按时预付第一笔款。乙公司于 9 月 30 日发函称因原材料价格上涨，须提高小轿车价格。甲公司于 10 月 1 日表示拒绝，等待乙公司答复未果后于 10 月 3 日向乙公司汇去 20 万元。乙公司当即拒收，并称甲公司迟延付款构成违约，要求解除合同，甲公司则要求乙公司继续履行合同。下列哪一表述是正确的？(　　)

A. 甲公司不构成违约

B. 乙公司有权解除合同

C. 乙公司可行使先履行抗辩权

D. 乙公司可要求提高合同价格

3. 甲公司对乙公司负有交付葡萄酒的合同义务。丙公司和乙公司约定，由丙公司代甲公司履行，甲公司对此全不知情。下列哪一表述是正确的？(　　)

A. 虽然甲公司不知情，丙公司的履行仍然有法律效力

B. 因甲公司不知情，故丙公司代为履行后对甲公司不得追偿代为履行的必要费用

C. 虽然甲公司不知情，但如丙公司履行有瑕疵，甲公司须就此对乙公司承担违约责任

D. 虽然甲公司不知情，但如丙公司履行有瑕疵从而承担违约责任，丙公司可就该违约赔偿金向甲公司追偿

4. 甲公司对乙公司享有 10 万元债权，乙公司对丙公司享有 20 万元债权。甲公司将其债权转让给丁公司并通知了乙公司，丙公司未经乙公司同意，将其债务转移给戊公司。如丁公司对戊公司提起代位权诉讼，戊公司下列哪一抗辩理由能够成立？(　　)

A. 甲公司转让债权未获乙公司同意

B. 丙公司转移债务未经乙公司同意

C. 乙公司已经要求戊公司偿还债务

D. 乙公司、丙公司之间的债务纠纷由仲裁条款约束

5. 甲、乙订立了一份价款为 10 万元的图书买卖合同，约定甲先支付书款，乙两个月后交付图书。甲由于资金周转困难只交付了 5 万元，答应余款尽快支付，但乙不同意。两个月后，甲要求乙交付图书，遭乙拒绝。对此，下列哪一表述是正确的？(　　)

A. 乙对甲享有同时履行抗辩权

B. 乙对甲享有不安抗辩权

C. 乙有权拒绝交付全部图书

D. 乙有权拒绝交付与5万元书款价值相当的部分图书

6. 甲、乙签订了买卖合同约定，甲于9月30日交货，乙于10月5日付款。9月30日甲得知乙经营状况严重恶化，遂通知乙暂不交货。甲行使的是(　　)

A. 先诉抗辩权

B. 不安抗辩权

C. 先履行抗辩权

D. 同时履行抗辩权

7. 甲曾表示将赠与乙5000元，且已实际交付乙2000元，后乙在与甲之子丙的一次纠纷中，将丙殴成重伤。下列说法哪些是正确的？(　　)

A. 甲可以撤销对乙的赠与

B. 丙可以要求撤销其父对乙的赠与

C. 丙应在被殴伤6个月内行使撤销权

D. 甲有权要求乙返还已赠与的2000元

【深入阅读】

提前履行与部分履行

合同履行中还存在着许多特殊情况，可以进行深入的学习。

民事合同的履行应当遵循全面履行原则，即当事人应当按照约定全面履行自己的义务。合同是双方当事人根据自己的实际需要订立的，合同中的各项条款都反映了当事人所追求的目的和实际承受能力，如果不严格按照合同条款全面履行，权利人的合同目的就可能落空，从而造成很大的经济损失。因此，当事人应全面履行自己的义务。提前履行是指在合同约定的履行期限届满之前履行合同义务的情况。部分履行是指合同虽然履行，但是履行不符合数量的规定，即履行在数量上存在不足。提前履行和部分履行是对已经约定的履行内容的违反，原则上应当禁止，以保护合同相对方的合理信赖利益，但也存在例外规定。

【网络学习】

检索“不安抗辩权”，梳理不安抗辩权的行使条件和案例，探索行使不安抗辩权的实践界限。

【课后思考】

请在中国裁判文书网检索“(2016)最高法民终222号”股权转让纠纷案，分析合同签订后双方违约应承担的违约责任。

案件简介：沙某与恒某公司签订了股权转让合同，沙某支付第一笔款项后，因恒某公司违约，后沙某亦未按约定支付后续款项。其间沙某去世，其近亲属请求解除合同。本案中合同合法有效，因一方当事人未履行义务，导致另一方当事人未履行后续义务，应认定一方当事人违约在先，承担违约责任。因一方当事人不履行义务导致合同目的不能实现的，另一方当事人可以解除合同。合同解除后，另一方当事人有权要求赔偿损失。

第 9 章　合同的变更、转让与终止

【导言】

合同的内容能否进行变化，合同的权利义务相对人能否变化，双方的权利义务何时终止，这是分别涉及合同变更、转让以及合同终止的问题。例如，甲公司与乙订立买卖奔驰车的合同，约定甲公司于一个月后将奔驰车交付给乙，乙同时交付价款给甲公司。半个月后，乙和丙签订奔驰车请求权转让合同，这个合同对甲公司生效吗？甲公司是否可以拒绝向丙交付奔驰车并主张乙违约呢？甲公司如果想要把交付奔驰车的义务转移给丁公司，是否需要乙的同意？如果甲公司按照法定的方式把奔驰车的交付义务转移给了丁公司，而丁公司未能按期交付车辆或者交付的是发动机有故障的坏车，乙是否还可以去找甲公司要求赔偿？

本章将对合同变更、合同转让以及合同终止的问题进行讨论与学习，以帮助大家加深对合同的理解。

【学习目标】

- 了解合同变更与合同终止的含义。
- 理解债权转让的发生条件与法律效果。
- 理解合同终止的情形。

9.1　合同的变更

合同的变更有广义和狭义之分。广义的合同变更包括合同内容和主体的变更，狭义的合同变更是指合同内容的变更。本章采狭义合同变更，即合同内容的变更，包含合同标的物数量、质量，价款或者报酬，履行期限、地点和方式，担保，违约责任，解决争议的方法等内容的变更。

9.1.1　合同变更的条件

(1)要有合法有效的合同存在；

(2)合同的内容发生变化；

(3)法律、行政法规规定变更合同应当办理批准、登记等手续的，依照其规定。

合同变更发生的原因可以是双方协商的结果，也可以是因为法律规定，即一方当事人单方通知对方变更合同。在现实生活中，如果合同成立以后客观情况发生了当事人在订立合同时无法预见的、非不可抗力造成的不属于商业风险的重大变化，继续履行合同对一方当事人明显不公平或者不能实现合同的目的，可以根据公平原则，并结合案件的实际情况对合同的内容进行变更或者转让合同。

9.1.2　合同变更的效力

完成合同变更后，要按照变更后的合同确定当事人之间的权利义务。

9.2　合同的转让

合同的转让即合同主体的变更，合同当事人将合同的权利义务全部或部分转让给第三人。按照转让内容划分，合同转让可划分为债权转让、债务承担、债权债务概括移转。

9.2.1　债权转让

债权转让是指债权人把合同的权利全部或部分转让给第三人的法律制度。其中，债权人是转让人，第三人是受让人，债权人与第三人之间存在一个转让合同。

1. 发生条件

(1)合法有效的债权；

(2)债权具有可转让性；

债权人可以将债权的全部或者部分转让给第三人，但是有下列情形之一的除外：

①根据债权性质不得转让；

②按照当事人约定不得转让；

③依照法律规定不得转让。

《民法典》第五百四十五条第二款规定：当事人约定非金钱债权不得转让的，不得对抗善意第三人。当事人约定金钱债权不得转让的，不得对抗第三人。

其中，“根据合同性质不得转让”主要是指基于当事人特定身份而订立的合同，如出版合同、赠与合同、委托合同。

贷款债权是否具有可转让性案例

银行与甲公司签订了一份借款合同，贷款到期后，甲公司没有归还贷款。银行在提前告知甲公司的情况下，将其对甲公司的债权和抵押权转让给乙公司(乙公司为普通股份有限公司)。

法院认为，虽然对从事贷款业务的主体作出规定，但并未明确禁止从事信贷业务的银行将相关金融债权转让给第三人。银监办24号批复第二条明确规定，“转让具体的贷款债权，属于债权人将合同的权利转让给第三人，并非向社会不特定对象发放贷款的经营性活动，不涉及从事贷款业务的资格问题，受让主体无须具备从事贷款业务的资格”。本案中乙公司并未直接与甲公司签订贷款合同，发放贷款，而系受让银行对甲公司依法享有的债权，符合银行业有关贷款债权合法转让的规定。此外，银监办24号批复第一条规定，“对商业银行向社会投资者转让贷款债权没有禁止性规定，转让合同具有合同法上的效力。社会投资者是指金融机构以外的自然人、法人或者其他组织”。据此，贷款债权属于可转让债权，此案涉及的《债权转让协议》在合同性质上并非不得转让的合同。

(3)转让人与受让人达成合意。

转让债权需要当事人协商一致。由于涉及债务人，因此也要考虑到债务人的权利。

《民法典》第五百四十六条规定：债权人转让债权，未通知债务人的，该转让对债务人不发生效力。

债权转让的通知不得撤销，但是经受让人同意的除外。

债权转让通知方式案例

水泥厂与银行签订了一份借款合同，银行将这一债权转让给了甲公司，并在该省法制报上刊登了债权转让通知。

法院认为，对于债权转让通知的方式，目前国家法律没有强制性规定必须用什么方式通知。登报通知是一种合法的方式，更具有时间性、公开性和广泛性，与单个书面通知具有同等作用和效力。

2. 效力

(1)对内效力。

对内效力即对债权人和受让人的效力。就债权人而言，如果是全部转让，则债权人脱离债权债务关系，受让人取代其地位。如果是部分转让，则债权人丧失部分债权。

就受让人而言，受让人取得债权人转让的债权，并获得其从权利，如抵押权，但从权利专属于债权人自身的除外。

债权转让后从权利纠纷案例

银行与甲公司签订借款合同，乙公司为这一借款合同提供担保。其后，银行将上述债权转让给丙公司。

法院认为，本案各方虽就继续承担保证合同项下担保责任进行了约定，但对保证期间并未具体明确。案涉保证合同约定的主债务履行期限为2002年7月，故保证期间为2002年7月起算至2003年1月。根据已经查明的事实，债权人银行于2003年向乙公司公证送达《关于要求履行担保责任的函》，已超过保证期间，应认定保证人免除保证责任。

(2)对外效力。

对外效力即对债务人的效力。首先，债务人接到债权人的债权转让通知后，债权转让即对债务人发生效力，债务人向受让人履行全部或部分债务。其次，债务人接到债权转让通知后，债务人对让与人的抗辩，可以向受让人主张。最后，有下列情形之一的，债务人可以向受让人主张抵销：债务人接到债权转让通知时，债务人对让与人享有债权，且债务人的债权先于转让的债权到期或者同时到期；债务人的债权与转让的债权是基于同一合同产生的。

债务人向受让人主张抵销案例

甲对乙拥有一个借款债权，同时乙对甲拥有一个借款债权，且乙对甲的债权先于甲对乙的债权到期。现甲与丙签订债权转让协议，约定把甲对乙的债权转让给丙，已通知乙。乙对甲享有的债权先于甲对乙享有的债权到期，则乙可向受让人丙主张抵销，因为如果不进行债权抵销，则乙可获得期间利益，乙可以放弃这种利益。如果将前述两个债权的到期时间颠倒过来，即甲对乙的债权4月10日到期，乙对甲的债权5月10日到期，其后进行同样的债权转移，则乙对丙享有的债权后于丙对乙享有的债权到期，乙不能主张抵销，因为丙享有期间利益，乙不得侵害丙的利益。

9.2.2 债务承担

债务承担是指债务人将合同义务的全部或部分转移给第三人。债务人为转移人，第三人为承担人。

1. 免责的债务承担

免责的债务承担即第三人取代原债务人的地位承担全部合同债务，从而原债务人脱离该合同关系的一种债务转移方式。

《民法典》第五百五十一条规定：债务人将债务的全部或者部分转移给第三人的，应当经债权人同意。

债务人或者第三人可以催告债权人在合理期限内予以同意，债权人未作表示的，视为不同意。

旅游服务债权债务能否转移案例

梁某与甲旅游公司签订旅游服务合同，旅游出发前15日，梁某因出差通知甲公司，由韩某替代跟团旅游。旅游行程至一半，甲公司不顾韩某反对，将其旅游业务转给乙公司。韩某在随后的旅游过程中遭受意外伤害。

梁某与甲旅游公司签订的合同属于可以转让的合同，合同中并未约定不得转让条款。因此，梁某有权将此合同的权利全部转让给韩某，只要通知甲旅游公司即可。

根据规定，旅游经营者擅自将其旅游业务转让给其他旅游经营者，旅游者在旅游过程中遭受损害，请求与其签订旅游合同的旅游经营者和实际提供旅游服务的旅游经营者承担连带责任的，人民法院应予支持。因此，韩某有权请求甲公司和乙公司承担连带责任。

2. 合并的债务承担

合并的债务承担即第三人以担保为目的加入债之关系，与原债务人共同承担同一债务。

《民法典》第五百五十二条规定：第三人与债务人约定加入债务并通知债权人，或者第三人向债权人表示愿意加入债务，债权人未在合理期限内明确拒绝的，债权人可以请求第三人在其愿意承担的债务范围内和债务人承担连带债务。

9.2.3 权利义务概括转移

合同权利义务概括转移是指合同一方当事人将自己在合同中的权利义务一并转让的法律制度。根据《民法典》第五百五十五条，当事人一方经对方同意，可以将自己在合同中的权利和义务一并转让给第三人。

汽车买卖合同的权利义务概括转移案例

甲与乙签订了一份汽车买卖合同，乙从甲处购买一辆汽车，若乙将其权利义务全部移转给丙，且乙已获得甲的同意，则丙取得乙的所有权利义务，即丙有权要求甲交付一辆汽车，同时要承担支付汽车价款的义务。

1. 意定概括转移

意定概括转移即合同一方当事人将其合同上的权利义务全部转移给第三人，由第三人享受原合同权利、承担原合同义务。

2. 法定概括转移

法定概括转移是依据法律规定，由于某些事实的发生而产生的权利义务概括转移，例如企业合并。在吸收合并中，因合并而解散的公司的财产、债权债务，由合并后存续的公司承担；在新设合并中，由新设的公司承担解散的公司的债权债务。

当事人订立合同后合并的，由合并后的法人或者其他组织行使合同权利，履行合同义务。当事人订立合同后分立的，除债权人和债务人另有约定的以外，由分立的法人或者其他组织对合同的权利和义务享有连带债权，承担连带债务。

3. 成立条件及法律效果

《民法典》第五百五十六条规定：合同的权利和义务一并转让的，适用债权转让、债务转移的有关规定。

9.3 合同债权债务终止

《民法典》第五百五十七条规定：有下列情形之一的，债权债务终止：

(一)债务已经履行；

(二)债务相互抵销；

(三)债务人依法将标的物提存；

(四)债权人免除债务；

(五)债权债务同归于一人；

(六)法律规定或者当事人约定终止的其他情形。

合同解除的，该合同的权利义务关系终止。

《民法典》第五百五十八条规定：债权债务终止后，当事人应当遵循诚信等原则，根据交易习惯履行通知、协助、保密、旧物回收等义务。

房屋租赁合同终止后的义务案例

甲乙签订了一份房屋租赁合同，现合同已终止，甲搬出了乙的房屋。不知情的丙依旧以乙的房屋为地址向甲寄出信件，则乙收到信件后应当及时通知甲，此即为乙的后合同义务。

9.4　清偿

清偿，又称履行，是指为实现合同目的与债权，合同债务人按照合同约定完成合同义务的行为和终局状态。

9.4.1　清偿受领人

债务人直接向债权人清偿债务，当然引起合同权利义务的终止。债务人向下列人员清偿的，合同的权利义务也归于消灭：

(1)债权人的代理人。根据《民法典》第一百六十一条的规定，民事主体可以通过代理人实施民事法律行为。

(2)破产企业的管理人。根据《中华人民共和国企业破产法》(以下简称《企业破产法》)第二十五条的规定，管理人具有接管债务人的财产、印章和账簿、文书等资料的职能，以及管理和处分债务人的财产职能，法律并没有直接规定破产企业的债务人向管理人清偿，但从上述规定可推断，管理人是破产企业的清偿受领人。

(3)收据持有人。收据是债权的象征，收据持有人自然有权受领清偿。

(4)债权人与债务人约定的第三人。根据《民法典》第五百二十二条的规定，债权人与债务人可在合同中约定债务人向第三人履行义务。

向第三人履行合同义务案例

还有三天就是情人节，小李想送给女朋友一束鲜花，于是向花店预定，要求三天后送到女朋友家。在本案例中，花店向小李的女朋友送鲜花即为履行合同义务，花店与小李之间的合同因清偿而终止。

9.4.2　清偿人

清偿一般由债务人本人为之，但也有债务人的代理人、第三人代为清偿的情况。

1. 代为清偿的构成要件

(1)依合同性质可由第三人代为清偿；

(2)债权人与债务人之间没有关于禁止第三人代为清偿的约定；

(3)债权人一方无拒绝接受第三人清偿的正当理由;

(4)清偿人具有代为清偿的意思。

2. 代为清偿的法律效果

当债权人与债务人的合同终止时,权利义务关系消灭;债权人与清偿人之间没有直接的法律关系,当清偿人向债权人清偿完毕,取得债权人的地位之后,即有权向债务人要求清偿。

代为清偿与债务转移的区分案例

王某与康某签订借款合同,谈某以承诺书的方式承诺保证代王某归还借款,但是,王某、谈某未按约向康某归还借款。

法院认为,本案争议的焦点在于是债务转移,还是第三人清偿。二者之间的本质区别在于第三人是否成为新的债务人,原先的债务关系是否消灭。本案中,谈某虽然在王某出具借条后向康某出具了承诺书,但其承诺的是替代王某向债权人履行债务的清偿,而非取代债务人王某成为本案所涉借款的债务人。此外,第三人替代原债务人归还借款,不是债权人与债务人可以自行协商的,仍然取决于第三人是否愿意代债务人履行。故本案系因谈某根据王某指示,不再履行清偿义务而引发的第三人清偿纠纷。由于第三人不履行债务,由此产生的法律后果,应当由债务人向债权人承担违约责任。

9.4.3 清偿抵充

清偿抵充是指当债务人对同一债权人负担数笔相同种类的债务,而债务人的给付不足以清偿全部债务时的清偿规则。

《民法典》第五百六十条规定:债务人对同一债权人负担的数项债务种类相同,债务人的给付不足以清偿全部债务的,除当事人另有约定外,由债务人在清偿时指定其履行的债务。

债务人未作指定的,应当优先履行已经到期的债务;数项债务均到期的,优先履行对债权人缺乏担保或者担保最少的债务;均无担保或者担保相等的,优先履行债务人负担较重的债务;负担相同的,按照债务到期的先后顺序履行;到期时间相同的,按照债务比例履行。

《民法典》第五百六十一条规定:债务人在履行主债务外还应当支付利息和实现债权的有关费用,其给付不足以清偿全部债务的,除当事人另有约定外,应当按照下列顺序履行:

(一)实现债权的有关费用;

(二)利息;

(三)主债务。

租赁合同清偿抵充顺序案例

2021年1月1日,甲出租站与建筑公司签订建筑材料租赁合同1份,乙在担保人一栏中签字，承担连带经济保证责任，合同约定的租赁期限为一年。建筑公司在合同期满时向甲出租站支付了部分租赁费用。实际上，租赁双方在合同期满后继续发生租赁关系。

《民法典》第五百六十条规定的冲抵顺序是针对债务人的给付不足以清偿其对同一债权人所负的数笔相同种类的全部债务的情形，本案所涉租赁合同是继续性合同，债务人应履行的债务是合同在履行过程中定期发生的债务，但该债务是在同一合同下，基于同一债务原因产生，故该债务属于同一笔债务的分期给付，与债务人对同一债权人所负数笔债务性质不同。因此，对于同一债务的分次给付，当事人对已付款的冲抵顺序没有约定，应逐笔冲抵。因此，建筑公司已支付的租赁费用不能认定为合同期满后发生的租金。

9.5　合同解除

合同的解除，是指合同有效成立以后，没有履行或没有完全履行之前，通过当事人一方或双方的意思表示，合同关系自始消灭或面向将来消灭的法律制度。

9.5.1　分类

1. 意定解除与法定解除

意定解除是指根据当事人事先约定的情况或经当事人协商一致而解除合同。

《民法典》第五百六十五条规定：当事人一方依法主张解除合同的，应当通知对方。合同自通知到达对方时解除；通知载明债务人在一定期限内不履行债务则合同自动解除，债务人在该期限内未履行债务的，合同自通知载明的期限届满时解除。对方对解除合同有异议的，任何一方当事人均可以请求人民法院或者仲裁机构确认解除行为的效力。

当事人一方未通知对方，直接以提起诉讼或者申请仲裁的方式依法主张解除合同，人民法院或者仲裁机构确认该主张的，合同自起诉状副本或者仲裁申请书副本送达对方时解除。

法定解除即根据法律规定解除合同。

《民法典》第五百六十三条规定：有下列情形之一的，当事人可以解除合同：

(一)因不可抗力致使不能实现合同目的；

(二)在履行期限届满前，当事人一方明确表示或者以自己的行为表明不履行主要债务；

(三)当事人一方迟延履行主要债务，经催告后在合理期限内仍未履行；

(四)当事人一方迟延履行债务或者有其他违约行为致使不能实现合同目的；

(五)法律规定的其他情形。

以持续履行的债务为内容的不定期合同，当事人可以随时解除合同，但是应当在合理期限之前通知对方。

2. 全部解除与部分解除

标的物为数物，其中一物不符合约定的，买受人可以就该物解除合同，但该物与他物分离使标的物的价值明显受损害的，当事人可以就数物解除合同。前者为部分解除，后者为全部解除。

合同解除案例

甲在乙店购买康师傅方便面10箱，价款250元；购买今麦郎方便面10箱，价款250元。如果甲发现康师傅方便面质量不符合约定，可以就康师傅方便面部分解除合同，而只买受今麦郎方便面。如果两者是以总价款500元购买的，买受人只能请求返还250元，而不能主张解除全部合同。

甲在乙店购买一套古典茶具，买回家后发现茶壶底座漏水，甲可以就全套茶壶解除合同，要求乙店退回全部价款。

9.5.2 解除条件

1. 一般条件

(1)存在有效的合同；

(2)有一定的解除原因。

2. 意定解除

当事人协商一致，可以解除合同。当事人可以约定解除合同的条件。解除合同的条件成就时，解除权人可以解除合同。

3. 法定解除

(1)不可抗力。

关于这一合同解除原因，需要指出以下几点：

第一，不可抗力，是指不能预见、不能避免并不能克服的客观情况；

第二，因不可抗力致使不能实现合同目的；

第三，双方当事人均可因为这一原因主张解除合同；

第四，因不可抗力不能履行合同的，根据不可抗力的影响，部分或者全部免除责任，但法律另有规定的除外。当事人迟延履行后发生不可抗力的，不能免除责任。当事人一方因不可抗力不能履行合同的，应当及时通知对方，以减轻可能给对方造成的损失，并应当在合理期限内提供证明。

买卖合同不可抗力案例

甲公司与乙公司签订了一份锰销售合同，由乙公司为甲公司提供自南非进口的锰。

法院认为，合同签订后，南非持续发生罢工事件，涉及建筑、交通运输、矿产、政府部门等行业，当事人在罢工事件期间签订合同，对于订立合同时已经发生的罢工是知道或应当知道的，但对于之后持续发生的罢工是无法预见的、不能避免的、不能克服的，故持续发生的罢工属于不可抗力。持续发生不可抗力事件，导致乙公司与外方公司合同的履行受到影响。因此，乙解除合同的行为符合《民法典》第五百六十三条关于因不可抗力致使合同目的不能实现，当事人可以解除合同的规定。

(2)预期违约。

在履行期限届满之前，当事人一方明确表示或者以自己的行为表明不履行主要债务。

当事人一方明确表示或者以自己的行为表明不履行合同义务的，对方可以在履行期限届满之前要求其承担违约责任。

加工承揽合同预期违约案例

甲公司与乙公司签订服装加工合同，约定乙公司支付预付款1万元，甲公司加工服装1000套，3月10日交货，乙公司3月15日支付余款9万元。到3月10日，甲公司仅加工服装900套，乙公司此时因濒临破产致函甲公司表示无力履行合同。

案例中，甲、乙签订的是加工承揽合同，该合同是双务合同，甲负有先履行义务，乙负有后履行义务。在合同履行期限届满前后履行义务人乙明确表示因濒临破产无力履行合同，构成预期违约。甲可以中止履行合同，并向乙主张违约责任。

(3)迟延履行。

迟延履行指当事人一方迟延履行主要债务，经催告后在合理期限内仍未履行。

(4)根本违约。

当事人一方迟延履行债务或者有其他违约行为致使合同目的不能实现。

从物的履行延误、履行不能等违约行为能否成为解除合同的原因这一问题，根据《民法典》第六百三十一条规定，因标的物的主物不符合约定而解除合同的，解除合同的效力及于从物；因标的物的从物不符合约定被解除的，解除的效力不及于主物。

出卖人没有履行或者不当履行从给付义务，致使买受人不能实现合同目的，买受人可主张解除合同。如果不履行或不适当履行从给付义务达到根本违约的程度，则非违约方可解除合同。

(5)其他。

关于法律规定的其他情形，在下面列举两种。

合同成立后，合同的基础条件发生了当事人在订立合同时无法预见的、不属于商业风险的重大变化，继续履行合同对于当事人一方明显不公平的，受不利影响的当事人可以与对方重新协商；在合理期限内协商不成的，当事人可以请求人民法院或者仲裁机构变更或者解除合同。人民法院或者仲裁机构应当结合案件的实际情况，根据公平原则变更或者解除合同。

承租人无正当理由未支付或者迟延支付租金的，出租人可以请求承租人在合理期限内支付；承租人逾期不支付的，出租人可以解除合同。

9.5.3 法律效果

《民法典》第五百六十六条规定：合同解除后，尚未履行的，终止履行；已经履行的，根据履行情况和合同性质，当事人可以请求恢复原状或者采取其他补救措施，并有权请求赔偿损失。

合同因违约解除的，解除权人可以请求违约方承担违约责任，但是当事人另有约定的除外。

主合同解除后，担保人对债务人应当承担的民事责任仍应当承担担保责任，但是担保合同另有约定的除外。

合同解除后可主张的损失赔偿案例

山峰公司(甲方)与白云公司(乙方)签订房屋建设合同，委托白云公司在某地为山峰公司建设办公综合楼。现白云公司并未按期交工，依据双方合同约定，山峰公司有权解除合同。对合同解除后的责任承担问题，山峰公司诉请白云公司返还购房款、支付违约金并且赔偿购房款利息损失、办公楼重置费损失。

法院认为，依照《民法典》第五百六十六条的规定，合同解除后，应由白云公司返还山峰公司的购房款和利息。关于山峰公司要求白云公司支付工期逾期违约金诉讼请求，法院认为，合同解除的法律效果是使合同关系归于消灭，违约方的责任承担方式也不表现为支付违约金。因此，对山峰公司要求支付违约金的主张，法院不予支持。再综合考虑合同解除后山峰公司另行购买办公楼等须要支付费用，白云公司专门按照山峰公司的要求定向建设的住宅楼和商品住宅小区也会给白云公司造成一定损失。综合考虑本案的实际情况，法院酌定白云公司赔偿山峰公司部分损失。

9.5.4 解除权消灭

法律规定或者当事人约定解除权行使期限，期限届满当事人不行使的，该权利消灭。法律没有规定或者当事人没有约定解除权行使期限，自解除权人知道或者应当知道解除事由之日起一年内不行使，或者经对方催告后在合理期限内不行使的，该权利消灭。

9.6 抵销

抵销是双方当事人互负到期债务，债务的标的物种类、品质相同的，任何一方可以将自己的债务与对方的债务相抵，使得双方的债务在对等额度内消灭；当事人互负债务，标的物种类、品质不相同的，经双方协商一致，也可以抵销。

9.6.1 法定抵销

当事人互负债务，该债务的标的物种类、品质相同的，任何一方可以将自己的债务与对方的到期债务抵销；但是，根据债务性质、按照当事人约定或者依照法律规定不得抵销的除外。当事人主张抵销的，应当通知对方。通知自到达对方时生效。抵销不得附条件或者附期限。

法定抵销行使条件有以下几种。

(1)双方互负债务，互享债权。

关于法定抵销的案例

甲对乙享有100万元的债权，已经过诉讼时效；乙对甲享有80万元的债权，权利完整。若甲主张用自己的100万元债权抵销乙的80万元债权，甲在此处并不享有法定抵销权，若乙不同意抵销，则甲无权抵销。

(2)债务的标的物种类、品质相同。

(3)债务均届清偿期。

原则上，若两债务一前一后到期，其中一个债务已届清偿期，另一债务未届清偿期，则未届清偿期的可以提出抵销。此处原理同上述行使条件(1)，因为未届清偿期一方享有期限利益，其有权放弃自身利益。

(4)债务可抵销。

不可抵销的债务包括法律规定不得抵销的债务、因合同性质不能抵销的债务、当事人约定不得抵销的债务。

9.6.2　意定抵销

意定抵销：当事人互负债务，标的物种类、品质不相同的，经协商一致，也可以抵销。

9.6.3　法律效果

抵销的法律效果是双方互负的债务按照抵销的数额消灭。

单方主张抵销案例

下列何种情形下当事人可以单方主张抵销？情形一，甲、乙之间有一个房屋租赁合同，乙要求甲偿还其为房屋修缮所支出的费用，甲拒绝，并提出与乙欠缴的房租冲抵；情形二，甲欠乙货款，乙主张将该货款与甲寄存于乙处的货物冲抵；情形三，甲是合伙企业的合伙人之一，甲向乙借款的合同已届清偿期，现乙向合伙企业购货，乙要求在甲的借款范围内相应免除其货款。

在情形一中，出租人与承租人之间都是金钱债务，且双方债务已届清偿期，故当事人任何一方都可以在相应的范围内行使抵销权；在情形二中，甲、乙之间的债务属于不同性质，不适用法定抵销权；在情形三中，虽然合伙人对合伙企业债务承担无限连带责任，但是合伙企业的财产与合伙人的财产之间具有一定的独立性。合伙人发生与合伙企业无关的债务，相关债权人不得以其债权抵销其对合伙企业的债务。

9.7 提存

提存是指由于不可归责于债务人的原因，债务人无法履行债务或难以履行债务，债务人将标的物交由提存机关保存，从而终止合同。

9.7.1 提存的原因

有下列情形之一，难以履行债务的，债务人可以将标的物提存：

(1)债权人无正当理由拒绝受领；

(2)债权人下落不明；

(3)债权人死亡未确定继承人、遗产管理人，或者丧失民事行为能力未确定监护人；

(4)法律规定的其他情形。

甲乙借贷案例

甲与乙签订了一份借贷合同，借贷期限为两个月，甲为债权人，乙为债务人，同时乙把当时价值60万元的股票作为担保。签订合同后股票价格一路下跌，甲通知乙抛售股票或者另外提供担保，乙拒绝，则甲有权抛售股票并将所得价款提存。

9.7.2 提存的对象

标的物不适于提存或者提存费用过高的，债务人依法可以拍卖或者变卖标的物，提存所得的价款。

下列标的物可以提存：货币；有价证券、票据、提单、权利证书；贵重物品；担保物(金)或其替代物；其他适宜提存的标的物。

9.7.3 提存的法律效果

标的物提存后，毁损、灭失的风险由债权人承担。提存期间，标的物的孳息归债权人所有。提存费用由债权人负担。

债权人可以随时领取提存物。但是，债权人对债务人负有到期债务的，在债权人未履行债务或者提供担保之前，提存部门根据债务人的要求应当拒绝其领取提存物。债权人领取提存物的权利，自提存之日起五年内不行使而消灭，提存物扣除提存费用后归国家所有。但是，债权人未履行对债务人的到期债务，或者债权人向提存部门书面表示放弃领取提存物权利的，债务人负担提存费用后有权取回提存物。

对于上述条文理解时要注意以下几点：

(1)债权人与债务人之间的合同关系由于提存行为归于终止。

(2)债权人与提存部门之间存在下列关系：

①标的物提存后，毁损、灭失的风险由债权人承担，这是“管理者负担”原则的例

外，原因在于管理者为公益机构；

②标的物的孳息归债权人；

③债权人向提存部门支付提存费用；

④保管期间，因保管人保管不善造成保管物毁损、灭失的，保管人应当承担损害赔偿责任；

⑤债权人对债务人负有到期债务的，在债权人未履行债务或者提供担保之前，提存部门根据债务人的要求应当拒绝其领取提存物。

(3)上述五年时间为除斥期间，不适用诉讼时效中止、中断或延长的规定。

9.8 免除与混同

9.8.1 免除

债权人免除债务人部分或者全部债务的，债权债务关系部分或者全部终止，但是债务人在合理期限内拒绝的除外(《民法典》第五百七十五条)。免除作为一种单方行为，无须对方同意即可成立，这一点与赠与不同。此外，债务的免除不得损害第三人利益，例如因债务人放弃其到期债权或者无偿转让财产，对债权人造成损害的，债权人可以请求人民法院撤销债务人的行为。

9.8.2 混同

债权和债务同归于一人的，债权债务终止，但是损害第三人利益的除外。

涉及第三人利益的混同案例

甲公司对乙公司拥有一笔50万元的债权，甲公司向丙贷款30万元，以甲公司对乙公司的债权做担保。后来，甲公司收购了乙公司，则两者发生债权债务关系混同，但由于该笔50万元债权涉及第三人利益，故50万元债权债务关系不因此消灭。

要注意把混同与添附中的混合区分开来，混同是指债权和债务同归一人，而混合是动产与动产混合在一起且不能识别原物或识别费用过高。

【本章小结】

本章对合同的变更、转让以及终止进行了较为详尽的介绍，其中合同变更与合同转让可对比学习，合同转让有债权转让、债务承担、权利义务概括移转三种方式。合同债权债务终止，是指因发生法律规定或当事人约定的情况，使当事人之间的权利义务关系消灭。合同的终止包括以下五种方式：清偿、抵销、提存、免除和混同。

【课后测验】

1. 甲公司对乙公司享有10万元的债权，乙公司对丙公司享有20万元的债权。甲公司将其债权转让给丁公司并通知了乙公司，丙公司未经乙公司同意，将其债务转移给戊公司。如丁公司对戊公司提起代位权诉讼，戊公司下列哪一抗辩理由能够成立？(　　)

A. 甲公司转让债权未获乙公司同意

B. 丙公司转移债务未经乙公司同意

C. 乙公司已经要求戊公司偿还债务

D. 乙公司、丙公司之间的债务纠纷有仲裁条款约束

2. 甲装修公司欠乙建材商场货款5万元，乙商场须付甲公司装修费2万元。现甲公司欠款已到期，乙商场欠费已过诉讼时效，甲公司欲以装修费充抵货款。下列哪一种说法是正确的？(　　)

A. 甲公司有权主张抵销

B. 甲公司主张抵销，须经乙商场同意

C. 双方债务性质不同，不得抵销

D. 乙商场债务已过诉讼时效，不得抵销

3. 甲将住房出组给乙。签订合同前乙来看房，发现室内有很浓的装修气味。甲告诉乙，开开窗，过几天味道就没了。乙住了两个月后，气味依然很浓。经检测，该房屋有害气体严重超标。对此，乙(　　)

A. 无权主张任何权利

B. 有权解除合同

C. 有权请求确认合同无效

D. 有权要求甲承担侵权责任

4. 乙公司欠甲公司30万元，同时甲公司须在2020年9月20日清偿对乙公司的20万元货款。甲公司在同年9月18日与丙公司签订书面协议，转让其对乙公司的30万元债权。同年9月24日，乙公司接到甲公司关于转让债权的通知后，便主张20万元的抵销权。下列说法哪些是正确的？(　　)

A. 甲公司与丙公司之间的债权转让合同于9月24日生效

B. 乙公司接到债权转让通知后，即负有向丙公司清偿30万元的义务

C. 乙公司于9月24日取得20万元的抵销权

D. 丙公司可以就30万元债务的清偿，要求甲公司和乙公司承担连带责任

5. 甲参加乙旅行社组织的旅游活动。未经甲和其他旅游者同意，乙旅行社将本次业务转让给当地的丙旅行社。丙旅行社聘请丁公司提供大巴运输服务。途中，由于丁公司司机黄某酒后驾驶，与迎面违章变道的个体运输户刘某货车相撞，造成甲受伤。甲的下列哪些请求能够获得法院的支持？(　　)

A. 请求丁公司和黄某承担连带赔偿责任

B. 请求黄某与刘某承担连带赔偿责任

C. 请求乙旅行社和丙旅行社承担连带赔偿责任

D. 请求刘某承担赔偿责任

6. 2020 年 1 月，甲以分期付款的方式向乙公司购买潜水设备一套，价值 10 万元。约定首付 2 万元，余款分三期付清，分别为 2 万元、3 万元、3 万元，全部付清前乙公司保留所有权。甲收货后付了首付和第一期款，第二期款迟迟未付。2020 年 8 月，甲以 2 万元将该设备卖给职业潜水员丙。下列哪些选项是正确的？（　　）

A. 乙可以解除合同，要求甲承担违约责任

B. 乙解除合同后可以要求甲支付设备的使用费

C. 乙可以请求丙返还原物，但须支付丙 2 万元购买费用

D. 丙返还潜水设备后可以要求甲承担违约责任

【深入阅读】

违约责任

违约责任是指当事人不履行合同义务或者履行合同义务不符合合同约定而依法应当承担的民事责任。违约责任是合同责任中一种重要的形式，违约责任不同于无效合同的后果，违约责任的成立以有效的合同存在为前提。违约责任也不同于侵权责任，其可以由当事人在订立合同时事先约定，属于一种财产责任。违约责任分为金钱债务的违约、非金钱债务的违约，违约金与定金作为赔偿方式只能择一适用。

【网络学习】

检索“合同转让”与“合同转让的条件”。思考合同转让中容易出现纠纷的情形。

【课后思考】

请在中国裁判文书网检索“(2018)苏 0602 民初 5570 号”判决书，梳理案件中法官和律师的观点，并运用所学有关合同解除权的知识谈谈你的观点。

案件简介：原告某建设公司法定代表人与被告系亲属关系。该建设公司与袁某(作为乙方)签订购房协议，因被告袁某与原告法定代表人为亲戚关系，原告同意在被告未全部支付购房款的情形下，将案涉房屋过户至被告名下。目前，被告尚有 175990 元未付，被告的行为已经构成根本违约，故请求被告向原告偿还购房款及违约金。后来，原告变更诉讼请求，请求判令解除原、被告之间的购房协议。被告辩称：已按协议约定足额履行给付义务，已与原告法定代表人结算完毕。请思考解除权是否应受合理期限限制。

第 10 章　买卖合同

【导言】

买卖合同中，所有权转移是在什么时候完成的？是否买方支付了相应的价款就获得了标的物的所有权？如果标的物在缔结买卖合同后被毁损，应当由谁承担责任？如果标的物在运送至买方的途中因发生事故而毁损，由谁承担责任呢？

例如，甲去超市买了床上三件套，其中的被套上有一摊茶渍，那么甲是可以退掉全部的三件套还是仅能就沾有茶渍的被套进行退换呢？如果甲买的是三件床单，其中的一件有瑕疵，甲有权退掉全部的三件还是仅能退换有瑕疵的床单呢？

除了常见的买卖合同，本章还会介绍一些特种买卖合同，例如买房常见的分期付款买卖合同，还有试用买卖合同等，这些是对一般买卖合同中的某些因素进行改动而产生的，因而特种买卖合同的规则也有其特殊性。通过本章的学习，会对买卖合同有进一步的理解。

【学习目标】

- 了解买卖合同双方当事人的主要义务。
- 理解标的物的风险负担规则。
- 理解买卖合同的特殊解除规则。
- 了解特种买卖合同的含义及基本规则。

10.1　买卖合同的概念

买卖合同是出卖人转移标的物的所有权于买受人，买受人支付价款的合同。买卖合同为有偿、双务、有名合同。当事人订立合同，除法律、行政法规另有规定或当事人另有约定外，可采用书面形式、口头形式和其他形式。买卖合同为非要式合同。

10.2　当事人的权利义务

10.2.1　出卖人的义务

1. 交付标的物并转移所有权的义务

出卖人应当履行向买受人交付标的物或者交付提取标的物的单证，并转移标的物所有权的义务。

租赁过程中产生的买卖合同的所有权转移时间案例

某宾馆为了开业庆典，向电视台租借一台摄像机。庆典之日(8 月 8 日)，工作人员不慎摔坏摄像机，宾馆决定按原价买下，以抵偿电视台的损失，遂在庆典后即 8 月 9 日通过电话向电视台负责人表明此意，对方表示同意。8 月 15 日，宾馆依约定向电视台支付了价款。摄像机所有权何时转移?

《民法典》第二百二十六条规定，动产物权设立和转让前，权利人已经占有该动产的，物权自民事法律行为生效时发生效力。根据案例，宾馆与电视台于 8 月 9 日达成买卖摄像机的合意，达成合意则合同生效，故 8 月 9 日为交付时间，摄像机所有权完成转移。

出卖的标的物，应当属于出卖人所有或者出卖人有权处分。法律、行政法规禁止或者限制转让的标的物，依照其规定。

出卖人的交付标的物义务案例

甲曾向银行借款，并以一房屋作为抵押。后甲未能及时按期归还借款，经双方协商，甲同意银行拍卖该房屋，并以相应拍卖款支付借款本息。后乙拍得该房屋，但甲仍居住在该房屋内，银行无法按约交付房屋。

法院认为，拍卖是以公开竞价的形式，将特定物品或者财产权利转让给最高应价者的买卖方式。《民法典》第五百九十八条规定："出卖人应当履行向买受人交付标的物或者交付提取标的物的单证，并转移标的物所有权的义务。"据此，出卖人负有交付标的物及转移标的物所有权的义务。乙虽办理了拍卖房屋的过户登记手续，但因原房屋所有权人拒绝腾房，银行在本案诉讼期间仍未能交付房屋，致使乙竟买房屋的目的不能实现。根据《民法典》第五百六十三条的规定，乙可以解除本案中的拍卖成交确认书。

法律限制转让的标的物案例

甲与乙签订了一份房屋销售协议，但是出卖人甲并没有取得涉案房屋的土地使用权证和房屋所有权。

案例中，甲不能证明涉案房屋的建造取得了建设工程规划许可证，故该房屋属于法律规定的禁止流通物，不能进入市场进行处分收益。因此，应当认定涉案房屋销售协议因违反法律、行政法规的效力性强制性规定无效。

关于这一义务的例外是，出卖具有知识产权的标的物的，除法律另有规定或者当事人另有约定外，该标的物的知识产权不属于买受人。

2. 按照约定或习惯交付单证义务

出卖人应当按照约定或者交易习惯向买受人交付提取标的物单证以外的有关单证和资料。

此处的"提取标的物单证以外的有关单证和资料"包括保险单、保修单、普通发票、增值税专用发票、产品合格证、质量保证书、质量鉴定书、品质检验证书、产品进出口检疫书、原产地证明书、使用说明书、装箱单等。

买卖合同单据交付义务案例

甲乙签订了水泥供应合同一份。乙收到水泥后，未能及时支付购货款。

根据《民法典》第五百九十九条的规定，出卖人负有交付有关单证和资料的义务。出卖人交付的单证有两类：一类是提取标的物的单证，另一类是辅助单证。这类单证和资料具体有哪些，要看当事人的约定或交易习惯。对于这些单证和资料，如果买卖合同中明确约定了出卖人交付的义务或者是按照交易的习惯，出卖人应当交付，则出卖人就有义务在履行交付标的物的义务以外，向买受人交付这些单证和资料。就本案的标的物水泥，双方在水泥供应合同中并没有约定辅助单证的交付义务，按照交易习惯，购买水泥后，则应支付水泥货款。

3. 按照约定期限交付义务

出卖人应当按照约定的期限交付标的物。约定交付期间的，出卖人可以在该交付期间内的任何时间交付。当事人没有约定标的物的交付期限或者约定不明确的，适用《民法典》第五百一十条、第五百一十一条第(四)项的规定。

4. 按照约定地点交付义务

《民法典》第六百零三条规定：出卖人应当按照约定的地点交付标的物。

当事人没有约定交付地点或者约定不明确，依据本法第五百一十条的规定仍不能确定的，适用下列规定：

(一)标的物需要运输的，出卖人应当将标的物交付给第一承运人以运交给买受人；

(二)标的物不需要运输，出卖人和买受人订立合同时知道标的物在某一地点的，出卖人应当在该地点交付标的物；不知道标的物在某一地点的，应当在出卖人订立合同时的营业地交付标的物。

5. 权利瑕疵担保义务

出卖人就交付的标的物，负有保证第三人对该标的物不享有任何权利的义务，但是法律另有规定的除外。

买受人订立合同时知道或者应当知道第三人对买卖的标的物享有权利的，出卖人不承担义务。买受人有确切证据证明第三人对标的物享有权利的，可以中止支付相应的价款，但是出卖人提供适当担保的除外。

出卖人的权利瑕疵担保义务案例

经中介公司介绍，甲购买了乙的房屋，因房屋面临征收，双方无须办理产权登记手续，可由甲直接签订征收补偿安置协议。后甲得知乙并非该房屋的产权人，其无权出售交易房屋。

所有权人对其所有的财产承担权利瑕疵担保义务。其构成要件：(1)权利瑕疵必须在买卖合同成立时即存在，买方必须不知权利存在瑕疵；(2)权利瑕疵必须于买卖合同成立后仍未消除。这是一种无过失责任，卖方不能以其不知权利有瑕疵而主张免责。因此，乙应当按照法律规定对其房产承担法律责任，甲有权解除合同。

6. 按照约定质量交付义务

出卖人应当按照约定的质量要求交付标的物。出卖人提供有关标的物质量说明的，交付的标的物应当符合该说明的质量要求。

当事人对标的物的质量要求没有约定或者约定不明确，依据《民法典》第五百一十条的规定仍不能确定的，适用《民法典》第五百一十一条第(一)项的规定。

出卖人交付的标的物不符合质量要求的，买受人可以依据《民法典》第五百八十二条至第五百八十四条的规定请求承担违约责任。

7. 按照约定包装方式交付义务

出卖人应当按照约定的包装方式交付标的物。对包装方式没有约定或者约定不明确，依据《民法典》第五百一十条的规定仍不能确定的，应当按照通用的方式包装；没有通用方式的，应当采取足以保护标的物且有利于节约资源、保护生态环境的包装方式。

【拓展阅读】

一物二卖规则

(1)出卖人就同一普通动产订立多重买卖合同，在买卖合同均有效的情况下，买受人均要求实际履行合同的，应当按照以下情形分别处理：

①先行受领交付的买受人请求确认所有权已经转移的，人民法院应予支持；

②均未受领交付，先行支付价款的买受人请求出卖人履行交付标的物等合同义务的，人民法院应予支持；

③均未受领交付，也未支付价款，依法成立在先合同的买受人请求出卖人履行交付标的物等合同义务的，人民法院应予支持。

(2)出卖人就同一船舶、航空器、机动车等特殊动产订立多重买卖合同，在买卖合同均有效的情况下，买受人均要求实际履行合同的，应当按照以下情形分别处理：

①先行受领交付的买受人请求出卖人履行办理所有权转移登记手续等合同义务的，人民法院应予支持；

②均未受领交付，先行办理所有权转移登记手续的买受人请求出卖人履行交付标的物等合同义务的，人民法院应予支持；

③均未受领交付，也未办理所有权转移登记手续，依法成立在先合同的买受人请求

出卖人履行交付标的物和办理所有权转移登记手续等合同义务的，人民法院应予支持；

④出卖人将标的物交付给买受人之一，又为其他买受人办理所有权转移登记，已受领交付的买受人请求将标的物所有权登记在自己名下的，人民法院应予支持。

(3)对于商品房的一物二卖规则。商品房买卖合同订立后，出卖人又将该房屋出卖给第三人，导致商品房买卖合同目的不能实现的，无法取得房屋的买受人可以请求解除合同、返还已付购房款及利息、赔偿损失，并可以请求出卖人承担不超过已付购房款一倍的赔偿责任。买受人以出卖人与第三人恶意串通，另行订立商品房买卖合同并将房屋交付使用，导致其无法取得房屋为由，请求确认出卖人与第三人订立的商品房买卖合同无效的，人民法院应予支持。

10.2.2 买受人的权利义务

1. 支付价款义务

买受人应当按照约定的数额和支付方式支付价款。对价款的数额和支付方式没有约定或者约定不明确的，适用《民法典》第五百一十条、第五百一十一条第(二)项和第(五)项的规定。

2. 按照约定地点支付义务

买受人应当按照约定的地点支付价款。对支付地点没有约定或者约定不明确，依据《民法典》第五百一十条的规定仍不能确定的，买受人应当在出卖人的营业地支付；但是，约定支付价款以交付标的物或者交付提取标的物单证为条件的，在交付标的物或者交付提取标的物单证的所在地支付。

3. 按照约定时间支付义务

买受人应当按照约定的时间支付价款。对支付时间没有约定或者约定不明确，依据《民法典》第五百一十条的规定仍不能确定的，买受人应当在收到标的物或者提取标的物单证的同时支付。

4. 接收选择权

出卖人多交标的物的，买受人可以接收或者拒绝接收多交的部分。买受人接收多交部分的，应当按照约定的价格支付价款；买受人拒绝接收多交部分的，应当及时通知出卖人。

多交标的物案例

甲、乙签订了一份不锈钢加工定作合同，甲在约定日期向乙送货，送货单注明的定作物数量多于约定数量。乙对货物予以签收，并在送货单上注明“暂收”。

甲、乙之间存在合法有效的定作关系。《民法典》第六百四十六条规定：“法律对其他有偿合同有规定的，依照其规定；没有规定的，参照适用买卖合同的有关规定。”本案中，甲实际交付的钢板已超出了合同约定，乙在甲交付钢板时已经注明为“暂收”，表明乙对甲多交的部分钢板仅是代为保管，且已经告知了甲。甲称系乙要求增加供货，并无证据证明，乙予以否认，因此，系争交货数量和金额应以合同金额为准，甲多交付的部分钢板应由甲自行取回，乙只须支付合同约定的价款。

10.3 标的物风险负担规则

因非可归因于双方当事人的事由导致标的物毁损、灭失的风险负担规则如下。

(1)标的物毁损、灭失的风险，在标的物交付之前由出卖人承担，交付之后由买受人承担，但是法律另有规定或者当事人另有约定的除外。

(2)因买受人的原因致使标的物未按照约定的期限交付的，买受人应当自违反约定时起承担标的物毁损、灭失的风险。

标的物损毁案例

甲、乙签订一份瓷器买卖合同，甲于约定日期把瓷器运到约定地点，乙无正当理由拒不接收，后瓷器被一辆卡车毁损，依据《民法典》第六百零五条的规定，此风险由乙承担。

(3)出卖人出卖交由承运人运输的在途标的物，除当事人另有约定外，毁损、灭失的风险自合同成立时起由买受人承担。

(4)当事人没有约定交付地点或者约定不明确的，依据《民法典》第六百零三条第二款第一项的规定，标的物需要运输的，出卖人将标的物交付给第一承运人后，标的物毁损、灭失的风险由买受人承担。

(5)出卖人按照约定或者依据《民法典》第六百零三条第二款第二项和第六百零四条的规定将标的物置于交付地点，买受人违反约定没有收取的，标的物毁损、灭失的风险自违反约定时起由买受人承担。

(6)出卖人按照约定未交付有关标的物的单证和资料的，不影响标的物毁损、灭失风险的转移。

(7)因标的物不符合质量要求，致使不能实现合同目的的，买受人可以拒绝接受标的物或者解除合同。买受人拒绝接受标的物或者解除合同的，标的物毁损、灭失的风险由出卖人承担。

(8)标的物毁损、灭失的风险由买受人承担的，不影响因出卖人履行义务不符合约定买受人请求其承担违约责任的权利。

10.4 孳息归属规则

标的物在交付之前产生的孳息，归出卖人所有；交付之后产生的孳息，归买受人所有。但是，当事人另有约定的除外。

标的物孳息归属案例

甲与乙之间有一份山羊买卖合同。在约定的交付日当天，甲牵着一只母羊去向乙交付，乙外出不在家，于是甲牵着羊回家，路上母羊生了一只小羊。根据上述交付原则，由于母羊并未交付，交付之前的孳息归出卖人所有，故小羊归甲所有。

10.5 标的物的检验

买受人收到标的物时应当在约定的检验期限内检验。没有约定检验期限的，应当及时检验。

《民法典》第六百二十一条规定：当事人约定检验期限的，买受人应当在检验期限内将标的物的数量或者质量不符合约定的情形通知出卖人。买受人怠于通知的，视为标的物的数量或者质量符合约定。

当事人没有约定检验期限的，买受人应当在发现或者应当发现标的物的数量或者质量不符合约定的合理期限内通知出卖人。买受人在合理期限内未通知或者自收到标的物之日起二年内未通知出卖人的，视为标的物的数量或者质量符合约定；但是，对标的物有质量保证期的，适用质量保证期，不适用该二年的规定。

出卖人知道或者应当知道提供的标的物不符合约定的，买受人不受前两款规定的通知时间的限制。

《民法典》第六百二十二条规定：当事人约定的检验期限过短，根据标的物的性质和交易习惯，买受人在检验期限内难以完成全面检验的，该期限仅视为买受人对标的物的外观瑕疵提出异议的期限。

约定的检验期限或者质量保证期短于法律、行政法规规定期限的，应当以法律、行政法规规定的期限为准。

《民法典》第六百二十三条规定：当事人对检验期限未作约定，买受人签收的送货单、确认单等载明标的物数量、型号、规格的，推定买受人已经对数量和外观瑕疵进行检验，但是有相关证据足以推翻的除外。

《民法典》第六百二十四条规定：出卖人依照买受人的指示向第三人交付标的物，出卖人和买受人约定的检验标准与买受人和第三人约定的检验标准不一致的，以出卖人和买受人约定的检验标准为准。

10.6 买卖合同的特别解除规则

(1)因标的物的主物不符合约定而解除合同的，解除合同的效力及于从物。因标的物的从物不符合约定被解除的，解除的效力不及于主物。

(2)标的物为数物，其中一物不符合约定的，买受人可以就该物解除。但是，该物与他物分离使标的物的价值显受损害的，买受人可以就数物解除合同。

(3)出卖人分批交付标的物的，出卖人对其中一批标的物不交付或者交付不符合约定，致使该批标的物不能实现合同目的的，买受人可以就该批标的物解除。

出卖人不交付其中一批标的物或者交付不符合约定，致使之后其他各批标的物的交付不能实现合同目的的，买受人可以就该批以及之后其他各批标的物解除。

买受人如果就其中一批标的物解除，该批标的物与其他各批标的物相互依存的，可以就已经交付和未交付的各批标的物解除。

10.7　特种买卖合同

10.7.1　分期付款买卖合同

分期付款的买受人未支付到期价款的数额达到全部价款的五分之一，经催告后在合理期限内仍未支付到期价款的，出卖人可以请求买受人支付全部价款或者解除合同。出卖人解除合同的，可以向买受人请求支付该标的物的使用费。

上述"分期付款"，指买受人将应付的总价款在一定期间内至少分三次向出卖人支付。如果当事人合同约定违反分期付款的买受人未支付到期价款的金额达到全部价款的五分之一的，出卖人可以要求买受人支付全部价款或者解除合同；损害买受人利益的，买受人可主张该约定无效。

关于使用费的确定，如果双方没有约定，可以参照当地同类标的物的租金标准确定。

分期付款买卖合同案例

甲与乙公司签订了一份分期付款购买潜水设备合同，约定款项全部付清前乙公司保留设备所有权。甲在未付清款项的条件下将该设备以大大低于市价的价格卖给丙。那么，乙公司是否能解除买卖合同？乙公司能否追回该潜水设备？依据《民法典》第六百三十四条的规定，乙公司可以解除合同，并且可以要求甲支付使用费。

10.7.2　凭样品买卖合同

凭样品买卖的当事人应当封存样品，并可以对样品质量予以说明。出卖人交付的标的物应当与样品及其说明的质量相同。

凭样品买卖的买受人不知道样品有隐蔽瑕疵的，即使交付的标的物与样品相同，出卖人交付的标的物的质量仍然应当符合同种物的通常标准。

10.7.3　试用买卖合同

试用买卖的当事人可以约定标的物的试用期限。对试用期限没有约定或者约定不明确，依据《民法典》第五百一十条的规定仍不能确定的，由出卖人确定。

试用买卖的买受人在试用期内可以购买标的物，也可以拒绝购买。试用期限届满，买受人对是否购买标的物未作表示的，视为购买。

试用买卖的买受人在试用期内已经支付部分价款或者对标的物实施出卖、出租、设立担保物权等行为的，视为同意购买。

如果买受人试用后拒绝购买，出卖人是否可向买受人主张试用期间的使用费?

根据《民法典》第六百三十九条的规定，试用买卖的当事人对标的物使用费没有约定或者约定不明确的，出卖人无权请求买受人支付。可见，如果有明确的约定，出卖人是可以主张使用费的。

无明确约定使用费案例

某商场在促销活动期间贴出醒目告示："本商场家电一律试用20天，满意后付款。"王某从该商场搬回冰箱一台，试用期满后退回，商场要求其支付使用费。根据《民法典》第六百三十九条可知，商场并未与王某约定试用的使用费，故王某不应支付使用费。

10.7.4 动产所有权保留买卖合同

当事人可以在买卖合同中约定买受人未履行支付价款或者其他义务的，标的物的所有权属于出卖人。

出卖人对标的物保留所有权，未经登记，不得对抗善意第三人。

所有权保留规则有如下几种。

(1)当事人约定出卖人保留合同标的物的所有权，在标的物所有权转移前，买受人有下列情形之一，造成出卖人损害的，除当事人另有约定外，出卖人有权取回标的物：

①未按照约定支付价款，经催告后在合理期限内仍未支付。

②未按照约定完成特定条件。

③将标的物出卖、出质或者作出其他不当处分。出卖人可以与买受人协商取回标的物；协商不成的，可以参照适用担保物权的实现程序。

(2)买受人已经支付标的物总价款的百分之七十五以上，出卖人主张取回标的物的，人民法院不予支持。

(3)出卖人依据上述规则取回标的物后，买受人在双方约定或者出卖人指定的合理回赎期限内，消除出卖人取回标的物的事由的，可以请求回赎标的物。

买受人在回赎期限内没有回赎标的物，出卖人可以以合理价格将标的物出卖给第三人，出卖所得价款扣除买受人未支付的价款以及必要费用后仍有剩余的，应当返还买受人；不足部分由买受人清偿。

【本章小结】

买卖合同是出卖人转移标的物的所有权于买受人，买受人支付价款的合同。买卖是商品交换最普遍的形式，也是典型的有偿合同。本章介绍了买卖合同中出卖人的义务、买受人的义务、标的物风险负担规则、孳息归属规则以及一些特殊的买卖合同。

【课后测验】

1. 甲公司要运送一批货物给收货人乙公司，甲公司法定代表人丙电话联系并委托某汽车运输公司运输。汽车运输公司安排本公司司机刘某驾驶，运输过程中，因刘某的过失发生交通事故，致货物受损。乙公司因未能及时收到货物而发生损失。试问，乙公司应向谁要求承担损失？（　　）

A. 甲公司

B. 丙

C. 刘某

D. 汽车运输公司

2. 甲向某计算机公司购买一批计算机送给母校。甲指示计算机公司将计算机交给学校，并将订货情况通知了学校。后计算机公司委托某快递公司将计算机运至学校，运输过程中两台计算机毁坏。下列选项中，正确的是（　　）

A. 甲有权要求计算机公司承担违约责任

B. 甲有权要求快递公司承担违约责任

C. 学校有权要求计算机公司承担侵权责任

D. 学校有权要求快递公司承担侵权责任

3. 在以下哪些情况下，出卖人应承担标的物毁损、灭失的风险？（　　）

A. 合同约定卖方代办托运，出卖人已将标的物发运，即将到达约定的交付地点

B. 买受人下落不明，出卖人将标的物提存

C. 标的物已运抵交付地点，买受人因标的物质量不合格而拒收货物

D. 合同约定在标的物所在地交货，约定时间已过，买受人仍未前往提货

4. 甲乙签订了一份试用买卖合同，但没有约定试用期。之后，双方对是否购买标的物没有达成协议。下列哪些说法是正确的？（　　）

A. 试用买卖合同没有约定试用期的，应适用法律规定的6个月试用期

B. 试用买卖合同没有约定试用期的，如果不能按照合同法的规定加以确定，应由出卖人确定

C. 试用期间届满，买受人对是否购买标的物未作表示的，视为购买

D. 试用期间，买受人没有对质量提出异议的，则应当购买标的物

【深入阅读】

赠与合同

赠与合同是赠与人将自己的财产无偿给予受赠人，受赠人表示接受赠与的合同。赠与人在赠与财产的权利转移之前可以撤销赠与。赠与人有移转赠与标的物的义务与瑕疵担保义务。

受赠人有无偿取得赠与物的权利，但赠与合同约定负担义务的，受赠人须按约定

履行义务。对于具有救灾、扶贫等社会公益、道德义务性质的赠与合同，以及经过公证的赠与合同，赠与人不交付赠与物的，受赠人可以请求交付。在赠与属于附义务赠与时，受赠人应在赠与物的价值限度内履行所附义务，受赠人不履行其义务时，赠与人有权请求受赠人履行其义务或撤销其赠与。

参阅：《民法典》第六百五十七条至第六百六十六条。

【网络学习】

检索“一物二卖”，总结房屋在“一物二卖”中的处理原则，总结归纳在“一物二卖”实践中对债权与物权进行分别处理的方法。

【课后思考】

请在中国裁判文书网检索“(2015)民一终字第180号”判决书，梳理案件中法官和律师的观点，以及案件裁判依据，并运用所学知识谈谈你的观点。

案件简介：原告诉称，根据双方合同约定，某公司应于2014年向四人交付符合合同约定的房屋。但至今，某公司拒不履行房屋交付义务。某公司辩称，甲、乙、丙、丁应分案起诉。四人与该公司没有购买和出售房屋的意思表示，双方之间房屋买卖合同名为买卖实为借贷，该商品房买卖合同系为借贷合同的担保。

第 11 章　租赁合同

【导言】

随着人口流动，城市房屋租赁十分普遍，租赁给社会生活带来了便利，也产生了许多纠纷。例如，房屋的维修费用应该由房东支付还是房客支付？房屋的水电费由于有阶梯价格的存在，水电费多支出的部分该如何分配给出租人和租赁人分担？承租人从出租人(房屋所有权人)处租得房屋后可否转租给第三人？若承租人假冒房屋所有人把房屋转租给某不知情大学生，该大学生与原出租人(房屋所有权人)之间的法律关系是怎样的？本章将学习租赁合同的有关内容，包括租赁合同各方的权利义务、买卖不破租赁规则、租赁合同的解除规则。

【学习目标】

- 理解买卖不破租赁规则。
- 了解租赁合同的解除。

11.1　租赁合同的概念

租赁合同是出租人将租赁物交付承租人使用、收益，承租人支付租金的合同。

租赁合同案例

甲公司与乙公司签订租赁合同，将某机器出租给乙公司使用，乙公司未经甲公司同意，将机器低价出售给知情的丙公司，丙公司又出租给丁公司。丁公司对上述交易过程完全不了解。

在租赁合同对丙丁二人产生效力，但是对于原权利人甲公司不产生约束力。无论按照合同的相对性，还是债权不得对抗物权的基本原理，都不能对所有权人甲公司有法律上的约束力。因此，甲公司作为所有权人，有权根据物上请求权请求丁公司返还财产，且无须补偿其任何损失。至于丁公司因此遭受的损失，应当向丙公司主张赔偿。

11.1.1　定期租赁合同与不定期租赁合同

固定期限租赁合同即有明确租赁期限的租赁合同。根据《民法典》第七百零五条的规定，租赁期限不得超过二十年。超过二十年的，超过部分无效。

租赁期限届满，当事人可以续订租赁合同；但是，约定的租赁期限自续订之日起不得超过二十年。

承租人要求续租案例

甲与乙公司签订了一份房屋租赁合同，约定的租期为10年；租房期限结束，如甲愿意继续租赁，双方再作协商。无论根据双方合同约定还是根据法律规定，订立续租合同均须经双方协商一致，在双方未就续租达成合意的情况下，甲主张乙公司在租期届满后仍向其出租诉争房屋，没有法律依据，不能得到法院支持。

不定期租赁合同即没有明确租赁期限的租赁合同。租赁期限六个月以上的，法律规定当事人应当采取书面形式订立合同，当事人未采用书面形式的，视为不定期租赁。

不定期租赁合同案例

甲与乙口头约定，甲承租乙的一套别墅，租期为五年，租金一次付清，交付租金后即可入住。根据法律规定，租赁期限六个月以上，当事人未采取书面形式的，视为不定期租赁。故甲、乙之间的合同虽约定为五年，在法律上却是不定期租赁合同，承租人和出租人均具有随时解除权。

11.1.2 对租赁合同形式的要求

租赁期限六个月以上的应当采用书面形式订立合同。

城市私有房屋租赁，出租人和承租人应当签订书面租赁合同，约定租赁期限、租赁用途、租赁价格、修缮责任等条款，以及双方的其他权利和义务，并向房产管理部门登记备案。

城市房地产租赁登记案例

甲公司与乙公司签订了一份协议书，约定甲公司租赁乙公司的一处房地产，用于经营公司业务。其后，乙公司在未告知甲公司的情况下在该房产上设立抵押。

甲公司应当与乙公司签订书面租赁合同，并向房产管理部门登记备案。由于没有登记备案，且甲公司提交的多份证据均不能证实涉案房地产在抵押之前存有租赁关系，因此法院驳回了甲公司对涉案房产的异议。

11.2 双方当事人的权利义务

11.2.1 出租人的义务

1. 交付标的物及适租义务

根据《民法典》第七百零八条的规定，出租人应当按照约定将租赁物交付承租人，并在租赁期限内保持租赁物符合约定的用途。

出租人按约履行义务案例

甲通过某租房网站租房，明确租房位置和有淋浴热水器两个条件。乙与甲联系，说明自己房屋的位置及房屋里配有高端热水器。甲同意承租乙的房屋，并通过网上银行预付了租金。甲入住后发现，房屋的位置不错，卫生间也较大，但热水器老旧不堪，不能正常使用。案例中，出租人乙违反了适租义务，租赁房屋不符合约定用途，承租人甲有权要求乙更换或修理热水器。

出租人的适租义务案例

甲与乙公司签订了厂房租赁合同，约定由甲承租乙公司的部分厂房。在合同期内，乙公司与某机械化拆除公司签订了房屋拆迁协议，拆除公司将甲租赁的厂房全部拆除。出租人乙公司未与承租人协商一致，经由第三方对租赁物强行拆除的行为违反了合同约定，构成违约。

2. 维修义务

出租人应当履行租赁物的维修义务，但是当事人另有约定的除外。

承租人在租赁物需要维修时可以请求出租人在合理期限内维修。出租人未履行维修义务的，承租人可以自行维修，维修费用由出租人负担。因维修租赁物影响承租人使用的，应当相应减少租金或者延长租期。因承租人的过错致使租赁物需要维修的，出租人不承担上述的维修义务。

租赁合同维修费用承担案例一

甲将其所有的房屋出租给乙，一天晚上，一失控的汽车撞到该房屋，致使其临街的玻璃墙毁损，肇事司机驾车逃逸，乙要求甲维修，甲拒绝，乙便自行花费了 1 万元予以维修。租赁物非因为承租人乙的过错毁损，乙要求甲维修，甲拒绝，于是乙自行予以维修，费用应依法由甲承担。

租赁合同维修费用承担案例二

甲承租乙的一套别墅，洽谈时，乙告诉甲屋顶有漏水现象。为了尽快与女友丙结婚共同生活，甲对此未置可否。入住后不久别墅屋顶果然漏水，甲要求乙进行维修，乙认为在订立合同时已对漏水问题提前作了告知，甲当时并无异议，仍同意承租，故现在乙不应承担维修义务。

尽管甲在租赁前就知悉屋顶有漏水现象，但是这并不能作为出租人乙免责的理由，因为屋顶漏水致使房屋难以发挥普通房屋的正常居住功能，说明出租人未能履行适租义务。同时，根据《民法典》的规定，出租人的维修义务与承租人在签订租赁合同前是否了解租赁物的瑕疵无关。因此，甲有权要求乙在合理期限内维修。乙未履行维修义务，甲可以自行维修，维修费用由乙负担。

3. 瑕疵担保义务

(1)物的瑕疵担保责任。

关于出租人物的瑕疵担保责任：一是参照买卖合同的有关规定；二是参照《民法典》第七百三十一条规定的“租赁物危及承租人的安全或者健康的，即使承租人订立合同时明知该租赁物质量不合格，承租人仍然可以随时解除合同”；三是参照《民法典》第七百零八条规定的“出租人应当按照约定将租赁物交付承租人，并在租赁期限内保持租赁物符合约定的用途”。

出租人物的瑕疵担保责任案例

甲与乙签订了一份租房协议，约定甲将一空房租给乙做仓库用。后因房屋下水道堵塞，乙承租屋内的卫生间发生返水，污水弄脏了金某存放在仓库内的衣服。若因租赁物本身存在质量问题造成承租人损失的，出租人应承担责任；但若因租赁物不当使用造成损失的，则应由不当使用人承担责任。甲并非不当使用人，在发现下水道堵塞后及时通知了原告并对管道进行了疏通，故乙以甲违反租赁物的瑕疵担保责任为由要求其承担赔偿责任，无事实和法律依据，法院不予支持。

(2)权利瑕疵担保责任。

因第三人主张权利，致使承租人不能对租赁物使用、收益的，承租人可以要求减少租金或者不支付租金。

第三人主张权利的，承租人应当及时通知出租人。

出租人权利瑕疵担保责任案例

甲与乙签订了房屋租赁合同，甲承租后与丙签订了转租合同，乙表示同意。但是，乙在与甲签订租赁合同之前，已经把该房租给了丁并已交付。那么，对于甲与乙之间的租赁合同而言，因第三人丁主张债权，承租人甲不能使用房屋，故承租人甲有权要求减少租金或者不支付租金。

进一步思考，哪个租赁合同可以获得履行？案例中，丁与乙签订租赁合同在先，且其已经合法占有租赁房屋。因此，丁的租赁合同应作为优先顺位的合同履行。因此，对于甲与乙的租赁合同，甲有权解除合同，并要求乙承担赔偿责任；甲与丙的转租合同无法实现，丙有权解除其与甲之间的转租合同，并要求甲承担赔偿责任。

出租人权利瑕疵担保责任案例

甲公司与乙签订了场地租赁协议书，约定甲公司将场地租赁给乙使用。退休职工丙等人认为该租赁场地系其退休职工协会所有，并强行占用场地。

其一，本案的租赁物系甲公司所有，并由甲公司清算组管理、出租，退休职工协会既非该租赁物的所有权人，也没有得到甲公司清算组的授权，如干涉使用租赁物，属侵权行为，不属于《民法典》第七百二十三条规定的情形；假如丙等人以退休职工协会名义强行占有租赁物，乙也应通过其他途径要求其停止侵权。其二，从乙自愿提供营业执照给退休职工协会及向其领取工资的情况来看，并不能排除乙将租赁物转租给退休职工协会或与协会合作经营的事实存在，因为按常理乙不会牺牲自己的利益而主动将营业执照交给侵害自己利益的退休职工丙等人。

11.2.2　承租人的义务

1. 正当使用义务

承租人应当按照约定的方法使用租赁物。对租赁物的使用方法没有约定或者约定不明确，依据《民法典》第五百一十条的规定仍不能确定的，应当根据租赁物的性质使用。

承租人按照约定的方法或者根据租赁物的性质使用租赁物，致使租赁物受到损耗的，不承担赔偿责任。

承租人未按照约定的方法或者未根据租赁物的性质使用租赁物，致使租赁物受到损失的，出租人可以解除合同并请求赔偿损失。

承租人擅自变动房屋建筑主体和承重结构或者扩建，在出租人要求的合理期限内仍不予恢复原状，出租人可以请求解除合同并要求赔偿损失。

承租人擅自变动租赁房屋结构案例

甲与乙公司签订了一份房屋租赁合同，约定乙公司将一栋房屋租赁给甲作为厂房使用。甲在未经乙公司同意的情况下，擅自在二楼地板上埋设管道，增设两个卫生间，并加盖了一个木板隔层。

乙公司通过诉讼途径表明反对甲的加层和增设卫生间行为，甲未能出示证据证明其加层和增设行为得到过乙公司的允许，属于“承租人擅自变动房屋建筑主体和承重结构或者扩建”。根据《民法典》第七百一十一条的规定，承租人未按照约定的方法或者未根据租赁物的性质使用租赁物，致使租赁物受到损失的，出租人可以解除合同并请求赔偿损失。因此，乙公司可以解除租赁合同并请求赔偿损失。

2. 妥善保管义务

承租人应当妥善保管租赁物，因保管不善造成租赁物毁损、灭失的，应当承担赔偿责任。

3. 禁止擅自添附义务

承租人经出租人同意，可以对租赁物进行改善或者增设他物。

承租人未经出租人同意，对租赁物进行改善或者增设他物的，出租人可以请求承租人恢复原状或者赔偿损失。

4. 禁止擅自转租义务

承租人经出租人同意，可以将租赁物转租给第三人。承租人转租的，承租人与出租人之间的租赁合同继续有效；第三人造成租赁物损失的，承租人应当赔偿损失。

承租人未经出租人同意转租的，出租人可以解除合同。

承租人擅自转租案例

甲将自己的一套房屋租给乙住，乙又擅自将房屋租给丙住。丙是个飞镖爱好者，因练飞镖将房屋的墙面损坏。乙作为承租人未经出租人甲的同意擅自将房屋转租于丙，出租人甲有权解除与乙的租赁合同。对于丙给房屋墙面造成的损失，出租人甲有权要求承租人乙赔偿。此外，甲为房屋的所有权人，对于无权占有其房屋的丙，根据《民法典》第七百一十六条的规定，甲有权要求丙搬出房屋。

5. 支付租金义务

承租人应当按照约定的期限支付租金。对支付租金的期限没有约定或者约定不明确，依据《民法典》第五百一十条的规定仍不能确定，租赁期限不满一年的，应当在租赁期限届满时支付；租赁期限一年以上的，应当在每届满一年时支付，剩余期限不满一年的，应当在租赁期限届满时支付。承租人无正当理由未支付或者迟延支付租金的，出租人可以请求承租人在合理期限内支付；承租人逾期不支付的，出租人可以解除合同。

6. 返还租赁物义务

租赁期限届满，承租人应当返还租赁物。返还的租赁物应当符合按照约定或者根据租赁物的性质使用后的状态。

11.2.3 承租人的权利

1. 占有、使用、收益权

在租赁期间因占有、使用租赁物获得的收益，归承租人所有，但当事人另有约定的除外。

占有、使用、收益权案例

甲与乙签订租赁合同，临时租赁乙的设备用于生产，生产所获得的收益自然由甲获得，乙则有权要求甲支付出租费用。

2. 买卖不破租赁

租赁物在承租人按照租赁合同占有期限内发生所有权变动的，不影响租赁合同的效力。买卖不破租赁更准确地应该称为所有权变动不破租赁，因买卖、赠与或者继承发生房屋产权转移的，原租赁合同对承租人和新房主继续有效。

买卖不破租赁案例

王某与丁某约定：王某将一栋房屋出售给丁某。丁某支付房屋价款后，王某交付了房屋，但没有办理产权移转登记。丁某接收房屋作了装修，并出租给叶某，租期为两年。随后，王某因病去世，全部遗产由其子小王继承。小王将该房屋卖给杜某，并办理了所有权移转登记。那么，杜某是否有权请求叶某返还房屋？根据买卖不破租赁规则，小王通过继承取得房屋的所有权，杜某通过买卖取得房屋的所有权，均不影响叶某的租赁权，杜某无权请求叶某返还房屋。

根据相关司法解释的规定，租赁房屋在承租人按照租赁合同占有期限内发生所有权变动，承租人请求房屋受让人继续履行原租赁合同的，人民法院应予支持。但租赁房屋具有下列情形或者当事人另有约定的除外：

（1）房屋在出租前已设立抵押权，因抵押权人实现抵押权发生所有权变动的；

（2）房屋在出租前已被人民法院依法查封的。

3. 优先购买权

出租人出卖租赁房屋的，应当在出卖之前的合理期限内通知承租人，承租人享有以同等条件优先购买的权利。

出租人履行通知义务后，承租人在十五日内未明确表示购买的，视为承租人放弃优先购买权。出租人委托拍卖人拍卖租赁房屋的，应当在拍卖五日前通知承租人。承租人未参加拍卖的，视为放弃优先购买权。出租人与抵押权人协议折价、变卖租赁房屋偿还债务，应当在合理期限内通知承租人。承租人请求以同等条件优先购买房屋的，人民法院应予支持。

此外，对于承租人的优先购买权也有一些限制。具有下列情形之一，承租人主张优先购买房屋的，人民法院不予支持：房屋共有人行使优先购买权的；出租人将房屋出卖给近亲属，包括配偶、父母、子女、兄弟姐妹、祖父母、外祖父母、孙子女、外孙子女的；出租人履行通知义务后，承租人在十五日内未明确表示购买的；第三人善意购买租赁房屋并已经办理登记手续的。

4. 代替承租权

承租人在房屋租赁期限内死亡的，与其生前共同居住的人或者共同经营人可以按照原租赁合同租赁该房屋。

11.3　转租

承租人经出租人同意将租赁物转租给第三人，转租期限超过承租人剩余租赁期限的，超过部分的约定对出租人不具有法律约束力，但是出租人与承租人另有约定的除外。

出租人知道或者应当知道承租人转租，但是在六个月内未提出异议的，视为出租人同意转租。

承租人拖欠租金的，次承租人可以代承租人支付其欠付的租金和违约金，但是转租合同对出租人不具有法律约束力的除外。

次承租人代为支付的租金和违约金，可以充抵次承租人应当向承租人支付的租金；超出其应付的租金数额的，可以向承租人追偿。

房屋租赁合同无效、履行期限届满或者解除，出租人请求负有腾房义务的次承租人支付逾期腾房占有使用费的，人民法院应予支持。

案件简介:2016年8月,原告甲公司与被告乙公司、被告谷某签订融资租赁合同及其附件,约定,被告乙公司以售后回租交易方式将自有的3辆东风清障车转让给原告并租回使用,被告谷某系共同承租人。同日,被告朱某向原告出具《无条件不可撤销的担保函》,就融资租赁合同项下的全部义务和责任向原告承担不可撤销的连带保证责任。

合同履行过程中,被告乙公司自2017年3月起开始拖欠租金。因乙公司违约,原告甲公司于2017年6月收回租赁车辆。案外人丙公司于2017年6月出具《鉴定评估报告》,称接受原告委托,对租赁车辆进行鉴定评估,以2017年6月为基准日,评估金额为19万元至20万元。丙公司法定代表人张某以买受人身份于2017年7月出具《同意函》,以20万元价格向原告购买涉案融资租赁车辆。原告诉至法院,请求判令解除合同,乙公司、谷某赔偿损失(未付租金及相应违约金扣减租赁物变卖价值等剩余的金额)、逾期违约金等,朱某承担连带保证责任。

第 12 章　借款合同

【导言】

借款在日常生活中十分常见，了解借款合同的法律规则会对日常生活有很大的帮助。例如：在借款合同中利息约定不明或没有约定利息时，该借款的利息应如何计算；国家对哪些借款合同是明令禁止的；当利息超出什么范围时，法院会不予支持。这些都是本章涉及的问题。学习《民法典》中有关借款合同的知识，例如借款合同的性质与概念、借款合同中的借款人与贷款人的权利义务和借款合同中的利息，可以为你解决生活中借款合同问题提供依据。

【学习目标】

- 了解借款合同中借款人的权利义务。
- 了解借款合同中贷款人的权利义务。

12.1　借款合同的概念

借款合同是借款人向贷款人借款，到期返还借款并支付利息的合同。

借款合同案例一

甲公司与乙公司签订借款合同，甲公司借款 10 万元给乙公司，乙公司到期未返还借款并支付利息，经甲公司多次催告仍拖延不支付，乙公司应当承担违约责任。

12.1.1　借款合同的形式

借款合同应当采用书面形式，但是自然人之间借款另有约定的除外。借款合同的内容一般包括借款种类、币种、用途、数额、利率、期限和还款方式等条款。

12.1.2　借款合同的特征

(1)借款合同的标的物是货币。

(2)借款合同是要转移货币的所有权的合同。

12.2　借款合同的成立

自然人之间的借款合同，自贷款人提供借款时成立。

12.3　借款双方当事人的权利义务

12.3.1　借款人的义务

1. 如实告知的义务

订立借款合同时，借款人应当按照贷款人的要求提供与借款有关的业务活动和财务状况的真实情况。

借款合同案例二

乙与甲联系，说明自己借款用于某小区建设工程。甲同意将款借给乙，并通过网上银行进行了支付。后甲发现，乙并未将借款投入某小区的建设工程，而是进行某种风险投资。据此，甲可以请求乙返还借款并支付利息，并要求相应的补偿。

2. 按约定使用借款

借款人未按照约定的借款用途使用借款的，贷款人可以停止发放借款、提前收回借款或者解除合同。

3. 按约定期限支付利息

借款人应当按照约定的期限支付利息。对支付利息的期限没有约定或者约定不明确，依据《民法典》第五百一十条的规定仍不能确定，借款期间不满一年的，应当在返还借款时一并支付；借款期间一年以上的，应当在每届满一年时支付，剩余期间不满一年的，应当在返还借款时一并支付。

4. 按约定期限返还借款

借款人应当按照约定的期限返还借款。对借款期限没有约定或者约定不明确，依据《民法典》第五百一十条的规定仍不能确定的，借款人可以随时返还；贷款人可以催告借款人在合理期限内返还。

借款人未按照约定的期限返还借款的，应当按照约定或者国家有关规定支付逾期利息。

12.3.2　贷款人的义务

1. 按约借款义务

贷款人未按照约定的日期、数额提供借款，造成借款人损失的，应当赔偿损失。借款人未按照约定的日期、数额收取借款的，应当按照约定的日期、数额支付利息。

2. 禁止发放高利贷的义务

国家禁止高利放贷。借款的利率不得违反国家有关规定。借款合同对支付利息没有约定的，视为没有利息。借款合同对支付利息约定不明确，当事人不能达成补充协议的，按照当地或者当事人的交易方式、交易习惯、市场利率等因素确定利息；自然人之间借款的，视为没有利息。

12.3.3　借款人的权利

1. 提前返还借款的权利

《民法典》第六百七十七条规定：借款人提前返还借款的，除当事人另有约定外，应当按照实际借款的期间计算利息。

提前返还借款案例

甲与乙签订借款合同，乙购买的设备用于生产，乙到期之前返还借款，二人没有约定，应按照实际借款的时间计算利息。

2. 申请延期的权利

《民法典》第六百七十八条规定：借款人可以在还款期限届满前向贷款人申请展期；贷款人同意的，可以展期。

【本章小结】

借款合同是借款人向贷款人借款，到期返还借款并支付利息的合同。借款人有如实告知、按约定使用借款、按约定期限支付利息和按约定期限返还借款等义务，同时享有提前返还借款以及在一定情况下延期使用借款的权利。国家禁止高利放贷，借款的利率需遵守国家有关规定。

【课后测验】

1. 甲、乙为夫妻，共有一套房屋登记在甲名下。乙瞒着甲向丙借款 100 万元供个人使用，并将房屋抵押给丙。在签订抵押合同和办理抵押登记时，乙冒用甲的名字签字。现甲主张借款和抵押均无效。下列哪一表述是正确的？（　　）

A. 抵押合同无效

B. 借款合同无效

C. 甲对 100 万元借款应负连带还款义务

D. 甲可请求撤销丙的抵押权

2. 自然人甲与乙签订了年利率为 30%、为期 1 年的 1000 万元借款合同。后双方又签订了房屋买卖合同，约定："甲把房屋卖给乙，房款为甲的借款本息之和。甲须在 1 年内以该房款分 6 期回购房屋。如果甲不回购，乙有权直接取得房屋所有权。"乙交付借款时，甲出具收到全部房款的收据。后甲未按约定回购房屋，也未把房屋过户给乙。因房屋价格上涨至 3000 万元，甲主张偿还借款本息。下列哪些选项是正确的？（　　）

A. 甲乙之间是借款合同关系，不是房屋买卖合同关系

B. 应在不超过银行同期贷款利率 4 倍以内承认借款利息

C. 乙不能获得房屋所有权

D. 因甲未按约定偿还借款，应承担违约责任

【深入阅读】

保理合同

保理合同是《民法典》新增的一类有名合同。保理合同是应收账款债权人将现有的或者将有的应收账款转让给保理人，保理人提供资金融通、应收账款管理或者催收、应收账款债务人付款担保等服务的合同。其内容一般包括业务类型、服务范围、服务期限、基础交易合同情况、应收账款信息、保理融资款或者服务报酬及其支付方式等条款。

保理合同的当事人是债权人(供应商)和保理人(一般指银行或其他保理机构)。保理合同应当是书面的要式合同。保理人向应收账款债务人发出应收账款转让通知的，应当表明保理人身份并附有必要凭证。此条是对债务人知情权的保护，同时促进了保理业务的高效有序推进。

参阅：《民法典》第七百六十一条至第七百六十九条。

【网络学习】

检索“高利贷”“P2P”以及“非法吸收公众存款罪”，思考国家对于借款的法律管制，了解国家对民间借贷规定的利息标准。

【课后思考】

请在中国裁判文书网检索“2019最高法民终133号”判决书，梳理案件中法官和律师的观点，并运用所学知识谈谈你的观点。

案件简介：民间借贷合同是否已成立、生效并全面实际履行，应从签约到履约两方面来判断，出借人应举示借款合同、银行交易记录、对账记录等证据证明，且相关证据应能相互印证，当事人以签订股权转让协议方式为民间借贷债权进行担保，此种非典型担保方式为让与担保。在不违反法律、行政法规效力性强制性规定的情况下，相关股权转让协议有效。

在本案中，签订股权让与担保协议并依约完成股权登记变更后，因借款人未能按期还款，当事人又约定对目标公司的股权及资产进行评估，抵销相应数额债权，确认此前的股权变更有效，并实际转移目标公司控制权的，应认定此时当事人就真实转让股权达成合意并已实际履行。

第 13 章　提供服务的合同

【导言】

随着市场经济的繁荣发展，我国服务行业蓬勃发展，大量服务类合同随之而立，因此，了解提供服务的合同的法律规则对日常生活的有序运行十分必要。在这些合同中，存在着多种多样的问题，例如：受托人在处理事务的过程中，受托人超出委托权限的行为是否有效；承揽人未完全按照定作人的要求履行事务，但工作已进行大半，定作人可否要求承揽人重新制作；贵重物品在寄存过程中出现损失，保管人应如何承担责任。

服务类合同包括承揽合同、委托合同和保管合同等。本章选取两个服务类合同做介绍，其他类型的服务合同在《民法典》中也有明确规定。

【学习目标】

- 了解保管合同中保管人的权利义务责任。
- 了解保管合同中寄存人的权利义务责任。
- 区分委托合同与行纪合同、中介合同的区别。

13.1　保管合同

保管合同又称寄托合同、寄存合同，是双方当事人约定一方将物交付他方保管的合同。保管合同是保管人有偿地或无偿地为寄存人保管物品，并在约定期限内或应寄存人的请求，返还保管物品的合同。

《民法典》第八百八十八条规定：保管合同是保管人保管寄存人交付的保管物，并返还该物的合同。

寄存人到保管人处从事购物、就餐、住宿等活动，将物品存放在指定场所的，视为保管，但是当事人另有约定或者另有交易习惯的除外。

《民法典》第八百九十条规定：保管合同自保管物交付时成立，但是当事人另有约定的除外。

13.1.1 寄存人的义务

寄存人有支付保管费义务和告知义务。

《民法典》第八百八十九条规定：寄存人应当按照约定向保管人支付保管费。

当事人对保管费没有约定或者约定不明确，依据本法第五百一十条的规定仍不能确定的，视为无偿保管。

《民法典》第八百九十三条规定：寄存人交付的保管物有瑕疵或者根据保管物的性质需要采取特殊保管措施的，寄存人应当将有关情况告知保管人。寄存人未告知，致使保管物受损失的，保管人不承担赔偿责任；保管人因此受损失的，除保管人知道或者应当知道且未采取补救措施外，寄存人应当承担赔偿责任。

《民法典》第八百九十八条规定：寄存人寄存货币、有价证券或者其他贵重物品的，应当向保管人声明，由保管人验收或者封存；寄存人未声明的，该物品毁损、灭失后，保管人可以按照一般物品予以赔偿。

《民法典》第八百九十九条规定：寄存人可以随时领取保管物。

当事人对保管期限没有约定或者约定不明确的，保管人可以随时请求寄存人领取保管物；约定保管期限的，保管人无特别事由，不得请求寄存人提前领取保管物。

《民法典》第九百零二条规定：有偿的保管合同，寄存人应当按照约定的期限向保管人支付保管费。

当事人对支付期限没有约定或者约定不明确，依据本法第五百一十条的规定仍不能确定的，应当在领取保管物的同时支付。

《民法典》第九百零三条规定：寄存人未按照约定支付保管费或者其他费用的，保管人对保管物享有留置权，但是当事人另有约定的除外。

13.1.2 保管人的义务

1. 保管人的义务

(1)妥善保管标的物的义务。

(2)亲自保管义务。

(3)不使用保管物的义务。

(4)返还标的物及孳息的义务。

(5)第三人主张权利时保管人的义务：

①第三人对保管物主张权利的，除依法对保管物采取保全或者执行的以外，保管人应当履行向寄存人返还保管物的义务；

②第三人对保管人提起诉讼或者对保管物申请扣押的，保管人应当及时通知寄存人。

2. 责任承担

(1)保管期间，因保管人保管不善造成保管物毁损、灭失的，保管人应当承担损害赔偿责任。

(2)如果保管是无偿的，保管人证明自己没有故意或重大过失，不承担损害赔偿责任。

《民法典》第八百九十一条规定：寄存人向保管人交付保管物的，保管人应当出具保管凭证，但是另有交易习惯的除外。

《民法典》第八百九十二条规定：保管人应当妥善保管保管物。

当事人可以约定保管场所或者方法。除紧急情况或者为维护寄存人利益外，不得擅自改变保管场所或者方法。

《民法典》第八百九十四条规定：保管人不得将保管物转交第三人保管，但是当事人另有约定的除外。

保管人违反前款规定，将保管物转交第三人保管，造成保管物损失的，应当承担赔偿责任。

《民法典》第八百九十五条规定：保管人不得使用或者许可第三人使用保管物，但是当事人另有约定的除外。

《民法典》第八百九十六条规定：第三人对保管物主张权利的，除依法对保管物采取保全或者执行措施外，保管人应当履行向寄存人返还保管物的义务。

第三人对保管人提起诉讼或者对保管物申请扣押的，保管人应当及时通知寄存人。

《民法典》第八百九十七条规定：保管期内，因保管人保管不善造成保管物毁损、灭失的，保管人应当承担赔偿责任。但是，无偿保管人证明自己没有故意或者重大过失的，不承担赔偿责任。

《民法典》第九百条规定：保管期限届满或者寄存人提前领取保管物的，保管人应当将原物及其孳息归还寄存人。

《民法典》第九百零一条规定：保管人保管货币的，可以返还相同种类、数量的货币；保管其他可替代物的，可以按照约定返还相同种类、品质、数量的物品。

13.2　委托合同

委托合同又称委任合同，是指受托人以委托人的名义和费用为委托人办理委托事务，而委托人按约支付报酬的协议。

委托合同的特点：委托合同是典型的劳务合同；受托人以委托人的费用办理委托事务；委托合同具有人身性质，以当事人之间相互信任为前提；委托合同既可以是有偿合同，也可以是无偿合同；委托合同是诺成的、双务的合同。

13.2.1　委托合同中当事人的权利义务

1. 受托人的义务

(1)办理委托事务的义务。受托人对委托事务原则上应亲自办理，只有在事先取得委托人的同意，或因情况紧急，为了委托人的利益可以转托他人。

(2)遵守委托指示的义务。

(3)报告的义务。受托人应将委托事务情况向委托人报告。

(4)转移利益的义务。受托人应将办理委托事务取得的各种利益及时转移给委托人。

(5)转移权利的义务。受托人以自己的名义为委托人办理事务取得的权利，应将权利转移给委托人。

2. 委托人的义务

(1)支付费用的义务。无论委托合同是否有偿，委托人都有义务提供或补偿委托事务的必要费用。

(2)付酬义务。对于有偿委托合同，委托人应向受托人支付约定的报酬。

(3)赔偿责任。

13.2.2 委托合同中委托事务的处理

委托合同是委托人和受托人约定，由受托人处理委托人事务的合同。

(1)受托人应当按照委托人的指示处理委托事务。需要变更委托人指示的，应当经委托人同意；因情况紧急，难以和委托人取得联系的，受托人应当妥善处理委托事务，但事后应当将该情况及时报告委托人。

(2)受托人应当亲自处理委托事务。经委托人同意，受托人可以转委托。转委托经同意的，委托人可以就委托事务直接指示转委托的第三人，受托人仅就第三人的选任及其对第三人的指示承担责任。转委托未经同意或者追认的，受托人应当对转委托的第三人的行为承担责任；但是，在紧急情况下受托人为维护委托人的利益需要转委托的除外。

受托人擅自转委托案例

甲公司委托乙公司代为出售一栋房屋，约定不得转委托，委托权限至当年6月30日。同年4月19日，乙公司和丙公司签订协议书，双方约定由丙公司承包代理销售该套物业。同年9月，丁与丙公司签订商品住宅认购合同，约定丁订购涉案房屋。

法院认为，根据案件事实，商品住宅认购合同超出了甲公司的委托权限且发生在委托期限外，甲公司对此并未予以追认，商品住宅认购合同对甲公司应不发生法律效力。

(3)受托人应当按照委托人的要求，报告委托事务的处理情况。委托合同终止时，受托人应当报告委托事务的结果。

(4)受托人处理委托事务取得的财产，应当转交给委托人。

13.2.3 委托合同中的间接代理

间接代理可分为显名的间接代理和隐名的间接代理。

显名的间接代理：受托人以自己的名义，在委托人的授权范围内与第三人订立的合同，第三人在订立合同时知道受托人与委托人之间的代理关系的，该合同直接约束委托人和第三人；但是，有确切证据证明该合同只约束受托人和第三人的除外。

隐名的间接代理：受托人以自己的名义与第三人订立合同时，第三人不知道受托人与委托人之间的代理关系的，受托人因第三人的原因对委托人不履行义务，受托人应当向委托人披露第三人，委托人因此可以行使受托人对第三人的权利。但是，第三人与受托人订立合同时如果知道该委托人就不会订立合同的除外。

受托人因委托人的原因对第三人不履行义务，受托人应当向第三人披露委托人，第三人因此可以选择受托人或者委托人作为相对人主张其权利，但是第三人不得变更选定的相对人。

委托人行使受托人对第三人的权利的，第三人可以向委托人主张其对受托人的抗辩。第三人选定委托人作为其相对人的，委托人可以向第三人主张其对受托人的抗辩以及受托人对第三人的抗辩。

间接代理案例一

甲与乙签订了委托代销合同，乙分别与丙、丁签订了买卖合同，但没有说明是代甲销售。后来，乙将与丙、丁签订合同的事实告知甲。甲分别以自己的名义向丙和丁送交了约定数量的电视机。丙接收了电视机，丁拒收电视机并要求乙履行合同。后来，丁反悔，直接向甲履行了付款义务。

案例中，第三人丙、丁分别与乙订立合同时并不知道甲与乙之间的代理关系，因此，若丙迟延履行付款义务，乙应当向甲披露丙，甲可以行使乙对丙的权利，要求丙承担违约责任，乙并不需要承担连带责任。另外，因为甲是以自己的名义向丙和丁送交了约定数量的电视机，导致乙不能以自己的名义对丙和丁履行义务，丁有选择权，可以选定甲或者乙履行义务，如果丁向乙主张权利，乙不能以自己是受托人为由拒绝履行对丁的交货义务。案例中，丁拒收电视机并要求乙履行合同意味着丁选择乙作为相对人主张权利，丁既然拒收甲交付的电视机并要求乙履行合同，那么他就已经选定了乙作为相对人，不得再更改，其后反悔，在拒收电视机后又向甲付款的行为不发生合同履行的效力。

间接代理案例二

甲将自己拥有所有权的塔吊、施工升降机各一台交给乙公司，由乙公司统一对外出租。双方签订了塔机拆装维护合同，合同约定甲现有塔吊、施工升降机各一台，委托乙公司负责在该机械向外租赁期间的拆装维护事宜。

法院认为，甲以租赁合同关系作为诉请主张的基础，在双方当事人不存在租赁合同关系的情形下，应当驳回起诉。因案涉设备以个人名义签订租赁合同无法取得备案登记，故由乙公司负责管理、以乙公司名义对外出租。受托人以自己的名义与第三人订立合同时，受托人因第三人的原因对委托人不能履行义务的，受托人应当向委托人披露第三人，委托人因此可以行使受托人对第三人的权利。因此，乙公司负有配合甲追要债务的义务。

13.2.4 费用、报酬与损失赔偿

1. 费用与报酬

受托人完成委托事务的，委托人应当按照约定向其支付报酬。

因不可归责于受托人的事由，委托合同解除或者委托事务不能完成的，委托人应当向受托人支付相应的报酬。当事人另有约定的，按照其约定。

2. 损害赔偿

(1)有偿的委托合同，因受托人的过错造成委托人损失的，委托人可以请求赔偿损失。无偿的委托合同，因受托人的故意或者重大过失造成委托人损失的，委托人可以请求赔偿损失。受托人超越权限造成委托人损失的，应当赔偿损失。

(2)受托人处理委托事务时，因不可归责于自己的事由受到损失的，可以向委托人请求赔偿损失。

(3)委托人经受托人同意，可以在受托人之外委托第三人处理委托事务。因此造成受托人损失的，受托人可以向委托人请求赔偿损失。

(4)两个以上的受托人共同处理委托事务的，对委托人承担连带责任。

(5)委托人或者受托人可以随时解除委托合同。因解除合同造成对方损失的，除不可归责于该当事人的事由外，无偿委托合同的解除方应当赔偿因解除时间不当造成的直接损失，有偿委托合同的解除方应当赔偿对方的直接损失和合同履行后可以获得的利益。

13.2.5 委托合同与行纪合同、中介合同的区别

1. 委托合同与行纪合同

行纪合同是行纪人以自己的名义为委托人从事贸易活动，委托人支付报酬的合同。

(1)行纪合同的适用范围仅为贸易活动；而委托合同的受托人为委托人提供服务的适用范围广泛，包括各种可以委托的事项。

(2)行纪人应以自己的名义与第三人订立合同；而委托合同的受托人以委托人名义或者自己的名义订立合同，如以自己的名义订立合同，则负有披露义务。

(3)行纪合同为有偿合同；而委托合同可以是有偿的，也可以是无偿的。

(4)行纪人处理委托事务支出的费用，除当事人另有约定，应自行承担；而委托合同的受托人的费用由委托人承担。

2. 委托合同与中介合同

中介合同又称中介服务合同，是指中介人根据委托人的要求为委托人与第三人订立合同提供机会或进行介绍，而委托人须向中介人给付约定报酬的协议。中介合同的特征：第一，其合同标的不是法律行为，而是介绍订约的劳务；第二，中介人在委托

人与第三人订立的合同中既非当事人，亦非任何一方的代理人，而是中间媒介人；第三，它是有偿合同，中介人只有在中介产生有效结果时才可请求报酬给付。

(1)受托一方的法律地位不同。委托合同中的受托一方为受托人，其在与第三人从事民事法律活动的过程中，实际上处于类似委托代理人的地位。而中介合同中的受托一方为中介人，不介入委托人与第三人所签订的合同关系之中，在中介过程中只处于中介服务人的地位。

(2)受托一方的委托内容不同。委托合同中的受托人接受委托的内容是办理委托事务。委托事务的范围既包括法律事务，又包括非法律事务，其中，后者又包括了有经济意义的事务和单纯的事实行为。但是在中介合同中，中介人接受委托的内容只限于为委托人报告订约机会或介绍委托人与第三人订约。

(3)独立决定权不同。委托合同中的受托人在处理委托事务时，有权在委托权限范围内独立进行意思表示，其对于委托事务的处理享有一定的独立决定权。而中介合同中的中介人在中介活动中，并不介入委托人与第三人的订约活动；即使是在介绍委托人与第三人订约时，中介人也只能是如实传达合同双方当事人的原有意思表示，不能对之添加、消减、更改，更不能独立表达自己的意思。

(4)合同的有偿性不同。委托合同根据双方当事人的约定，可以有偿也可以无偿。但是，受托人为处理委托事务而支付的合理费用须由委托人承担。而且，对于有偿的委托合同而言，受托人即使没有将委托事务处理完毕，也有权要求委托人就其已处理的委托事务部分支付相应的报酬。与之相比，中介合同则有很大的区别。除法律另有特殊规定外，中介合同应为有偿合同，不过，中介人的中介活动只有在使委托人与第三人之间建立起合同关系才有意义。如果中介人的中介行为没有取得成功的结果，则中介人不能取得约定或规定的报酬。同时，中介人在中介活动中所支付的必要费用，非经双方事先约定，不得请求委托人予以承担。

【本章小结】

保管合同与委托合同均是提供服务的合同。保管合同是双方当事人约定一方将物交付他方保管的合同。保管合同是保管人有偿地或无偿地为寄存人保管物品，并在约定期限内或应寄存人的请求，返还保管物品的合同。

委托合同是受托人以委托人的名义和费用为委托人办理委托事务，而委托人则按约支付报酬的协议。委托合同与中介合同、行纪合同有许多相似之处，把握它们的区别在实务中十分重要。

【课后测验】

1. 某小区频发流浪狗伤人事件，张阿姨向小区物业反映，无果。一日，张阿姨倒垃圾，不慎掉了一袋，也未及时打扫，数条狗哄抢，一小孩拿着香肠路过，被狗咬伤。此案中，应由谁担责？(　　)

A. 物业

B. 张阿姨

C. 张阿姨与物业平分

D. 张阿姨与物业负连带责任

2. 关于保管合同和仓储合同，下列哪些说法是错误的？(　　)

A. 二者都是有偿合同

B. 二者都是实践性合同

C. 寄存人和存货人均有权随时提取保管物或仓储物而无须承担责任

D. 因保管人保管不善造成保管物或仓储物毁损、灭失的，保管人承担严格责任

【深入阅读】

承揽合同

承揽合同是日常生活中常见的合同，是指承揽人按照定作人的要求完成工作，交付工作成果，定作人给付报酬的合同。在承揽合同中：完成工作并交付工作成果的一方为承揽人；接受工作成果并支付报酬的一方为定作人。在日常生活中，如果合同中没有以承揽人、定作人指称双方当事人，也不影响对其法律性质的认定。承揽合同的承揽人可以是一人，也可以是数人。在承揽人为数人时，数个承揽人即为共同承揽人，如无相反约定，共同承揽人对定作人承担连带责任。

承揽人的义务包括：按约定完成工作，提供或接受原材料，及时通知和保密，接受监督检查，交付工作成果，对工作成果的瑕疵担保。

定作人的义务包括：按照约定提供材料，支付报酬，协助，验收并受领工作成果。

参阅：《民法典》第七百七十条至第七百八十七条。

【网络学习】

检索“物业服务”“社区管理”，了解物业服务合同具体包含哪些内容，整理物业服务人与业主的权利和义务。

【课后思考】

请在中国裁判文书网检索“(2019)京0491民初17870号”判决书，梳理案件中法官和律师的观点，并运用所学知识谈谈你的观点。

案件简介：原告与被告为网络服务合同关系，被告制定的《平台用户规则》为服务合同的一部分，在不违反法律强制性规定时，具备法律效力，双方应按照规则行使权利、履行义务。被告有权基于安全保障义务，单方对司机的违规行为作出判定，并采取必要的处理措施。本案中，被告依据乘客投诉情况对原告违规作出初步判定，限制其“深夜服务卡”使用，符合平台规则，亦符合广大不特定乘客的安全保障要求。但原告申诉后，被告未依照平台规则对违规事实进行核查，在原告并无过错的情况下采取

账号限制措施缺乏依据。被告行使平台管理权时未遵守规则约定，构成违约，应当对原告承担赔偿损失的责任。赔偿数额可以“深夜服务卡”功能受限前后的日收入差额为计算标准。

第 14 章　担保

【导言】

担保是保障债权人利益实现的有效措施，担保方式有保证、抵押、质押、留置和定金等。去银行贷款，银行可能要求提供担保；你去找朋友借钱，朋友可能让你留个古董做抵押；你去修车但是拒不缴纳费用，修车公司老板会将你的车留置。可见，担保存在于生活中的各个领域，然而担保并不是我们想象的那么简单，担保有风险，由担保引发的纠纷也层出不穷。本章将介绍担保的方式、保证合同、抵押和质押以及定金的相关知识。

【学习目标】

- 了解担保的方式。
- 了解保证合同。
- 了解物的担保。
- 了解定金。

14.1　担保的基本理论

典型担保分为狭义债的担保和债的保全。其中，狭义债的担保包含物保、人保和金钱保。以下讨论的即为狭义债的担保。合同的担保，是指法律规定或者当事人约定的以保证合同履行、保障债权人利益实现的法律措施。担保具有从属性与补充性特征。

14.1.1　担保的方式

合同的担保方式一般有五种，即保证、抵押、质押、留置和定金。

担保可以分为约定担保和法定担保。其中，保证、抵押、质押和定金是约定担保，因为都是依据当事人的合同而设立。留置是法定担保，因为其直接依据法律的规定而设立，无须当事人之间特别约定。

担保又可以分为人的担保和物的担保。其中，保证是以保证人的财产和信用为担保的基础，属于人的担保。抵押、质押、留置，均是以一定的财产为担保的基础，属于物的担保。定金是以一定的金钱为担保的基础，称为金钱担保。

反担保，是指为了换取担保人提供保证、抵押或质押等担保方式，担保人可以要求债务人为担保人的担保提供担保。这种由债务人或第三人向该担保人提供的担保，相对于原担保而言称为反担保。

关于担保的案例

乙企业向甲银行借款，签订借款合同，丙企业为乙企业提供担保。当乙企业破产无力偿还债务时，甲银行有权在丙企业的保证范围内要求丙企业偿还债务。

14.1.2　担保合同无效的法律责任

担保合同是主合同的从合同，若主合同无效，则担保合同无效。担保合同另有约定的，按照约定。担保合同被确认无效后，债务人、担保人、债权人有过错的，应当根据其过错各自承担相应的民事责任。

《民法典》第三百八十八条规定：设立担保物权，应当依照本法和其他法律的规定订立担保合同。担保合同包括抵押合同、质押合同和其他具有担保功能的合同。担保合同是主债权债务合同的从合同。主债权债务合同无效的，担保合同无效，但是法律另有规定的除外。

担保合同被确认无效后，债务人、担保人、债权人有过错的，应当根据其过错各自承担相应的民事责任。

甲银行与乙公司、丙公司借款合同纠纷案例

乙作为上市公司违法为其股东丙公司的借款行为提供担保，具有过错，应当承担相应的责任；但本案债权人甲银行明知担保人违法担保而仍然接受，也同样具有过错，亦应承担相应的责任。《民法典》第三百八十八条第二款规定："担保合同被确认无效后，债务人、担保人、债权人有过错的，应当根据其过错各自承担相应的民事责任。"本案所涉担保合同无效，债权人、担保人均有过错，应按照上述规定承担所应当承担的责任。

14.2　保证

14.2.1　保证与保证合同

保证，是指第三人和债权人约定，当债务人不履行其债务时，该第三人按照约定履行债务或者承担责任的担保方式。其中，第三人被称作保证人；债权人既是主债的债权人，也是保证合同中的债权人。保证是保证人与债权人之间的合同关系。

保证合同是为保障债权的实现，保证人和债权人约定，当债务人不履行到期债务或者发生当事人约定的情形时，保证人履行债务或者承担责任的合同。

14.2.2 保证人的限制

保证合同当事人为保证人和债权人。债权人可以是一切享有债权之人，包括自然人、法人或其他组织。自然人、法人或者其他组织均可以为保证人，保证人也可以为两人以上。但法律对保证人有一定的限制，这些限制主要有：

(1)主债务人不得同时为保证人。如果主债务人同时为保证人，意味着其责任财产未增加，保证的目的落空。

关于保证人的案例

甲公司为了能够取得银行贷款，让甲公司下属的分公司去提供保证，但是总公司和分公司的盈利与债务关系等并未完全分离。这相当于甲自己既是贷款人，又是保证人，如果甲无力偿还债务，银行请求分公司还，是无意义的。

(2)国家机关原则上不得为保证人。但经国务院批准为使用外国政府或者国际经济组织贷款进行转贷的，国家机关可以为保证人。

(3)学校、幼儿园、医院等以公益为目的的事业单位、社会团体不得做保证人。但从事经营活动的事业单位、社会团体，可以担任保证人。

(4)企业法人的职能部门不得担任保证人。

(5)企业法人的分支机构原则上不得担任保证人。但企业法人的分支机构有法人书面授权的，可以在授权范围内提供保证。

(6)保证人必须有代为清偿债务的能力。但根据有关规定，不具有完全代偿能力的主体，只要以保证人身份订立保证合同后，就应当承担保证责任。

14.2.3 保证方式

1. 一般保证和连带责任保证

根据保证人承担责任的方式的不同，可以将保证分为一般保证和连带责任保证。

一般保证，是指当事人在保证合同中约定，债务人不能履行债务时，由保证人承担保证责任的保证。

《民法典》第六百八十七条规定：当事人在保证合同中约定，债务人不能履行债务时，由保证人承担保证责任的，为一般保证。

一般保证的保证人在主合同纠纷未经审判或者仲裁，并就债务人财产依法强制执行仍不能履行债务前，有权拒绝向债权人承担保证责任，但是有下列情形之一的除外：

(一)债务人下落不明，且无财产可供执行；

(二)人民法院已经受理债务人破产案件；

(三)债权人有证据证明债务人的财产不足以履行全部债务或者丧失履行债务能力；

(四)保证人书面表示放弃本款规定的权利。

连带责任保证，是指当事人在保证合同中约定，在债务人不履行债务时，由保证人对债务承担连带责任的保证。

《民法典》第六百八十八条规定：当事人在保证合同中约定保证人和债务人对债务承担连带责任的，为连带责任保证。

连带责任保证的债务人不履行到期债务或者发生当事人约定的情形时，债权人可以请求债务人履行债务，也可以请求保证人在其保证范围内承担保证责任。

这两种保证最大的区别在于保证人是否享有先诉抗辩权：一般保证的保证人享有先诉抗辩权，连带责任保证的保证人不享有先诉抗辩权。

但有下列情形之一的，保证人不得行使先诉抗辩权：①债务人住所变更，致使债权人要求其履行债务发生重大困难的，如债务人下落不明，移居境外，且无财产可供执行；②人民法院受理债务人破产案件，中止执行程序的；③保证人以书面形式放弃先诉抗辩权的。

2. 单独保证和共同保证

从保证人的数量划分，保证可以分为单独保证和共同保证。

单独保证是指只有一个保证人担保同一债权的保证。共同保证是指数个保证人担保同一债权的保证。按照保证人是否约定各自承担的担保份额，可以将共同保证分为按份共同保证和连带共同保证。

连带共同保证的债务人在主合同规定的债务履行期限届满没有履行债务的，债权人可以要求债务人履行债务，也可以要求任何一个保证人承担全部保证责任。已经承担保证责任的保证人，有权向债务人追偿，或者要求承担连带责任的其他保证人清偿其应当承担的份额。

在连带共同保证中，保证人作为一个整体共同对债权人承担保证责任，因此债权人向共同保证人中的任何一人主张权利，都是债权人要求保证人承担保证责任的行为，其效力自然及于所有的保证人。对那些未被选择承担责任的共同保证人来说，债权人向保证人中任何一人主张权利的行为，应当视为债权人已向其主张了权利。

14.2.4　保证责任

1. 保证责任的范围

保证担保的责任范围包括主债权及利息、违约金、损害赔偿金和实现债权的费用。保证合同对责任范围另有约定的，从约定。当事人对保证担保的范围没有约定或者约定不明确的，保证人应当就全部债务承担保证责任。

梁某与刘某、李某民间借贷纠纷案例

刘某借梁某现金 50000 元，出具借据一份：今借到梁某现金伍万元整，借款人刘某，担保人李某。后梁某经催要未果。

刘某与梁某形成了民间借贷法律关系，应受到法律的保护，梁某按照约定支付借款后，刘某未如期履行还款义务，后经原告催要未果，因此李某应当偿还借款。刘某在担保人处签字，未载明担保方式，应视为一般担保，故应对案涉债务承担清偿责任。

2. 主合同变更与保证责任承担

保证期间，债权人依法将主债权转让给第三人，保证债权同时转让，保证人在原保证担保的范围内对受让人承担保证责任。但是保证人与债权人事先约定仅对特定的债权人承担保证责任或者禁止债权转让的，保证人不再承担保证责任。

保证期间，债权人许可债务人转让债务的，应当取得保证人书面同意，保证人对未经其同意转让的债务，不再承担保证责任。

保证期间，债权人与债务人协议变更主合同的，应当取得保证人书面同意。未经保证人同意的主合同变更：如果减轻债务人的债务，保证人仍应当对变更后的合同承担保证责任；如果加重债务人的债务，保证人对加重的部分不承担保证责任。债权人与债务人对主合同履行期限做了变动，未经保证人书面同意的，保证期间为原合同约定的或者法律规定的期间。债权人与债务人协议变更主合同内容，但并未实际履行的，保证人仍应当承担保证责任。

《民法典》第六百九十五条规定：债权人和债务人未经保证人书面同意，协商变更主债权债务合同内容，减轻债务的，保证人仍对变更后的债务承担保证责任；加重债务的，保证人对加重的部分不承担保证责任。

债权人和债务人变更主债权债务合同的履行期限，未经保证人书面同意的，保证期间不受影响。

3. 保证期间

保证期间是确定保证人承担保证责任的期间不发生中止、中断和延长。

债权人与保证人可以约定保证期间，但是约定的保证期间早于主债务履行期限或者与主债务履行期限同时届满的，视为没有约定；没有约定或者约定不明确的，保证期间为主债务履行期限届满之日起六个月。

债权人与债务人对主债务履行期限没有约定或者约定不明确的，保证期间自债权人请求债务人履行债务的宽限期届满之日起计算。

4. 保证人的抗辩权

抗辩权是指债权人行使债权时，债务人根据法定事由对抗债权人行使请求权的权利。如果债务人放弃对债务的抗辩权，保证人仍有抗辩权，因其保证责任并未被免除。

保证人对已经超过诉讼时效期间的债务承担保证责任或者提供保证的，不得又以超过诉讼时效为由提出抗辩。

5. 共同担保下的保证责任

在同一债权上既有保证又有物的担保的，属于共同担保。《民法典》规定，被担保的债权既有物的担保又有人的担保的，债务人不履行到期债务或者发生当事人约定的实现担保物权的情形，债权人应当按照约定实现债权；没有约定或者约定不明确，债务人自己提供物的担保的，债权人应当先就该物的担保实现债权；第三人提供物的担保的，债权人可以就物的担保实现债权，也可以请求保证人承担保证责任。提供担保的第三人承担担保责任后，有权向债务人追偿。

因此，物的担保和保证并存时，如果债务人不履行债务，可根据下列规则确定当事人的担保责任承担：

(1)根据当事人的约定确定承担责任的顺序。

(2)没有约定或者约定不明的，如果保证与债务人提供的物的担保并存，则债权人先就债务人的物的担保求偿。保证在物的担保不足清偿时承担补充清偿责任。

(3)没有约定或者约定不明的，如果保证与第三人提供的物的担保并存，则债权人既可以就物的担保实现债权，也可以要求保证人承担保证责任。第三人提供物的担保的，保证与物的担保居于同一清偿顺序，债权人既可以要求保证人承担保证责任，也可以对担保物行使担保物权。

(4)没有约定或者约定不明的，如果保证与第三人提供的物的担保并存，其中一人承担了担保责任，则只能向债务人追偿，不能向另外一个担保人追偿。

6. 保证人不承担责任的情形

有下列情形之一的，保证人不承担民事责任：

(1)主合同当事人双方串通，骗取保证人提供保证的。

(2)主合同债权人采取欺诈、胁迫等手段，使保证人在违背真实意思的情况下提供保证的。

(3)主合同债务人采取欺诈、胁迫等手段，使保证人在违背真实意思的情况下提供保证，债权人知道或者应当知道欺诈、胁迫事实的，保证人不承担民事责任。但债务人与保证人共同欺骗债权人，订立主合同和保证合同的，债权人可以请求人民法院予以撤销，因此给债权人造成损失的，由保证人与债务人承担连带赔偿责任。

《民法典》第一百五十四条规定：行为人与相对人恶意串通，损害他人合法权益的民事法律行为无效。

7. 保证人的追偿权

保证人承担保证责任后，除当事人另有约定外，有权在其承担保证责任的范围内向债务人追偿，享有债权人对债务人的权利，但是不得损害债权人的利益。

保证人的追偿权案例

甲企业向银行贷款，乙企业为保证人，债务到期，银行起诉甲、乙企业到法院，乙有财力故先偿还。此时，乙对甲有追偿权。

14.3　物的担保

物的担保主要包括抵押、质押、留置三种类型。

14.3.1　抵押权

为担保债务的履行，债务人或者第三人不转移财产的占有，将该财产抵押给债权人的，债务人不履行到期债务或者发生当事人约定的实现抵押权的情形，债权人有权就该财产优先受偿。

债务人或者第三人为抵押人，债权人为抵押权人，提供担保的财产为抵押财产。

抵押期间，抵押人可以转让抵押财产。当事人另有约定的，按照其约定。抵押财产转让的，抵押权不受影响。抵押人转让抵押财产的，应当及时通知抵押权人。抵押权人能够证明抵押财产转让可能损害抵押权的，可以请求抵押人将转让所得的价款向抵押权人提前清偿债务或者提存。转让的价款超过债权数额的部分归抵押人所有，不足部分由债务人清偿。

1. 抵押权的设立

以《民法典》第三百九十五条第一款第(一)项至第(三)项规定的财产或者第(五)项规定的正在建造的建筑物抵押的，应当办理抵押登记。抵押权自登记时设立。以动产抵押的，抵押权自抵押合同生效时设立；未经登记，不得对抗善意第三人。

2. 抵押财产

对于哪些财产可以拿来抵押，法律作出了明确规定：

(1)建筑物和其他土地附着物；

(2)建设用地使用权；

(3)海域使用权；

(4)生产设备、原材料、半成品、产品；

(5)正在建造的建筑物、船舶、航空器；

(6)交通运输工具；

(7)法律、行政法规未禁止抵押的其他财产。

3. 禁止作为抵押物的财产

(1)土地所有权；

(2)宅基地、自留地、自留山等集体所有土地的使用权，但是法律规定可以抵押的除外；

(3)学校、幼儿园、医疗机构等为公益目的成立的非营利法人的教育设施、医疗卫生设施和其他公益设施；

(4)所有权、使用权不明或者有争议的财产；

(5)依法被查封、扣押、监管的财产；

(6)法律、行政法规规定不得抵押的其他财产。

4. 抵押权清偿顺位

同一财产向两个以上债权人抵押的，拍卖、变卖抵押财产所得的价款依照下列规则清偿：

(1)抵押权已经登记的，按照登记的时间先后确定清偿顺序；

(2)抵押权已经登记的先于未登记的受偿；

(3)抵押权未登记的，按照债权比例清偿。

14.3.2　质权

质权，是指债务人或第三人将特定的财产交由债权人占有，作为债权的担保，在债务人不履行债务时，债权人有权以该财产折价或以拍卖、变卖所得价款优先受偿的权利。我国法律承认动产质权与权利质权。

动产质权，是指为担保债务的履行，债务人或者第三人将其动产出质给债权人占有的，债务人不履行到期债务或者发生当事人约定的实现质权的情形，债权人有权就该动产优先受偿。

权利质权，是指以所有权以外的、具有可以转让性的财产权为标的物而设定的质权。

质权案例

甲向乙借款，并把自己的家传名画质押给乙，为自己的借款提供担保。当甲生意失败，无力偿还对乙的债务时，乙有权将名画以折价或拍卖、变卖的方式取得名画的价款并优先受偿。当然，如果所得的名画的价款多于乙对甲的债务时，对于多余部分，乙应该还给甲。

14.3.3　留置权

留置权，是指债务人不履行到期债务，债权人可以留置已经合法占有的债务人的动产，并有权就该动产优先受偿。债权人为留置权人，占有的动产为留置财产。

留置权案例

小王请朋友帮忙把行李存放在火车站的行李寄存处。后来小王去取时，认为寄存费太贵了，因此拒绝支付。寄存处有权暂时不把行李给小王。

寄存处是怕小王不支付寄存费，自己的债权无法实现，因此才留置行李的。寄存处已经基于朋友送存这一合法的原因，留置了小王的行李。但是寄存处在留置小王的行李这段时间里，仍须妥善保管小王的行李，即便小王可能不给钱。如果有小偷来偷小王的行李被发现，寄存处可要求小偷返还。寄存处应当给小王宽限期，要求他 2 个月内必须付钱，如果超过宽限期小王依然拒绝付钱，寄存处可以和小王协商，把行李进行折价，或者就经法院拍卖、变卖行李的价款优先受偿。当然，如果小王急需用行李又暂时不愿支付保管费，保管处应该接受小王另行提供的同等价值的担保。

14.4　定金

定金，是以确保合同的履行为目的，由当事人一方在合同订立前后，合同履行前预先付与另一方的金钱或者其他代替物的法律制度。定金的数额由当事人约定，但不得超过主合同标的额的 20%。定金合同要采用书面形式，并在合同中约定交付定金的期限，定金合同从实际交付定金之日生效。债务人履行债务后，定金应当抵作价款或者收回。给付定金的一方不履行约定债务的，无权要求返还定金；收受定金的一方不履行约定的债务的，应当双倍返还定金。

按照定金的目的和功能，可以把定金分为立约定金、成约定金、证约定金、违约定金、解约定金等。我国关于定金性质的规定属于任意性规定，当事人可以自主确定定金的性质。

定金纠纷案例

甲公司与乙公司签订货物买卖合同，约定甲公司购买乙公司钢材100吨，共支付100万元，甲公司先支付定金50万元，如果违约则定金不返还，如果乙公司未履行义务则双倍返还定金。后来，甲公司破产，无法继续履行该合同。本案例中，当事人约定的定金数额超过了主合同标的额的20%，所以超过的30万元是无效的，应当返还。

《民法典》第五百八十六条规定：当事人可以约定一方向对方给付定金作为债权的担保。定金合同自实际交付定金时成立。

定金的数额由当事人约定；但是，不得超过主合同标的额的百分之二十，超过部分不产生定金的效力。实际交付的定金数额多于或者少于约定数额的，视为变更约定的定金数额。

《民法典》第五百八十七条规定：债务人履行债务的，定金应当抵作价款或者收回。给付定金的一方不履行债务或者履行债务不符合约定，致使不能实现合同目的的，无权请求返还定金；收受定金的一方不履行债务或者履行债务不符合约定，致使不能实现合同目的的，应当双倍返还定金。

《民法典》第五百八十八条规定：当事人既约定违约金，又约定定金的，一方违约时，对方可以选择适用违约金或者定金条款。

定金不足以弥补一方违约造成的损失的，对方可以请求赔偿超过定金数额的损失。

【本章小结】

合同担保有多种方式，其中包括保证、抵押、质押、留置以及定金。保证合同是为保障债权的实现，保证人和债权人约定，当债务人不履行到期债务或者发生当事人约定的情形时，保证人履行债务或者承担责任的合同。

物的担保包括抵押、质押以及留置三种类型。

【课后测验】

1. 胡某于2016年3月10日向李某借款100万元，期限3年。2019年3月30日，双方商议再借100万元，期限3年。两笔借款均先后由王某保证，未约定保证方式和保证期间。李某未向胡某和王某催讨。胡某仅于2020年2月归还借款100万元。关于胡某归还的100万元，下列哪一表述是正确的？(　　)

A. 因2016年的借款已到期，故归还的是该笔借款

B. 因 2016 年的借款无担保，故归还的是该笔借款

C. 因 2016 年和 2019 年的借款数额相同，故按比例归还该两笔借款

D. 因 2016 年和 2019 年的借款均有担保，故按比例归还该两笔借款

2. 喜好网球和游泳的赵某从某公司购买某小区商品房一套，交房时发现购房时该公司售楼部所展示的该小区模型中的网球场和游泳池并不存在。经查，该小区设计中并无网球场和游泳池。下列哪些选项是正确的？(　　)

A. 赵某有权要求退房

B. 赵某如要求退房，有权请求该公司承担缔约过错责任

C. 赵某如要求退房，有权请求该公司双倍返还购房款

D. 赵某如不要求退房，有权请求该公司承担违约责任

3. 下列选项中，可以作为保证人的是(　　)

A. 个体工商户

B. 教育部直属高校

C. 企业法人的职能部门

D. 街道办事处

【深入阅读】

流质条款无效

流质是指当事人之间关于债务人届期不履行债务时，债权人(即抵押权人)直接取得抵押财产所有权的约定。流质条款因违反担保的原则而被现行法律认为无效。流质的约定，不仅与设立抵押的目的相悖，而且容易出现价值较高的物品以较低的价格转移给抵押权人，造成价值转移失衡，损害债务人的利益。虽然流质条款无效，但是抵押合同并不因流质条款的部分无效而全部失效。与之相类似的，我国法律同样规定流押条款也是无效的。

参阅：《民法典》第四百零一条和第四百二十八条。

【网络学习】

检索“混合担保”“混合担保的追偿”，了解混合担保包含的不同担保方式，整理混合担保中的偿付顺序。

【课后思考】

请在中国裁判文书网检索“(2014)浙甬商终字第 369 号”的详细资料，梳理案件中法官和律师的观点，并运用所学知识谈谈你的观点。

案件简介：在有数份最高额担保合同的情形下，具体贷款合同中选择性列明部分最高额担保合同，如债务发生在最高额担保合同约定的决算期内，且债权人未明示放弃担保权利，未列明的最高额担保合同的担保人也应当在最高债权限额内承担担保

责任。

本案中，虽然某电子公司签订的《温银9022010年高保字01003号最高额保证合同》未被选择列入《温银9022011企贷字00542号借款合同》所约定的担保合同范围，但是原告未以明示方式放弃某电子公司提供的最高额保证，故该电子公司仍是该诉争借款合同的最高额保证人。

第三编
侵权责任

第 15 章　侵权行为与侵权责任

【导言】

如果稍作观察，不难发现日常生活中有许多侵权事例。例如，司空见惯的“康帅傅”冒充“康师傅”，“娃恰恰”仿冒“娃哈哈”；再如，有的人只是出于嫉妒，随意捏造是非造谣他人，让受害者名誉受损、饱受精神折磨，造谣者的行为是否构成了侵权？受害者该如何通过法律途径维护自己的合法权益呢？本章将从侵权的基本概念出发，介绍与侵权行为和侵权责任有关的基础知识。

【学习目标】

- 了解侵权行为的概念与分类。
- 了解一般侵权行为的构成要件。
- 了解特殊侵权行为。
- 掌握侵权责任的归责原则以及免责条款。

15.1　侵权行为

15.1.1　侵权行为及其分类

1. 侵权行为的概念

侵权行为是民事主体违反民事义务，侵害他人合法权益，依法应当承担民事责任的行为。

行为人因过错侵害他人民事权益造成损害的，应当承担侵权责任。

依照法律规定推定行为人有过错，其不能证明自己没有过错的，应当承担侵权责任。

行为人造成他人民事权益损害，不论行为人有无过错，法律规定应当承担侵权责任的，依照其规定。

根据《民法典》规定的归责原则，侵权行为可分为两种：一种是与《民法典》第一千一百六十五条规定的过错责任原则和过错推定原则相对应的侵权行为，即行为人由于过错侵害他人的人身、财产和其他合法权益，依法应承担民事责任的不法行为；另一种是与《民法典》第一千一百六十六条规定的无过错责任原则相对应的侵权行为，不论行为人造成他人民事权益损害是否具有过错，行为人都应当依据法律的特殊规定承担民事责任的侵害行为。

根据不同的分类标准，侵权行为可以分为以下几类：

(1)以构成要件为分类标准，可分为：

一般侵权行为：行为人基于过错直接致人损害，因而适用民法上一般责任条款的行为。

特殊侵权行为：行为人虽无过错，但依民法特别责任条款或民事特别法应承担责任的行为。

(2)以侵害对象为分类标准，可分为：

侵害财产权行为：包括侵害物权及知识产权中的财产权的行为。

侵害人身权行为：包括侵害他人身体和心理的行为。

(3)以致害人的人数为分类标准，可分为：

单独侵权行为：致害人仅为一人的侵权行为。

共同侵权行为：致害人为二人以上的侵权行为，致害人应负连带的损害赔偿责任。

(4)以行为性质为分类标准，可分为：

积极侵权行为：致害人以积极作为的形式致人损害的行为。

消极侵权行为：致害人以消极不作为的形式致人损害的行为。

15.1.2 一般侵权行为的构成要件

一般侵权行为是指行为人有过错直接致人损害，因此适用民法上的一般责任条款的行为。这是最常见的侵权行为，例如行为人故意损坏他人财产，故意损伤他人身体等。

一般侵权行为的构成要件，是指在一般情况下，构成侵权行为所必须具备的因素。只有同时具备这些因素，侵权行为才能成立。一般侵权行为的构成要件包括：有加害行为、有损害事实的存在、加害行为与损害事实之间有因果关系、行为人主观上有过错(故意或者过失)。

1. 有加害行为

加害行为又称致害行为，是指行为人做出的致他人的民事权利受到损害的行为。没有加害行为，损害就无从发生。

2. 有损害事实的存在

此处所称的损害事实，是指因一定的行为或事件对他人的财产或人身造成的不利影响。损害事实的存在，是构成侵权行为的另一个要件。损害事实依其性质和内容，主要包括财产损害、人身伤害和精神损害。

3. 加害行为与损害事实之间有因果关系

只有在加害行为与损害事实之间存在因果关系时，才能构成侵权行为。如果加害人有加害行为，他人也有民事权益遭受损害的事实，但二者之间毫无关系，那么自然不可能构成侵权行为。

4. 行为人主观上有过错

只有在行为人具有主观上的过错时，才能构成一般侵权行为。民法上的过错包括故意和过失两种形式。

15.1.3　特殊侵权行为

特殊侵权行为，是指不论行为人造成他人民事权益损害，是否具有过错，行为人都应当依据法律的特殊规定承担民事责任的侵害行为。其是在侵权责任的主体、主观构成要件、举证责任的分配等方面与一般侵权行为有所区别的侵权行为。

1. 产品缺陷致人损害的行为

产品缺陷致人损害的行为是指产品的制造者和销售者因制造、销售的产品造成他人的人身或财产损害应承担侵权责任的行为。

《民法典》第一千二百零二条规定：因产品存在缺陷造成他人损害的，生产者应当承担侵权责任。

《民法典》第一千二百零三条规定：因产品存在缺陷造成他人损害的，被侵权人可以向产品的生产者请求赔偿，也可以向产品的销售者请求赔偿。

产品缺陷由生产者造成的，销售者赔偿后，有权向生产者追偿。因销售者的过错使产品存在缺陷的，生产者赔偿后，有权向销售者追偿。

2. 高度危险作业致人损害的侵权行为

高度危险作业是指从事高空、高压、易燃、易爆、剧毒、放射性、高速运输工具等对周围环境有高度危险的作业。因从事对周围环境有高度危险的作业造成他人损害应承担侵权责任的行为即为高度危险作业致人损害的侵权行为。

《民法典》第一千二百三十六条规定：从事高度危险作业造成他人损害的，应当承担侵权责任。

3. 污染环境、破坏生态致人损害的侵权行为

环境污染、破坏生态是指自然的或人为的破坏，向环境中添加某种物质而超过环境的自净能力而产生危害的行为。因环境污染、破坏生态造成他人的人身或财产损害应承担侵权责任的行为即为污染环境、破坏生态致人损害的侵权行为。

《民法典》第一千二百二十九条规定：因污染环境、破坏生态造成他人损害的，侵权人应当承担侵权责任。

4. 地面施工致人损害的侵权行为

地面施工致人损害的侵权行为是指在公共场所或者道路上挖掘、修缮安装地下设施等，施工人不能证明已经设置明显标志和采取安全措施造成他人损害的应当承担侵权责任的行为。注意此行为一般称作地面施工，它不包括空中施工，如架设高压输电线路，也不包括纯粹的地下施工，如地下采掘、隧道施工等。

《民法典》第一千二百五十八条第一款规定：在公共场所或者道路上挖掘、修缮安装地下设施等造成他人损害，施工人不能证明设置明显标志和采取安全措施的，应当承担侵权责任。

5. 地上工作物致人损害的侵权行为

地上工作物致人损害的侵权行为又称地上建筑物及其设施致人损害的侵权行为。它是指建筑物、构筑物或者其他设施及其搁置物、悬挂物，因设置和保管有缺陷，以致发生脱落、坠落而造成他人损害，其所有人、管理人、使用人应承担侵权责任的行为。

《民法典》第一千二百五十三条规定：建筑物、构筑物或者其他设施及其搁置物、悬挂物发生脱落、坠落造成他人损害，所有人、管理人或者使用人不能证明自己没有过错的，应当承担侵权责任。所有人、管理人或者使用人赔偿后，有其他责任人的，有权向其他责任人追偿。

6. 饲养动物致人损害的侵权行为

饲养动物致人损害的侵权行为是指因饲养的动物造成他人人身或财产损害的，由动物饲养人或者管理人承担侵权责任的行为。

《民法典》第一千二百四十五条规定：饲养的动物造成他人损害的，动物饲养人或者管理人应当承担侵权责任；但是，能够证明损害是因被侵权人故意或者重大过失造成的，可以不承担或者减轻责任。

7. 无民事行为能力人和限制民事行为能力人致人损害的侵权行为

无民事行为能力人和限制民事行为能力人致人损害的侵权行为是指无民事行为能力人、限制民事行为能力人造成他人损害的，由监护人承担侵权责任的行为。

《民法典》第一千一百八十八条规定：无民事行为能力人、限制民事行为能力人造成他人损害的，由监护人承担侵权责任。监护人尽到监护职责的，可以减轻其侵权责任。

有财产的无民事行为能力人、限制民事行为能力人造成他人损害的，从本人财产中支付赔偿费用。不足部分，由监护人赔偿。

8. 医疗机构致人损害的侵权行为

医疗机构致人损害的侵权行为是指医疗机构违反诊疗规范、隐匿或者拒绝提供或者遗失、伪造、篡改、违法销毁病例资料，致使患者在诊疗活动中受到损害，推定医疗机构有过错，医疗机构应当承担侵权责任的行为。

《民法典》第一千二百二十二条规定：患者在诊疗活动中受到损害，有下列情形之一的，推定医疗机构有过错：(一)违反法律、行政法规、规章以及其他有关诊疗规范的规定；(二)隐匿或者拒绝提供与纠纷有关的病历资料；(三)遗失、伪造、篡改或者违法销毁病历资料。

15.2　侵权责任

15.2.1　侵权责任和归责原则

侵权责任是指民事主体因实施侵权行为而应当承担的民事法律后果。侵权责任是一种民事责任。学习侵权责任，要先了解归责原则。

我国民法确立的侵权责任的归责原则有两种：过错责任原则(《民法典》第一千一百六十五条第一款：行为人因过错侵害他人民事权益造成损害的，应当承担侵权责任)；无过错责任原则(《民法典》第一千一百六十六条：行为人造成他人民事权益损害，不论行为人有无过错，法律规定应当承担侵权责任的，依照其规定)。

过错责任原则是一般归责原则，任何人因自身的过错(故意或者过失)而侵害他人权益，造成损害时，应就所造成的损害承担侵权责任。在法律没有特别规定的情况下，都适用过错责任原则。

过错推定属于过错责任原则。《民法典》第一千一百六十五条第二款规定：依照法律规定推定行为人有过错，其不能证明自己没有过错的，应当承担侵权责任。该款的过错推定是指在某些侵权责任的构成中，法律推定行为人实施该行为时具有过错，行为人可以通过证明自己没有过错来获得免责的效果。但是，过错推定的使用仅限于法律明文规定的特定情形。

15.2.2　侵权责任的分类

(1)以侵权责任是否由行为人自己承担为标准，可分为自己责任和替代责任。

区分两者的关键在于，责任承担人和加害人是否为同一人。例如：在监护人责任中，加害人是未成年人或者精神病人等被监护人，故监护人责任是替代责任。

(2)以侵权责任是否由侵权法律关系中的一方承担为标准，可分为单方责任和双方责任。

单方责任，是由加害一方对受害一方承担侵权责任；双方责任是指对侵权行为所发生的后果，加害行为人和受害人都要承担责任的责任形态。例如：在机动车交通事故责任中，机动车之间发生交通事故的，由有过错的一方承担赔偿责任；双方都有过错的，按照各自过错的比例分担责任。

(3)以责任承担者是否为一人为标准，可分为单独责任和共同责任。

单独责任是指加害行为人为单独一人，由该加害人承担侵权责任的责任形态；共同责任是指加害行为人为二人或者二人以上的数人，由该数人对同一损害后果共同承担侵权责任的责任形态。

(4)以数个责任主体对被侵权一方承担侵权责任的情况为标准，可分为连带责任、按份责任。

连带责任是指数个侵权人对侵权责任共同承担责任，被侵权人可以要求其中一人或者数人承担全部责任，该一人或者数人承担责任后可以向其他人追偿，如教唆、帮助他人实施侵权行为；按份责任是指在数个侵权人承担共同责任的情形下，每一个侵权人只在其应当承担的责任份额内承担责任，不与其他侵权人发生连带关系的侵权责任。

15.2.3 侵权责任的承担方式

民事责任主要是为了补偿权利人和恢复民事权利的圆满状态。民事责任的承担方式主要有赔偿损失(财产损失赔偿、精神损害赔偿、人身损害赔偿)、停止侵害、排除妨碍、消除危险、返还财产、恢复原状、赔礼道歉、消除影响、恢复名誉等。

15.2.4 侵权责任的免责事由

侵权责任的免责事由是指减轻或者阻却侵权人对损害结果承担侵权责任的原因。主要有：

(1)不可抗力。《民法典》第一百八十条第一款规定：因不可抗力不能履行民事义务的，不承担民事责任。法律另有规定的，依照其规定。

(2)正当防卫。《民法典》第一百八十一条规定：因正当防卫造成损害的，不承担民事责任。正当防卫超过必要的限度，造成不应有的损害的，正当防卫人应当承担适当的民事责任。

(3)紧急避险。《民法典》第一百八十二条规定：因紧急避险造成损害的，由引起险情发生的人承担民事责任。危险由自然原因引起的，紧急避险人不承担民事责任，可以给予适当补偿。紧急避险采取措施不当或者超过必要的限度，造成不应有的损害的，紧急避险人应当承担适当的民事责任。

(4)受害人有过失。《民法典》第一千一百七十三条规定：被侵权人对同一损害的发生或者扩大有过错的，可以减轻侵权人的责任。

(5)受害人的故意。《民法典》第一千一百七十四条规定：损害是因受害人故意造成的，行为人不承担责任。

(6)第三人原因。《民法典》第一千一百七十五条规定：损害是因第三人造成的，第三人应当承担侵权责任。

(7)甘冒风险。《民法典》第一千一百七十六条规定：自愿参加具有一定风险的文体活动，因其他参加者的行为受到损害的，受害人不得请求其他参加者承担侵权责任；但是，其他参加者对损害的发生有故意或者重大过失的除外。活动组织者的责任适用本法第一千一百九十八条至第一千二百零一条的规定。

(8)自助行为。《民法典》第一千一百七十七条规定：合法权益受到侵害，情况紧迫且不能及时获得国家机关保护，不立即采取措施将使其合法权益受到难以弥补的损害的，受害人可以在保护自己合法权益的必要范围内采取扣留侵权人的财物等合理措施；

但是，应当立即请求有关国家机关处理。受害人采取的措施不当造成他人损害的，应当承担侵权责任。

15.3 《民法典》侵权责任编

15.3.1 侵权责任编及其功能

侵权责任编调整因侵害民事权益产生的民事关系(《民法典》第一千一百六十四条)。侵权责任编所调整的社会关系是一种特定的社会关系，即侵权责任关系。

侵权责任编的功能，即其立法目的，规定在该编的第一条。具体而言，它有三个功能：一是赔偿功能；二是救济功能；三是预防功能。

15.3.2 侵权责任编的适用范围

侵害民事权益，应当依照侵权责任编承担侵权责任。

侵权责任编所称的民事权益，包括生命权、健康权、姓名权、名誉权、荣誉权、肖像权、隐私权、婚姻自主权、监护权、所有权、用益物权、担保物权、著作权、专利权、商标专用权、发现权、股权、继承权等人身、财产权益。

任何法律都要明确其对象的范围，与其他法律相比，侵权责任编的对象范围更加宽泛。《民法典》第一千一百六十四条明确侵权责任编的调整对象为“因侵害民事权益产生的民事关系”，这就把侵害其他权利产生的其他法律关系排除在外。比如，因侵害行政法上的知情权受到伤害产生的行政法律关系，应当通过行政复议、行政诉讼等途径解决，而不能诉诸侵权责任法。

15.3.3 侵权责任的独立性和优先性

侵权人因同一行为应当承担行政责任或者刑事责任的，不影响依法承担侵权责任。

因同一行为应当承担侵权责任和行政责任、刑事责任，侵权人的财产不足以支付的，先承担侵权责任。

【本章小结】

侵权行为的主要分类：以构成要件为分类标准，可分为一般侵权行为和特殊侵权行为；以侵害对象为分类标准，可分为侵害财产权行为和侵害人身权行为；以致害人的人数为分类标准，可分为单独侵权行为和共同侵权行为；以行为性质为分类标准，可分为积极侵权行为和消极侵权行为。

一般侵权行为的构成要件：加害行为，损害事实，加害行为与损害事实之间有因果关系，主观过错。

我国民法确立的侵权责任的归责原则有两种：过错责任原则；无过错责任原则。

过错责任原则是一般归责原则，任何人因自身的过错(故意或者过失)而侵害他人权益，造成损害时，应就所造成的损害承担侵权责任。在法律没有特别规定的情况下，都适用过错责任原则。

免责事由有不可抗力、正当防卫、紧急避险、受害人有过失、受害人的故意、第三人原因、甘冒风险、自助行为。

【课后测验】

1. 刘奶奶回家途中，看见邻居李奶奶带着孙子毛毛和另一家邻居的孩子豆豆(均四岁多)在小区花园中玩耍，便上前拿出几根香蕉递给毛毛，随后离去。毛毛接过香蕉后给豆豆一根，豆豆吞食时误入气管导致休克，抢救无效死亡。对此，下列哪项是正确的？(　　)

A. 刘奶奶应该对豆豆的死亡承担民事责任

B. 李奶奶应该对豆豆的死亡承担民事责任

C. 毛毛的父母应对豆豆的死亡承担民事责任

D. 属于意外事件，不产生相关人员的过错责任

2. 小张晚上开车去加班，从背包中掏钥匙时，不小心将放在书包里面的香蕉皮带出。香蕉皮掉在小张与小王的停车位中间，由于晚上光线不好，小张未发现此事。半小时后，小王来开车，踩在香蕉皮上，滑倒受伤。下列说法正确的是(　　)

A. 停车场应该对小王承担责任

B. 小张应该对小王承担责任

C. 停车场和小张对小王承担连带责任

D. 小王应自认倒霉

3. 甲聘请乙负责照看小孩，丙聘请丁做家务。甲和丙为邻居，乙和丁为好友。一日，甲突生急病昏迷不醒，乙联系不上甲的亲属，急将甲送往医院，并将甲的小孩委托给丁临时照看。丁疏于照看，致甲的小孩在玩耍中受伤。下列哪一说法是正确的？(　　)

A. 乙将甲送往医院的行为属于无因管理

B. 丁照看小孩的行为属于无因管理，不构成侵权行为

C. 丙应当承担甲的小孩的医疗费

D. 乙和丁对甲的小孩的医疗费承担连带责任

【深入阅读】

侵权责任与违约责任的竞合

2016年12月31日，原告牛某在天水市秦州区乘坐被告某出租车公司所有出租车前往天水市麦积区途中，行驶至310国道处与王某驾驶的小型普通客车发生相撞，造成王某受伤，经送天水市第一人民医院抢救无效死亡，两车部分乘员不同程度受伤，

两车受损的交通事故。经天水市公安局交通警察支队认定，该事故因王某醉酒驾驶负事故的全部责任，其余人员无责任。随后，原告被送往天水市第一人民医院治疗，经诊断，该事故造成原告创伤性脑外伤、鼻骨骨折等伤情，原告共计住院治疗 14 天，造成原告各项损失共计 33612.84 元。被告某出租车公司所有的出租车在被告保险公司投保了道路旅客承运人责任保险，保险期间为 2016 年 12 月 22 日 0 时起至 2017 年 12 月 21 日 24 时止，每座保险额为 60 万元。

就本案涉及的法律关系，原告以何种法律关系主张其权利？

【网络学习】

借助中国裁判文书网以及线下资料，查找更多的关于侵权责任与违约责任竞合的案例进行分析学习。

【课后思考】

请在中国裁判文书网检索“(2021)京 73 民辖终 4 号”判决书，并思考法院认定共同侵权的依据。

案件简介：上诉人刘某某公司与被上诉人浙江某鞋业股份有限公司(以下简称鞋业公司)、原审被告北京某科技有限公司(以下简称科技公司)就侵害商标权纠纷一案，不服北京市海淀区人民法院(以下简称一审法院)作出的(2020)京 0108 民初 38478 号民事裁定(以下简称一审裁定)，向本院提出上诉。刘某某公司上诉称：本案的侵权法律关系指的就是鞋业公司与我之间的侵权关系，我方在浙江省义乌市从事鞋类贸易，侵权行为地在浙江省义乌市，不在北京市海淀区。科技公司仅提供了网络平台，没有侵权的主观故意和行为。综上，请求撤销一审裁定，将本案移送至浙江省义乌市人民法院审理。

法院认为：首先，根据《中华人民共和国民事诉讼法》第二十八条的规定，因侵权行为提起的诉讼，由侵权行为地或者被告住所地人民法院管辖。本案中，根据鞋业公司诉称，刘某某在科技公司运营的 App 开设店铺，宣传及销售侵害其注册商标专用权的商品。上述行为已经构成共同侵权，因此，科技公司系本案被告。其次，根据《中华人民共和国民事诉讼法》第三十五条的规定，同一诉讼的几个被告住所地在两个以上人民法院辖区的，各人民法院都有管辖权；两个以上人民法院都有管辖权的诉讼，原告可以向其中一个人民法院起诉。本案中，科技公司作为被告之一，其住所地位于北京市海淀区，因此，一审法院对本案具有管辖权。上诉人的上诉理由缺乏法律依据，法院不予支持。

第 16 章　产品责任

【导言】

甲的朋友在住所的小区超市里购买了熟食，但熟食被变形杆菌污染，甲在朋友家食用了一部分被污染的熟食后，肠道感染导致住院治疗两周，无法正常工作。对甲所遭受的损失，由谁来承担赔偿责任？甲作为缺陷产品的消费者，可以直接要求超市赔偿损失吗？通过本章的学习，你将得到答案。

【学习目标】

- 了解生产者在承担产品责任中的相关问题。
- 了解销售者在承担产品责任中的相关知识。
- 认清生产者与销售者之间产品责任的分担问题。

16.1　产品责任的概念

16.1.1　产品责任

产品责任是指因产品有缺陷造成他人财产、人身损害，产品制造者、销售者所应承担的民事责任。

《民法典》首先规定了生产者的侵权责任，“因产品存在缺陷造成他人损害的，生产者应当承担侵权责任”(《民法典》第一千二百零二条)。同时，《民法典》也规定了销售者的侵权责任，“因产品存在缺陷造成他人损害的，被侵权人可以向产品的生产者请求赔偿，也可以向产品的销售者请求赔偿。产品缺陷由生产者造成的，销售者赔偿后，有权向生产者追偿。因销售者的过错使产品存在缺陷的，生产者赔偿后，有权向销售者追偿”(《民法典》第一千二百零三条)。

16.1.2　侵权责任与违反合同的责任

一般认为，产品责任是一种特殊的侵权责任，而不是违反合同的责任。“侵权责任”与“违反合同的责任”不同，它不以加害人与受害人之间存在合同关系为前提，而是基于产品缺陷造成他人损害这一事实而产生的，是对法定义务的直接违反而产生的法律责任。因此，无论是与缺陷产品的生产者或销售者有直接合同关系的消费者、用户，还是其他第三人，因使用缺陷产品造成人身伤害或财产损失，受害人均可要求赔偿。从举证责任上讲，只需要证明产品的缺陷、损害、使用有缺陷的产品与损害之间的因果关系。

产品侵权案例

大学生甲在寝室复习功课，隔壁寝室的学生乙、丙到甲寝室强烈要求甲打开电视观看足球比赛，甲只好照办。由于质量问题，电视机突然爆炸，甲、乙、丙三人均受重伤。本案中，造成三人伤害的原因是电视机爆炸，所有的受害人都有权要求生产者或销售者赔偿，无须与销售者之间存在买卖合同关系。

16.2　生产者的产品责任承担

16.2.1　生产者承担产品责任的构成要件

生产者的产品责任的构成要件主要包含三个要素：

1. 产品存在缺陷

产品存在缺陷是生产者须要承担产品责任的前提要件。产品的缺陷包括制造缺陷、设计缺陷，以及因为缺乏使用说明或警示而存在的缺陷。

2. 受害人受有损害

受害人受有的损害既可以是人身伤害，也可以是财产损害，还可以是精神损害。

3. 产品缺陷与损害之间有因果关系

在这个问题上，应由生产者承担举证责任，即由生产者证明缺陷不存在，或缺陷与损害之间不存在因果关系。生产者不能举证证明的，则认定产品存在缺陷或者缺陷与损害之间存在因果关系。

16.2.2　生产者产品责任的归责原则

因产品存在缺陷造成他人损害的，生产者应当承担侵权责任(《民法典》第一千二百零二条)。

生产者产品责任的归责原则为无过错责任。即不考虑生产者的主观过错，只要生产的产品有缺陷，并且因该缺陷造成损害，生产者就必须要承担侵权责任。

16.3　销售者的产品责任承担

16.3.1　销售者产品责任的两种情形

销售者承担的产品责任是最终的过错责任，产品责任有两种情形：

第一，因产品存在缺陷造成他人损害的，被侵权人可以向产品的生产者请求赔偿，也可以向产品的销售者请求赔偿(《民法典》第一千二百零三条第一款)。

第二，因销售者的过错使产品存在缺陷的，生产者赔偿后，有权向销售者追偿(《民法典》第一千二百零三条第二款)。

16.3.2 销售者产品责任与生产者产品责任的区别

销售者的产品责任与产品生产者责任的区别是：销售者的产品责任是最终的过错责任；但是，生产者的产品责任是无过错责任，即只要该生产者导致产品存在缺陷，不考虑该产品生产者主观有无故意或过失，均须要承担产品责任。

16.4 生产者责任与销售者责任的关系

16.4.1 产品责任中被侵权人的选择权

因产品存在缺陷造成他人损害的，被侵权人可以向产品的生产者请求赔偿，也可以向产品的销售者请求赔偿(《民法典》第一千二百零三条第一款)。因此，产品责任中的被侵权人有选择权，而被侵权人包括两种情形：一种是直接购买并使用该缺陷产品的当事人；另一种是没有直接购买缺陷产品，但受到缺陷产品损害的其他人。

此外，被侵权人的选择权是一项法定权利。被侵权人选择生产者或者销售者赔偿的，被选择赔偿的生产者不得以自己并未导致产品存在缺陷而拒绝，被选择赔偿的销售者也不得以自己并未导致产品存在缺陷或者自己并未因过错导致产品存在缺陷而拒绝。

16.4.2 不真正连带责任规则

引起产品缺陷的生产者或者因过错引起产品缺陷的销售者承担最终的产品责任。如果本来应该由引起产品缺陷的生产者承担最终的产品责任，但是被侵权人选择产品销售者赔偿，或者本来应该由因过错引起产品缺陷的销售者承担最终的产品责任，但是被侵权人选择产品生产者赔偿的，履行赔偿义务的当事人都可以向最终的产品责任承担者追偿。即生产者、销售者承担的是不真正连带责任。

生产者、销售者责任承担案例

甲根据丁公司的宣传，在丁处购买了由乙公司生产、丙公司总经销的某生物农药，用于其苹果园后，生产的苹果均为次果，损失惨重。为维护其合法权益，甲诉至法院，法院经审理判决乙、丙、丁赔偿甲经济损失17935元，且三被告对赔偿款项相互承担连带责任。丙、丁赔偿原告损失后，有权向乙追偿。此案例体现了上述的不真正连带责任规则。

【本章小结】

产品责任是一种特殊的侵权责任，而不是违反合同的责任。生产者产品责任的归责原则为无过错责任，销售者产品责任的归责原则为过错责任。产品责任中被侵权人的选择权是指因产品存在缺陷造成损害的，被侵权人可以向产品的生产者请求赔偿，也可以向产品的销售者请求赔偿。产品责任中生产者与销售者承担的是不真正连带责任。

【课后测验】

1. 李某用 10 元从甲商场购买一只电热水壶，使用时因漏电致李某手臂灼伤，花去医药费 500 元。经查，该电热水壶是乙厂生产的。下列哪一表述是正确的？(　　)

A. 李某可直接起诉乙厂要求其赔偿 500 元损失

B. 根据合同相对性原理，李某只能要求甲商场赔偿 500 元损失

C. 如李某起诉甲商场，则甲商场的赔偿范围以 100 元为限

D. 李某只能要求甲商场更换电热壶，500 元损失则只能要求乙厂承担

2. 甲系某品牌汽车制造商，发现已投入流通的某款车型刹车系统存在技术缺陷，即通过媒体和销售商发布召回该款车进行技术处理的通知。乙购买该车，看到通知后立即驱车前往丙销售公司，途中因刹车系统失灵撞上大树，造成伤害。下列哪些说法是正确的？(　　)

A. 乙有权请求甲承担赔偿责任

B. 乙有权请求丙承担赔偿责任

C. 乙有权请求惩罚性赔偿

D. 甲的责任是无过错责任

3. 某商场家电部一员工在布置展台时，一通电的取暖器石英管突然爆裂，致其受伤。后查明事故原因是由于厂家不慎将几台质检不合格商品包装出厂。该员工欲通过诉讼向商家索赔，但不知应以产品责任还是以产品质量瑕疵担保为由诉讼。下列关于二者区别的表述中哪些是正确的？(　　)

A. 前者需要有现实损害，后者不需要

B. 前者属于侵权行为，后者属于违约行为

C. 前者的责任承担形式主要是损害赔偿，后者则主要为修理、更换

D. 前者可以直接向法院起诉，后者一般先向合同相对人要求补救或赔偿

【深入阅读】

缺陷产品惩罚性赔偿

王某与 A 公司签订车辆买卖合同，购买一辆价格为 20 万元的二手车，该车里程显示为 7000 千米。后王某对该车维修时得知该车于购买前实际行驶里程数已达 50000 千米。王某以 A 公司篡改里程数为由，要求 A 公司返还购车款并赔偿涉案车辆价款三倍的损失。A 公司辩称涉案车辆系从案外人处购得，其未篡改里程数。

2019 年 8 月 31 日，常某某在被告湖北某商贸有限公司天桥分公司店内购买厦门市

某食品有限公司生产的卤肉饭拼虫草花排骨汤一盒，条码6959034080868，支付货款25.80元，开具小票一张，商家订单号190831112253134808，产品净含量480克(米包110克、菜肴120克、汤250克)，其中，虫草花排骨汤的产品标准号Q/XJJH0004S，配料中标示含蛹虫草，但未标注不适宜人群。常某某所购商品未食用。国家卫计委于2014年5月30日颁布的《关于批准塔格糖等6种新食品原料的公告》(2014年第10号)中批准蛹虫草的食用量、质量指标要求和使用范围，且婴幼儿、儿童、食用真菌过敏者不宜食用，标签、说明书中应当标注不适宜人群。

结合《民法典》第一千二百零七条，思考王某是否可以向A公司主张车辆价款的三倍的惩罚性赔偿，常某某是否可以向商贸公司主张惩罚性赔偿。

【网络学习】

登录中国裁判文书网，查找有不同行业领域对缺陷产品的惩罚性赔偿的有关案例进行分析学习。

【课后思考】

某有限责任公司生产自行车。2011年，该公司开始使用其经过测试后发现比传统材料更便宜、更耐用且总体而言更有效的新材料来生产刹车片。该公司知道在特别情况(温度、地面湿度、油污等)同时具备时，新刹车片材料可能存在突然失灵的微小风险，但是该公司认为此种风险最终发生仅仅是有可能而且是非常罕见的，比起新材料的一般优点此种风险并不重要。在该公司所有采用了新刹车片的自行车的产品使用说明书中，都用小字体对失灵的可能性做了说明。甲购买了一辆这种自行车，成为因为新刹车片故障发生事故受伤的少数人之一。甲的自行车也损坏了。一位行人乙也因为同一事故受伤。

讨论中国法律对本案受害人的赔偿规定。

第 17 章　机动车交通事故责任

【导言】

有统计显示，交通事故造成的伤亡人数是非常巨大的，交通事故引发的损害赔偿纠纷也很常见。机动车交通事故责任是一种特殊的侵权责任。一些复杂的机动车事故通常涉及多个责任主体，《民法典》第七编第五章对机动车交通事故责任以及如何承担责任作出了详细的规定。学习本章，可以了解机动车交通事故的责任承担方法。

【学习目标】

- 了解一般情形下机动车发生交通事故造成损害时的侵权责任。
- 了解特殊情形下机动车交通事故责任的承担办法。
- 了解机动车驾驶人肇事逃逸的责任承担。

17.1　机动车交通事故责任的一般规定

机动车发生交通事故造成损害的，依照道路交通安全法律和《民法典》的有关规定承担赔偿责任(《民法典》第一千二百零八条)。

交强险的全称是“机动车交通事故责任强制保险”，是由保险公司对被保险机动车发生道路交通事故造成受害人(不包括本车人员和被保险人)的人身伤亡、财产损失，在责任限额内予以赔偿的强制性责任保险。

机动车发生交通事故造成人身伤亡、财产损失的，由保险公司在机动车第三者责任强制保险责任限额范围内予以赔偿；不足的部分，按照下列规定承担赔偿责任：

(1)机动车之间发生交通事故的，由有过错的一方承担赔偿责任；双方都有过错的，按照各自过错的比例分担责任。

(2)机动车与非机动车驾驶人、行人之间发生交通事故，非机动车驾驶人、行人没有过错的，由机动车一方承担赔偿责任；有证据证明非机动车驾驶人、行人有过错的，根据过错程度适当减轻机动车一方的赔偿责任；机动车一方没有过错的，承担不超过百分之十的赔偿责任。

(3)交通事故的损失是由非机动车驾驶人、行人故意碰撞机动车造成的，机动车一方不承担赔偿责任。

17.2 特殊情形下机动车交通事故的责任承担

17.2.1 租赁、借用的机动车交通事故责任

机动车所有人通过租赁合同或者借用合同等形式，将机动车交与他人使用的现象并不少见。此情况下，机动车的所有权与使用权发生分离，当交通事故发生时，就会出现实施侵害行为的当事人并非机动车所有人的情况。当发生租赁、借用的情况，造成机动车交通事故时，应按照以下规则分担损害赔偿责任。

因租赁、借用等情形机动车所有人、管理人与使用人不是同一人时，发生交通事故造成损害，属于该机动车一方责任的，由机动车使用人承担赔偿责任；机动车所有人、管理人对损害的发生有过错的，承担相应的赔偿责任(《民法典》第一千二百零九条)。

17.2.2 转让并交付但未办理登记的机动车交通事故责任

当事人之间已经以买卖或者其他方式转让并交付机动车但未办理登记，发生交通事故造成损害，属于该机动车一方责任的，由受让人承担赔偿责任(《民法典》第一千二百一十条)。

注意，出卖人与买受人之间所买卖的机动车应是符合安全标准、可以合法上路行驶的机动车。

此外，如果机动车被多次转让但均未办理登记，最后的购买者发生机动车交通事故造成损害，并属于该机动车一方责任的，应由该最后一次转让并交付的受让人承担赔偿责任。

17.2.3 拼装或者已达到报废标准的机动车交通事故责任

以买卖或者其他方式转让拼装或者已达到报废标准的机动车，发生交通事故造成损害的，由转让人和受让人承担连带责任(《民法典》第一千二百一十四条)。

当事人之间以买卖、赠与等方式转让的机动车是拼装或者已达报废标准的机动车时，这些机动车依法不得上路行驶，因此这些车辆上路行驶造成受害人损害的，应由转让人与受让人承担连带责任。

此外，这里不需考虑交强险的情况，这是因为该机动车为拼装、报废机动车，保险公司不会承保。

17.2.4 盗抢的机动车交通事故责任

盗窃、抢劫或者抢夺的机动车发生交通事故造成损害的，由盗窃人、抢劫人或者抢夺人承担赔偿责任。盗窃人、抢劫人或者抢夺人与机动车使用人不是同一人，发生

交通事故造成损害，属于该机动车一方责任的，由盗窃人、抢劫人或者抢夺人与机动车使用人承担连带责任。保险人在机动车强制保险责任限额范围内垫付抢救费用的，有权向交通事故责任人追偿(《民法典》第一千二百一十五条)。

机动车在盗抢期间肇事的，保险公司不承担赔偿保险金的责任，仅垫付受害人的抢救费用。机动车的所有人或者合法驾驶人对盗抢后的机动车丧失了控制能力，因此也不应当承担受害人的损害赔偿责任。

17.2.5　以挂靠形式从事道路运输经营活动的机动车的交通事故责任

以挂靠形式从事道路运输经营活动的机动车，发生交通事故造成损害，属于该机动车一方责任的，由挂靠人和被挂靠人承担连带责任(《民法典》第一千二百一十一条)。

17.2.6　未经允许驾驶他人机动车的交通事故责任

未经允许驾驶他人机动车，发生交通事故造成损害，属于该机动车一方责任的，由机动车使用人承担赔偿责任；机动车所有人、管理人对损害的发生有过错的，承担相应的赔偿责任，但是另有规定的除外。

17.3　机动车驾驶人肇事逃逸的责任承担

机动车驾驶人发生交通事故后逃逸，该机动车参加强制保险的，由保险人在机动车强制保险责任限额范围内予以赔偿；机动车不明、该机动车未参加强制保险或者抢救费用超过机动车强制保险责任限额，需要支付被侵权人人身伤亡的抢救、丧葬等费用的，由道路交通事故社会救助基金垫付。道路交通事故社会救助基金垫付后，其管理机构有权向交通事故责任人追偿(《民法典》第一千二百一十六条)。

在机动车肇事逃逸后，机动车投保交强险的保险公司可能可以查明，也可能无法查明，还有可能该逃逸的机动车根本就没有投保交强险。其具体分为下列几种情况处理：

(1)机动车肇事后逃逸，其交强险的承保公司可以查到的。

机动车肇事后逃逸，其交强险的承保公司可以查到的，自然应由该保险公司在交强险责任限额内对受害人予以赔偿。

(2)机动车肇事后逃逸，其交强险的承保公司无法查到或者该机动车未购买交强险的。

机动车肇事后逃逸，其交强险的承保公司无法查到或者该机动车根本就未购买交强险的：①依法应由交通事故责任人承担损害赔偿责任；②受害人有选择权，可以选择由救助基金垫付人身伤亡的抢救、丧葬等费用；③救助基金就自己所垫付的上述费用，有权向该交通事故责任人追偿；④受害人只能就人身伤亡的抢救、丧葬等费用向救助基金请求垫付，不能就财产损失所应支出的费用请求垫付。

交通事故赔偿责任案例

黎某某驾驶小型轿车驶至某路段时，与骑自行车的蔡某某发生碰撞，造成蔡某某受伤、车辆不同程度损坏的交通事故。《道路交通事故认定书(简易程序)》认定黎某某承担事故全部责任，蔡某某无责任。法院另查明，事故车辆的登记车主和实际使用人均为黎某某之父。该车在某保险公司广州分公司投保了机动车交通事故责任强制保险(其中，医疗费用赔偿限额为10000元，死亡伤残赔偿限额为110000元，财产损失赔偿限额为2000元)和商业第三者责任险(赔偿限额为300000元，不计免赔率)，保险期限均自2014年2月27日至2015年2月26日。结合本案，根据《民法典》第一千二百一十六条规定，机动车驾驶人黎某某在发生交通事故后逃逸，且该机动车参加了强制保险的，则应由上述保险公司在机动车强制保险责任限额范围内予以赔偿。

【本章小结】

机动车发生交通事故造成人身伤亡、财产损失的，由保险公司在机动车第三者责任强制保险责任限额范围内予以赔偿；不足的部分，按照下列规定承担赔偿责任：

(1)机动车之间发生交通事故的，由有过错的一方承担赔偿责任；双方都有过错的，按照各自过错的比例分担责任。

(2)机动车与非机动车驾驶人、行人之间发生交通事故，非机动车驾驶人、行人没有过错的，由机动车一方承担赔偿责任；有证据证明非机动车驾驶人、行人有过错的，根据过错程度适当减轻机动车一方的赔偿责任；机动车一方没有过错的，承担不超过百分之十的赔偿责任。

(3)交通事故的损失是由非机动车驾驶人、行人故意碰撞机动车造成的，机动车一方不承担赔偿责任。

【课后测验】

1. 甲以正常速度驾驶(汽车已投保)途中，突遇行人乙在非人行道处横穿公路，甲紧急刹车，但仍将其撞伤。保险公司在机动车第三者责任强制保险责任限额内对乙支付保险金后，乙尚有一部分损害未获赔偿。对于这部分损害赔偿费用的承担问题，下列哪一种说法是正确的？(　　)

A. 由保险公司承担赔偿责任

B. 由乙自行承担

C. 由甲承担部分赔偿责任

D. 由甲承担全部赔偿责任

2. 甲赴宴饮酒，遂由有驾照的乙代驾其车，乙违章撞伤丙。交管部门认定乙负全责。以下假定情形中对丙的赔偿责任，哪些表述是正确的？(　　)

A. 如乙是与甲一同赴宴的好友，乙不承担赔偿责任

B. 如乙是代驾公司派出的驾驶员，该公司应承担赔偿责任

C. 如乙是酒店雇用的为饮酒客人提供代驾服务的驾驶员，乙不承担赔偿责任

D. 如乙是出租车公司驾驶员，公司明文禁止代驾，乙为获高额报酬而代驾，乙应承担赔偿责任

3. 周某从某汽车贸易公司购买了 1 辆车，约定周某试用 10 天，试用期满后 3 天内办理登记过户手续。试用期间，周某违反交通规则将李某撞成重伤。现周某困难，无力赔偿。关于李某受到的损害，下列哪一表述是正确的？（　　）

A. 因在试用期间该车未交付，李某有权请求该汽车贸易公司赔偿

B. 因该汽车未过户，不知该汽车已经出卖，李某有权请求该汽车贸易公司赔偿

C. 李某有权请求周某赔偿，因周某是该汽车的使用人

D. 李某有权请求周某和该汽车贸易公司承担连带赔偿责任，因周某和该汽车贸易公司是共同侵权人

【深入阅读】

自动驾驶汽车交通事故侵权责任

2016 年，中国河北一辆某品牌电动汽车在进行自动驾驶的道路测试时，与一辆清洁车相撞，造成清洁车司机死亡。2018 年 3 月 18 日晚，某网约车公司的一辆由某汽车制造改装的自动驾驶汽车，在美国某州进行无人驾驶的道路测试时，突遇行人横穿马路，致一行人死亡。

从侵权责任的构成要件思考自动驾驶交通事故侵权责任的划分。

【网络学习】

登录中国知网，查找更多关于自动驾驶交通事故侵权责任的文献进行分析学习。

【课后思考】

“交强险”与“商业险”能够并诉吗？如果能够并诉，那么在并诉时应该注意哪些问题？

第 18 章　环境污染和生态破坏责任

【导言】

工业的高速发展给我们带来了丰富的物质和便利条件，但也导致了全球性的三大危机：资源短缺、环境污染、生态破坏。当出现污染环境和破坏生态的行为时，侵权人就应当承担相应责任。承担责任是否须要讨论侵权者的过错？谁该承担环境污染、生态破坏责任的举证责任？当出现两个以上侵权人时，责任应如何分担？在因第三人的过错导致环境污染、破坏生态时该采取何种处理规则？如果侵权人主观故意污染环境、破坏生态造成严重后果的，应当如何承担责任？侵权人违反国家规定造成生态环境损害又将如何承担责任？本章将给出答案。

【学习目标】

- 了解环境污染和生态破坏责任的归责原则。
- 了解环境污染和生态破坏责任的举证责任主体。
- 了解特殊情况下环境污染和生态破坏责任的承担。

18.1　环境污染和生态破坏责任的归责原则

18.1.1　环境污染和生态破坏责任的构成要件

因污染环境、破坏生态造成他人损害的，侵权人应当承担侵权责任(《民法典》第一千二百二十九条)。

据此，在对侵权人进行归责时，适用无过错责任原则，即不考虑侵权人主观的故意或过失，只要有损害的发生，且没有免责事由，该污染者即须承担环境污染责任。因此，环境污染和生态破坏责任的构成要件如下：

1. 实施了污染环境的行为

此处须要明确，行为人即使达标排污，只要从事排污并发生了危害后果的，也要承担环境民事责任。行为人不得以达标排放作为免除其民事责任的抗辩理由。

2. 发生了损害结果

侵权人污染环境、破坏生态，必须要发生损害结果，如果没有实际损害的发生，是不能主张环境污染和破坏生态责任的。其中，损害既包括人身损害，也包括财产损害和精神损害。

3. 污染环境的行为与损害之间有因果关系

要求污染环境和生态破坏的行为与损害结果之间有因果关系，即污染环境和生态破坏的行为是导致损害结果发生的原因或原因之一。

18.1.2　环境污染和生态破坏责任的免责事由和诉讼时效

1. 环境污染和生态破坏责任的免责事由

(1)不可抗力

完全由于不可抗拒的自然灾害，并经及时采取合理措施，仍然不能避免造成环境污染损害的，免予承担责任。

据此，对不可抗力免责条件加了诸多限制。构成污染环境的免责条件：一是不可抗力仅包括不可抗力中的自然原因；二是对不可抗拒的自然灾害及时采取了合理措施仍不免损害。

(2)受害人故意

环境污染损害是由受害人故意造成或受害人有重大过失时，污染者不承担赔偿责任。

(3)第三人过错

第三人过错造成受害人污染损害，构成免责的条件：①当事人采取了合理措施仍不能避免损害；②加害人对第三人过错举证；③这种免责条件适用于一般的环境污染损害。

(4)其他事由

战争行为引起海洋环境污染，为免责事由；负责灯塔或者其他助航设备的主管部门在执行职责时的疏忽或者其他过失行为造成海洋、水污染损害的，为免责事由；损害是由于受害人的自身责任引起的，对水污染的场合为免责事由。

2. 环境污染和生态破坏责任的诉讼时效

因环境污染损害赔偿提起诉讼的时效期间为三年，从当事人知道或者应当知道受到污染损害时起计算。

18.2　环境污染和生态破坏责任的举证责任

因污染环境、破坏生态发生纠纷，行为人应当就法律规定的不承担责任或者减轻责任的情形及其行为与损害之间不存在因果关系承担举证责任(《民法典》第一千二百三十条)。

1. 减免责任的证明责任

环境污染和生态破坏责任的归责原则是无过错责任原则，意味着不考虑行为人的主观过错，只要发生了损害后果，并且污染和破坏行为与损害后果之间存在着因果关系，行为人就应当承担环境污染和破坏生态责任。但当出现法定情形时，行为人可以因法定事由减轻责任，甚至免除责任。

根据“谁主张，谁举证”的基本规则，行为人如果主张减轻责任或者免除责任，就必须对存在减轻责任或免除责任的事由举出证据加以证明。当举出的证据得到证明时即可减免责任；如果行为人不能举出证据证明，则认定这些事由不存在，行为人的责任不得减轻或者免除。

2. 因果关系的举证责任倒置

在因果关系的证明上实行举证责任倒置，即由行为人证明自己的污染和破坏生态行为与受害人的损害之间不存在因果关系。行为人如认为自己的排污与破坏生态与损害结果之间没有因果关系，则须自己举证证明；只要举证证明污染和破坏生态行为与损害事实之间没有因果关系，就可以免除自己的责任。如果行为人不能举证证明，则认为该因果关系存在；综合考量其他侵权责任构成要件后同时满足的，行为人需要承担环境污染和破坏生态的责任。

此外，受害人实际上须要证明两点：一是污染企业有排污行为；二是造成了损害结果。只要满足这两点即可对排污企业提起侵权诉讼，对其主张侵权损害赔偿。

18.3 环境污染和生态破坏责任的特殊责任形态

18.3.1 共同污染环境和破坏生态时责任的分担

两个以上侵权人污染环境、破坏生态的，承担责任的大小，根据污染物的种类、浓度、排放量，破坏生态的方式、范围、程度，以及行为对损害结果所起的作用等因素确定(《民法典》第一千二百三十一条)。

1. 有意思联络的共同侵权

两人以上污染环境、破坏生态，彼此之间有意思联络，给他人造成损害的，应该承担连带责任。这种侵权行为的构成要件有以下几个：

(1)有多个侵权主体，即两个以上的侵权人；

(2)侵权人之间存在有意思联络的侵权行为，即每个侵权人都有侵权行为，并且彼此之间有意思联络；

(3)数个侵权行为与损害结果有因果关系，而不是单个侵权行为与损害结果存在因果关系；

(4)这些侵权行为造成了同一损害。

有意思联络污染环境，属于共同侵权，在对外承担责任方面，“二人以上共同实施侵权行为，造成他人损害的，应当承担连带责任”(《民法典》第一千一百六十八条)。对内应该根据各个侵权人所排放的污染物的种类、浓度、排放量，破坏生态的方式、范围、程度，以及行为对损害结果所起的作用等因素确定各自的责任份额，并承担按份责任。

2. 无意思联络的共同侵权

两人以上污染环境，但是彼此之间没有意思联络，给他人造成损害的，应该承担连带责任。这种共同侵权行为的构成要件有：

(1)有多个侵权主体，即两个以上的侵权人；

(2)侵权人之间存在没有意思联络的侵权行为，即每个侵权人都有侵权行为，但是彼此之间没有意思联络；

(3)数个侵权行为与损害结果有因果关系，而不是单个侵权行为与损害结果存在因果关系；

(4)这些侵权行为造成了同一损害。

18.3.2　第三人过错导致环境污染和破坏生态时责任的承担

因第三人的过错污染环境、破坏生态的，被侵权人可以向污染者请求赔偿，也可以向第三人请求赔偿。侵权者赔偿后，有权向第三人追偿(《民法典》第一千二百三十二条)。

1. 被侵权人的选择权

被侵权人既可以向侵权人请求赔偿，也可以向第三人请求赔偿。被侵权人行使选择权的大前提是具备了环境污染和破坏生态责任的一般构成要件。除此，还要求该环境污染和生态破坏是由第三人造成的且第三人有过错。

其中，第三人的过错既包括故意，也包括过失，并且第三人的过错是该第三人的单独过错，与侵权人没有任何意思上的联络，即该第三人与侵权人不构成共同侵权。

2. 污染者的追偿权

被侵权人有选择权，可以选择向侵权人或者第三人求偿。如果被侵权人向侵权人主张损害赔偿责任，侵权人在承担侵权责任后，有权向第三人追偿。

18.3.3　对侵权人的惩罚性赔偿

侵权人违反法律规定故意污染环境、破坏生态造成严重后果的，被侵权人有权请求相应的惩罚性赔偿(《民法典》第一千二百三十二条)。

18.3.4　侵权人违反国家规定造成生态环境损害

违反国家规定造成生态环境损害，生态环境能够修复的，国家规定的机关或者法律规定的组织有权请求侵权人在合理期限内承担修复责任。侵权人在期限内未修复的，国家规定的机关或者法律规定的组织可以自行或者委托他人进行修复，所需费用由侵权人承担。

【本章小结】

无论行为者有无主观过错，一旦做出了污染环境的行为，侵权人便应承担与其行为造成的损害相对应的责任。当环境污染和破坏生态纠纷发生时，应由侵权人就法律规定的不承担责任或者减轻责任的情形及其行为与损害之间不存在因果关系承担举证责任。实行举证责任倒置规则并不意味着被侵权人无须承担任何举证责任，被侵权人仍然须要承担一定的举证责任，包括侵权人实施了污染环境和破坏生态的行为及本人受到了损害的事实。

在两个以上侵权人共同污染环境和破坏生态造成损害时，侵权人应当承担连带责任。在因第三人的过错污染环境和破坏生态造成损害时，被侵权人可以向侵权人请求赔偿，也可以向第三人请求赔偿。侵权人赔偿后，有权向第三人追偿。

【课后测验】

1. 某化工厂排放的废水流入某湖后，发生大量鱼类死亡事件。在是否承担赔偿责任问题上，该化工厂的哪些抗辩理由即使有证据支持也不能成立？(　　)

A. 其排放的废水完全符合规定的排放标准

B. 另一工厂排放的废水足以导致湖中鱼类死亡

C. 该化工厂主观上没有任何过错

D. 原告的赔偿请求已经超过 3 年的诉讼时效

2. 甲工厂的生产污水流入李某承包的鱼塘，致使鱼虾死亡，损失 2 万元。李某起诉，请求甲工厂赔偿。下列哪些事实应当由甲工厂承担举证责任？(　　)

A. 甲工厂的生产污水是否流入李某承包的鱼塘

B. 李某承包的鱼塘鱼虾死亡造成损失的具体数额

C. 鱼虾死亡的原因是否为甲工厂污水所致

D. 是否具有免责事由

3. 王某承包了 20 亩鱼塘。某日，王某发现鱼塘里的鱼大量死亡，王某认为鱼的死亡是因为附近的某化工厂排污引起，遂起诉该化工厂请求赔偿。该化工厂辩称，根本没有向王某的鱼塘进行排污。关于化工厂是否向鱼塘排污的事实举证责任，下列哪一选项是正确的？(　　)

A. 根据“谁主张、谁举证”的原则，应当由主张存在污染事实的王某负举证责任

B. 根据“谁主张、谁举证”的原则，应当由主张自己没有排污行为的该化工厂负举证责任

C. 根据“举证责任倒置”的规则，应当由该化工厂负举证责任

D. 根据本证与反证的分类，应当由该化工厂负举证责任

4. 王某在水库非法炸鱼，导致溃堤，水冲毁了 A 工厂的工业废水处理池，流向农民张某的养猪场，猪场的猪几乎全部中毒死亡。以下说法正确的有(　　)

A. 因为第三人王某的过错，A 工厂构成环境污染侵权
B. 王某、A 工厂承担无过错责任、不真正连带责任
C. 张某可以要求 A 工厂承担全部侵权责任
D. 张某可以要求王某承担全部侵权责任

【深入阅读】

环境侵权中“因果关系推定”下的当事人证明责任

环境污染和生态破坏责任的构成要件中，加害行为与损害后果间具有因果关系。但是在该认定规则上，根据《民法典》第 1230 条的规定，采用“因果关系推定”，根据受害人证明的基础事实，推定污染环境或者破坏生态的加害行为与损害后果之间有关系。即受害人无须对因果关系承担证明责任，只需要证明污染者排放了污染物或实施了破坏生态的行为、受害人遭受的损害，以及污染者排放的污染物或者破坏生态的行为与损害之间有关联性。

思考关联和因果关系的联系和区别。

【网络学习】

通过中国知网和中国裁判文书网，对“因果关系推定”的理论和案例进行更深入的学习。

【课后思考】

目前，环境污染责任险在全球多个国家呈现蓬勃发展的景象，中国也已经宣布，将要求重污染工业参与到环境责任保险的强制性项目中。结合本章所学知识，谈谈你对此事的看法。

第四编
劳动法

第 19 章　劳动合同

【导言】

劳动就业是整个民商经济活动中非常重要的一环，企业内部的人力资源管理主要表现为劳动合同管理。此外，各行各业乃至行政机关，都存在大量的劳动用工。例如，某交警大队聘用协警甲，应该依法给付工资并缴纳社会保险。交警大队与该协警就签订劳动合同、缴纳社会保险一事未能达成一致意见，结果交警大队通知该协警停职。该协警申请劳动仲裁，要求交警大队为其补办社会保险，并签订无固定期限劳动合同。该案产生纠纷，劳动人事争议仲裁委员会作出仲裁：申请诉求不在仲裁案件受理范围。一审法院判决交警大队支付甲赔偿金、二倍工资的差额、失业保险经济损失、工伤保险经济损失以及生育保险经济损失。中级人民法院维持原判。①

在具备法定条件的情形下，用人单位可依据《中华人民共和国劳动合同法》的规定依法解聘员工，此时通常仅须向劳动者按照其工作年限等情形支付解除劳动合同的经济补偿金，在过失性解除的场合无须支付赔偿金、补偿金。用人单位不按照《中华人民共和国劳动合同法》的规定解除劳动合同，属非法解除劳动合同，用人单位须承担继续履行责任或承担相应赔偿责任。

【学习目标】

- 了解劳动合同的概念及分类。
- 了解劳动合同的订立、变更规则。
- 了解劳动合同解除的情形、责任的承担以及补偿方法。

19.1　劳动合同的概念及分类

劳动合同，是劳动者与用人单位之间确立劳动关系，明确双方权利和义务的协议。订立和变更劳动合同，应当遵循平等自愿、协商一致的原则，不得违反法律、行政法规的规定。劳动合同依法订立即具有法律约束力，当事人必须履行劳动合同规定的义务。

---

① 来源于(2015)红中民一终字第 211 号民事判决书。

《中华人民共和国劳动法》(以下简称《劳动法》)第十六条规定:劳动合同是劳动者与用人单位确立劳动关系、明确双方权利和义务的协议。

建立劳动关系应当订立劳动合同。

按照合同期限的不同,劳动合同分为有固定期限、无固定期限和以完成一定的工作为期限的劳动合同。

19.1.1 有固定期限的劳动合同

有固定期限的劳动合同,是劳动合同双方当事人明确约定合同有效的起始日期和终止日期的劳动合同。期限届满,合同即告终止。如果双方同意,还可以延长期限,续订合同。双方当事人可根据生产、工作的需要确定劳动合同的期限。期限的长短并没有限制,劳动者与用人单位可以协商。有固定期限的劳动合同适用范围比较广泛,灵活性较强。

19.1.2 无固定期限的劳动合同

无固定期限劳动合同,是用人单位与劳动者约定无确定终止时间的劳动合同。在这类劳动合同中,劳动合同双方当事人只约定合同的起始日期,不约定终止日期。

对于无固定期限的劳动合同,只要不出现法律、法规或合同约定的可以变更、解除、终止劳动合同的情况,双方当事人就不得擅自变更、解除、终止劳动关系。

《中华人民共和国劳动合同法》(以下简称《劳动合同法》)规定,在下列情形下,应当签订无固定期限的劳动合同:

(1)劳动者在该用人单位连续工作满十年的;

(2)用人单位初次实行劳动合同制度或者国有企业改制重新订立劳动合同时,劳动者在该用人单位连续工作满十年且距法定退休年龄不足十年的;

(3)连续订立二次固定期限劳动合同,且劳动者没有《劳动合同法》第三十九条和第四十条第(一)项、第(二)项规定的情形,续订劳动合同的。

用人单位自用工之日起满一年不与劳动者订立书面劳动合同的,视为用人单位与劳动者已订立无固定期限的劳动合同。

李女士诉某工厂解除劳动合同的案例

李女士应聘成为甲厂员工。双方签订了无固定期限劳动合同,李女士每月工资为4000元。一年后,甲厂单方提出解除无固定期限劳动合同,并支付给李女士相当于12个月工资的经济补偿金48000元。李女士认为甲厂单方解除无固定期限劳动合同不合理,而申请仲裁。仲裁后问题并没有解决,甲厂不服该仲裁裁决,提起一审。一审后李女士不服一审判决,向深圳中院提起上诉。

终审法院认为,甲厂以对内部工作人员进行调整为由单方解除劳动合同,属于无故解除,但李女士在收到通知后仍然有权选择要求继续履行劳动合同或者要求经济补偿金。

法律规定无固定期限劳动合同签订条件的目的在于保护劳动者的“黄金年龄”。用人单位应当与劳动者签订无固定期限劳动合同而未签订的，人民法院可以视为双方之间存在无固定期限劳动合同关系，并以原劳动合同确定双方的权利义务。

在无固定期限的劳动合同中不得将法定解除条件约定为终止条件，以规避解除劳动合同时用人单位依法应承担的支付劳动者经济补偿金的义务。

19.1.3　以完成一定工作为期限的劳动合同

以完成一定工作为期限的劳动合同是指劳动合同双方当事人将完成某项工作或工程作为合同有效期限的劳动合同。合同中不明确约定合同的起止日期，以某项工作或工程完工之日为合同终止之时。一般适用于建筑业、临时性、季节性的工作或由于其工作性质可以采取此种合同期限的工作岗位。比如在处理房屋拆迁、清理垃圾等临时性事务时，可以签订此类合同。

19.2　劳动合同的订立与变更

19.2.1　劳动合同的订立

劳动合同的订立是指劳动者和用人单位经过相互选择和平等协商，就劳动合同条款达成协议，从而确立劳动关系和明确权利义务的法律行为。

订立和变更劳动合同，应遵循平等自愿、协商一致的原则，不得违反法律、行政法规的规定。劳动者与用人单位签订劳动合同必须遵循以下三项基本原则：

1. 平等自愿原则

劳动者和用人单位在订立劳动合同时的法律地位是平等的，此时不存在命令和服从、管理和被管理关系。这里讲的平等是法律上的平等、形式上的平等，是指双方当事人法律地位平等，都有权选择对方并就合同内容表达各自独立的意志。

自愿指劳动者与用人单位自由表达各自意志，主张自己的权益和意愿，任何一方不得强迫对方接受其意志。平等自愿原则是劳动合同订立的基础和基本条件。例如，甲与乙厂订立劳动合同时，是真正想去乙厂工作，在自由选择的基础上表达了自己的内心真意，没有受到乙厂人身或者精神上的干涉、压迫等暴力行为，便是平等自愿原则的体现。

2. 协商一致原则

在订立合同的过程中，劳动者与用人单位双方对劳动合同的内容、期限等条款进行充分协商，双方对劳动权利义务的意思表示达成一致。合同是双方意思表示一致的结果，劳动合同也是一种合同，也需要劳动者和用人单位双方协商一致，达成合意，一方不能凌驾于另一方之上，不得把自己的意志强加给对方，也不能强迫命令、胁迫对方订立劳动合同。在使用格式合同时，劳动者要认真研究合同条文，对自己不利的条款要据理力争。

《劳动合同法》第八条规定：用人单位招用劳动者时，应当如实告知劳动者工作内容、工作条件、工作地点、职业危害、安全生产状况、劳动报酬，以及劳动者要求了解的其他情况；用人单位有权了解劳动者与劳动合同直接相关的基本情况，劳动者应当如实说明。

3. 合法原则

合法原则指遵守国家法律、行政法规的原则。劳动者和用人单位在订立劳动合同时，不能违反国家法律、行政法规的规定，这是劳动合同有效并受法律保护的前提条件。

(1)劳动合同的形式要合法，如除非全日制用工外，劳动合同需要以书面形式订立，这是法律对劳动合同形式的要求。如果是口头合同，法律不承认其效力，用人单位要承担不订立书面合同的法律后果。

《劳动合同法》第八十二条第一款规定：用人单位自用工之日起超过一个月不满一年未与劳动者订立书面劳动合同的，应当向劳动者每月支付二倍的工资。

(2)劳动合同的内容要合法。如关于劳动合同的期限，什么情况下订立固定期限的，什么情况下订立无固定期限的，应当符合劳动法的规定；如果劳动合同的内容违法，劳动合同不仅不受法律保护，当事人还要承担相应的法律责任。

19.2.2 劳动合同的内容

1. 必备条款

劳动合同体现的是用人单位和劳动者之间的一种特殊社会关系，不同于普通民商事合同，法律对必须具备的条款作出了具体规定。

《劳动合同法》第十七条规定：

劳动合同应当具备以下条款：

(一)用人单位的名称、住所和法定代表人或者主要负责人；

(二)劳动者的姓名、住址和居民身份证或者其他有效身份证件号码；

(三)劳动合同期限；

(四)工作内容和工作地点；

(五)工作时间和休息休假；

(六)劳动报酬；

(七)社会保险；

(八)劳动保护、劳动条件和职业危害防护；

(九)法律、法规规定应当纳入劳动合同的其他事项。

劳动合同除前款规定的必备条款外，用人单位与劳动者可以约定试用期、培训、保守秘密、补充保险和福利待遇等其他事项。

2. 非必备条款——试用期条款

试用期是指劳动者和用人单位为了相互了解、双向选择而约定的一定时间的考察期间。

劳动合同期限三个月以上不满一年的，试用期不得超过 1 个月；劳动合同期限一年以上不满三年的，试用期不得超过 2 个月；三年以上固定期限和无固定期限的劳动合同，试用期不得超过 6 个月。同一用人单位与同一劳动者只能约定一次试用期。以完成一定工作任务为期限的劳动合同或者劳动合同期限不满三个月的，不得约定试用期。

劳动者在试用期的工资不得低于本单位相同岗位最低档工资或者劳动合同约定工资的百分之八十，且不得低于用人单位所在地的最低工资标准。

在试用期内，除劳动者有《劳动合同法》第三十九条和第四十条第(一)项、第(二)项规定的情形外，用人单位不得解除劳动合同。用人单位在试用期解除劳动合同的，应当向劳动者说明理由。

19.2.3　劳动合同的变更

劳动合同的变更是指劳动合同依法订立后，在合同尚未履行或者尚未履行完毕之前，经用人单位和劳动者双方当事人协商同意，对劳动合同内容作部分修改、补充或者删减的法律行为。

劳动合同由用人单位与劳动者协商一致，并经用人单位与劳动者在劳动合同文本上签字或者盖章生效。因此，劳动合同一经依法订立，即具有法律约束力，受法律保护，双方当事人应当严格履行，任何一方不得随意变更劳动合同约定的内容。

当然，随着社会的不断发展变化，劳动合同订立时所依据的社会现状发生变化，使得劳动合同难以履行或者难以全面履行，或者使合同的履行可能造成当事人之间权利义务的不平衡，这就需要用人单位和劳动者双方对劳动合同的部分内容进行适当的调整。否则，可能会对当事人的正当利益造成损害，因此，法律允许当事人在一定条件下变更劳动合同。

张某诉某公司变更劳动合同的案例

小张到深圳某饮料公司应聘文员工作，其中合同中有如下约定："公司有权根据经营情况调整小张的工作岗位，小张应予以配合，否则视为严重违纪，公司有权立即辞退。"后来，公司因业务扩展，决定安排小张到某销售部驻点工作。小张由于特殊原因长期在惠州驻点工作将十分不便，要求变更派驻人员。公司对小张的要求未予理睬，坚持要求小张到派驻点报到，否则将对其按严重违纪处理，由此产生争议。

《劳动合同法》明确约定，工作内容和工作地点系劳动合同的必备条款，此处的工作内容及地点可以构成本案中的工作岗位性质，一般情况下，如须变更工作岗位，即应协商一致或在法定情形出现时进行变更，否则属违法。本案中，公司与劳动者虽在合同中约定调岗条款，但该条款约定存有瑕疵，条款排除了劳动者协商变更合同的权利，免除了用人单位变更劳动合同的法定责任，故该条款应属无效，公司不得据此主张变更合同。

19.2.4 劳动合同变更的注意事项

(1)必须在劳动合同依法订立之后，在合同没有履行或者尚未履行完毕之前的有效时间内进行。

(2)必须坚持平等自愿、协商一致的原则，即劳动合同的变更必须经用人单位和劳动者双方当事人的同意。

(3)必须合法，不得违反法律、法规的强制性规定。

(4)变更劳动合同必须采用书面形式。劳动合同双方当事人经协商后对劳动合同中约定内容的变更达成一致意见时，必须达成变更劳动合同的书面协议，任何口头形式达成的变更协议都是无效的。

(5)变更后的劳动合同文本由用人单位和劳动者各执一份。

19.3 劳动合同的解除

劳动合同的解除是指当事人双方提前终止劳动合同的法律效力，解除双方的权利义务关系。劳动合同的解除是在劳动合同期限届满之前的一种依法终止劳动关系的行为。劳动合同解除的种类如下：

1. 双方协商解除劳动合同

用人单位与劳动者协商一致，可以解除劳动合同。

协商解除劳动合同没有规定实体、程序上的限定条件，只要双方达成一致，内容、形式、程序不违反法律禁止性、强制性规定，该解除行为就是有效的。

2. 劳动者单方解除劳动合同

具备法律规定的条件时，劳动者享有单方解除权，无须征得用人单位的同意。具体又可以分为预告解除和即时解除。

(1)预告解除。

劳动者履行预告程序后单方解除劳动合同，有以下两种情形：

①劳动者提前30日以书面形式通知用人单位，可以解除劳动合同。

②劳动者在试用期内提前3日通知用人单位，可以解除劳动合同。例如，甲应聘成为一家公司的雇员，签订了三年的劳动合同，约定了三个月的试用期，在培训了一个月后甲找到了更好的公司，就提前三天通知公司解除劳动合同，此时公司不能克扣甲的工资，应该按照工作时间发放相应工资。

(2)即时解除。

用人单位有下列情况之一的，劳动者可以单方解除劳动合同：

①未按照劳动合同约定提供劳动保护或者劳动条件的；

②未及时足额支付劳动报酬的；

③未依法为劳动者缴纳社会保险费的；

④用人单位的规章制度违反法律、法规的规定，损害劳动者权益的；

⑤因《劳动合同法》第二十六条第一款规定的情形致使劳动合同无效的；

⑥法律、行政法规规定劳动者可以解除劳动合同的其他情形。

(3)立即解除。

用人单位以暴力、威胁或者非法限制人身自由的手段强迫劳动者劳动的，或者用人单位违章指挥、强令冒险作业危及劳动者人身安全的，劳动者可以立即解除劳动合同，事先告知用人单位。例如，甲从事的是地下矿井作业工作，由于当地连日暴雨，矿井旁边河流水位急剧上升，有决堤危险，河水存在灌入矿井的可能性，在这种情况下，经营者依然采用各种逼迫手段强令工人作业，甲可以立即解除劳动合同。

3. 用人单位单方解除劳动合同

具备法律规定的条件时，用人单位享有单方解除权，无须双方协商达成一致意见。主要包括过错性辞退、非过错性辞退、经济性裁员三种情形。

(1)过错性辞退。

在劳动者有过错的情形时，用人单位有权单方解除劳动合同。过错性解除劳动合同在程序上没有严格限制，用人单位无须支付劳动者解除劳动合同的经济补偿金。若规定了符合法律规定的违约金条款，劳动者须支付违约金。

过错性辞退主要适用情形如下：在试用期间被证明不符合录用条件的；严重违反用人单位的规章制度的；严重失职，营私舞弊，给用人单位造成重大损害的；劳动者同时与其他用人单位建立劳动关系，对完成工作任务造成严重影响，或者经用人单位提出，拒不改正的；因劳动者以欺诈、胁迫的手段或者乘人之危，使对方在违背真实意思的情况下订立或者变更劳动合同致使劳动合同无效的；被依法追究刑事责任的。

李某诉某传播公司解除劳动合同的案例

李某入职某传播公司，担任编导，双方签订了期限三年的劳动合同。某日，李某身体不适未上班，三日后，该传播公司即以李某旷工三天严重违反公司规章制度为由，与李某解除了劳动关系。李某认为公司系违法解除，先后提起仲裁和诉讼，虽然李某生病未履行正当的请假手续，但其身体不适没能上班三天中的两天为周末休息时间，该传播公司所称因李某连续三天旷工而解除劳动关系，明显与事实不符，该传播公司应当支付违法解除劳动合同的赔偿金。

(2)非过错性辞退。

非过错性辞退即劳动者本人无过错，但由于客观原因致使劳动合同无法履行，用人单位在符合法律规定的情形下，履行法律规定的程序后有权单方解除劳动合同。

非过错性解除劳动合同在程序上有严格限制。用人单位应提前30日以书面形式通知劳动者本人或者额外支付劳动者1个月工资后，才可以解除劳动合同；用人单位选择额外支付劳动者1个月工资解除劳动合同的，其额外支付的工资应当按照该劳动者上1个月的工资标准确定。用人单位应当支付劳动者经济补偿。

非过错性辞退的主要适用情形有：劳动者患病或非因工负伤，在规定的医疗期满后仍不能从事原工作，也不能从事用人单位另行安排的工作的；劳动者不能胜任工作，经过培训或者调整工作岗位，仍不能胜任工作的；劳动合同订立时所依据的客观情况发生重大变化，导致劳动合同无法履行，经用人单位与劳动者协商，仍未能就变更劳动合同内容达成协议的。例如，甲在石灰生产厂上班，长期暴露在粉尘环境中工作，由于没有采取必要的保护措施，三十多岁就得了呼吸道疾病，住院治疗一段时间后出院，医生要求不能再从事类似工作，否则有生命危险，甲与单位说明情况后，无法从事原工作，并且没有合适岗位，最后甲与单位解除劳动合同。

(3)经济性裁员。

经济性裁员是指用人单位为降低劳动成本，改善经营管理，因经济或技术等原因一次裁减20人或者不足20人但占企业职工总数10%以上的劳动者。经济性裁员有严格的条件和程序限制，用人单位裁员时必须遵守规定。经济性裁员，用人单位应当支付劳动者经济补偿金。

①经济性裁员的主要适用情形。依照企业破产法规定进行重整的；生产经营发生严重困难的；企业转产、重大技术革新或者经营方式调整，经变更劳动合同后，仍须裁减人员的；其他因劳动合同订立时所依据的客观经济情况发生重大变化，致使劳动合同无法履行的。

②裁员时应优先留用的人员。与本单位订立较长期限的固定期限劳动合同的；与本单位订立无固定期限劳动合同的；家庭无其他就业人员，有需要扶养的老人或者未成年人的。

③裁员后重新招录的限制。用人单位依法裁减人员时，在6个月内重新招用人员的，应当通知被裁减的人员，并在同等条件下优先招用被裁减的人员。

④经济性裁员的例外。用人单位有以下情形之一的，不得依据非过错性辞退和经济性裁员的规定单方解除劳动合同：从事接触职业病危害作业的劳动者未进行离岗前职业健康检查，或者疑似职业病病人在诊断或者医学观察期间的；在本单位患职业病或者因工负伤并被确认丧失或者部分丧失劳动能力的；患病或者非因工负伤，在规定的医疗期内的；女职工在孕期、产期、哺乳期的；在本单位连续工作满15年，且距法定退休年龄不足5年的；法律、行政法规规定的其他情形。

王某与公司劳动合同纠纷案例

某公司聘用首次就业的王某，口头约定劳动合同期限2年，试用期2个月，月工资1200元，试用期满后1500元。2012年7月1日起，王某上班，不久即与同事李某确立恋爱关系。9月，由经理办公会讨论决定并征得工会主席同意，公司公布施行《工作纪律规定》，要求同事不得有恋爱或婚姻关系，否则一方必须离开公司。公司据此解除了王某的劳动合同。经查明，当地月最低工资标准为1000元，公司与王某一直未签订书面劳动合同，但为王某买了失业保险。该《工作纪律规定》的制定程序违法；有关婚恋的规定违法；依据该规定解除王某的劳动合同违法；该公司执行该规定给王某造成损害的，应承担赔偿责任。

19.4　竞业限制和服务期

19.4.1　竞业限制

竞业限制是用人单位对负有保守用人单位商业秘密的劳动者，在劳动合同、知识产权权利归属协议或技术保密协议中约定的竞业限制条款。

竞业限制的人员限于用人单位的高级管理人员、高级技术人员和其他负有保密义务的人员。竞业限制的范围、地域、期限由用人单位与劳动者约定，竞业限制的约定不得违反法律、法规的规定。

在解除或者终止劳动合同后，竞业限制的人员到与本单位生产或者经营同类产品、从事同类业务的有竞争关系的其他用人单位，或者自己开业生产或者经营同类产品、从事同类业务的竞业限制期限，不得超过两年。

19.4.2　竞业限制的补偿金

竞业限制的补偿金是指对负有保密义务的劳动者，用人单位可以在劳动合同或者保密协议中与劳动者约定竞业限制条款，并约定在解除或者终止劳动合同后，在竞业限制期限内按月给予劳动者经济补偿。

李某诉公司竞业限制赔偿金案例

李某是某贸易公司的一名销售经理，双方在劳动合同中约定有竞业限制条款，规定李某在解除劳动合同后两年内，不得到竞争对手公司工作。但双方签订的劳动合同中并没有约定竞业限制的补偿金。李某从贸易公司离职后，为履行劳动合同中关于竞业限制的约定一直待业在家。后李某找到贸易公司要求支付竞业限制的补偿金，却遭到了拒绝，李某提起诉讼。贸易公司辩称，双方在劳动合同中未就竞业限制约定补偿金，竞业限制约定无效，故公司无须支付竞业限制的补偿金。而法院判决支持了李某的诉讼请求。

《劳动法合同》第二十三条规定：用人单位与劳动者可以在劳动合同中约定保守用人单位的商业秘密和与知识产权相关的保密事项。

对负有保密义务的劳动者，用人单位可以在劳动合同或者保密协议中与劳动者约定竞业限制条款，并约定在解除或者终止劳动合同后，在竞业限制期限内按月给予劳动者经济补偿。劳动者违反竞业限制约定的，应当按照约定向用人单位支付违约金。

当然，劳动者违反劳动法规定解除劳动合同，或者违反劳动合同中约定的保密义务或者竞业限制，给用人单位造成损失的，应当承担赔偿责任。

19.4.3 服务期

服务期是指法律规定的因用人单位为劳动者提供专业技术培训，双方约定的劳动者为用人单位必须服务的期限。劳动者违反前述协议约定的，应当按照约定向用人单位支付违约金。违约金的数额不得超过用人单位提供的培训费用。

1. 约定服务期的条件

(1)用人单位为劳动者提供专项培训费用，对其进行技术培训才能约定服务期。

(2)对劳动者进行的是专业技术培训，包括专业知识和职业技能。

(3)用人单位与劳动者约定服务期的，不影响其按照正常的工资调整机制提高在服务期间的劳动报酬。

(4)至于培训的形式，可以是脱产的、半脱产的，也可以是不脱产的。

2. 用人单位与劳动者要依法约定违约金

违约金是劳动合同双方当事人约定的结果。劳动者违反服务期约定的，应当按照约定向用人单位支付违约金，体现了合同中的权利义务对等原则。所谓“对等”，是指享有权利的同时就应承担义务，而且彼此的权利义务是相应的。这要求当事人所取得的财产、劳务或工作成果与其履行的义务大体相当。

用人单位与劳动者约定违约金时不得违法，即约定违反服务期违约金的数额不得超过用人单位提供的培训费用。违约时，劳动者所支付的违约金不得超过服务期“尚未履行部分”所应分摊的培训费用。例如，甲公司招聘某岗位人员，要求在入职前进行培训，但是由劳动者自己支付培训费用，同时，甲公司与劳动者签订劳动合同时约定了违约金，这时公司约定违约金的条款是没有法律效力的，因为必须是公司提供了培训费用，法律才赋予公司主张违约金的权利。

【本章小结】

《劳动合同法》对推动构建和谐劳动关系、重建劳动关系新格局意义极为重大，其宗旨是保护劳动者的合法权益，同时也不能侵犯用人单位的利益。因此，劳动者应该在了解《劳动合同法》的前提下，最大限度地利用法律维护自己的合法利益。

劳动合同分为有固定的期限劳动合同、无固定期限的劳动合同和以完成一定工作为期限的劳动合同。

劳动合同的订立是指劳动者和用人单位经过相互选择和平等协商，就劳动合同条款达成协议，从而确立劳动关系和明确双方权利义务的法律行为。在此过程中要遵循平等自愿原则、协商一致原则和合法原则。

劳动合同的必备条款包括：(1)用人单位的名称、住所和法定代表人或者主要负责人；(2)劳动者的姓名、住址和居民身份证或者其他有效身份证件号码；(3)劳动合同期限；(4)工作内容和工作地点；(5)工作时间和休息休假；(6)劳动报酬；(7)社会保险；(8)劳动保护、劳动条件和职业危害防护；(9)法律、法规规定应当纳入劳动合同的其他事项。

劳动合同的变更以及注意事项：要在订立之后没有履行或者尚未履行完毕之前进行变更；在变更的过程中要自愿、平等以及协商一致；必须合法，不得违法；必须采用书面形式。

劳动合同的解除种类包括双方协商解除劳动合同、劳动者单方解除劳动合同和用人单位单方解除劳动合同。

竞业限制是用人单位对负有保守用人单位商业秘密的劳动者，在劳动合同、知识产权权利归属协议或技术保密协议中约定的竞业限制条款。

【课后测验】

1. 张三在一企业工作，试用期未满便想解除劳动合同，下列各项表述哪一项正确？(　　)

A. 张三应当提前 30 日以口头或书面形式通知企业解除合同

B. 张三应当提前 30 日以书面形式通知企业解除合同

C. 张三应当提前 3 日通知企业解除合同

D. 张三在试用期内不得解除合同

2. 甲厂与工程师江某签订了保密协议。江某在劳动合同终止后应聘至同行业的乙厂，并帮助乙厂生产出与甲厂相同技术的发动机。甲厂认为保密义务理应包括竞业限制义务，江某不得到乙厂工作，乙厂和江某共同侵犯了其商业秘密。关于此案，下列选项正确的是(　　)

A. 如保密协议只约定保密义务，未约定支付保密费，则保密义务无约束力

B. 如双方未明确约定江某负有竞业限制义务，则江某有权到乙厂工作

C. 如江某违反保密协议的要求，向乙厂披露甲厂的保密技术，则构成侵犯商业秘密

D. 如乙厂能证明其未利诱江某披露甲厂的保密技术，则不构成侵犯商业秘密

3. 2019 年 2 月，下列人员向所在单位提出订立无固定期限劳动合同，哪些人具备法定条件？(　　)

A. 赵女士于 2005 年 1 月到某公司工作，2009 年 2 月辞职，2012 年 1 月回到该公司工作

B. 钱先生于 1995 年进入某国有企业工作。2016 年 3 月，该企业改制成为私人控股的有限责任公司，年满 50 岁的钱先生与公司签订了三年期的劳动合同

C. 孙女士于 2010 年 2 月进入某公司从事技术开发工作，签订了为期三年、到期自动续期三年且续期次数不限的劳动合同。2019 年 1 月，公司将孙女士提升为技术部副经理

D. 李某原为甲公司的资深业务员，于 2018 年 2 月被乙公司聘请担任市场开发经理，约定：先签订一年期合同，如果李某于期满时提出请求，可以与公司签订无固定期限劳动合同

【深入阅读】

劳务派遣与灵活用工

劳务派遣是指用人单位向用工单位提供劳动者，目的是使这些劳动者可供用工单位使用，而该用工单位可能是自然人、法人，他们给被派遣劳动者分配任务并监督这些任务的实行。用工单位只能在临时性、辅助性或者替代性的工作岗位上使用被派遣劳动者。被派遣劳动者享有与用工单位的劳动者同工同酬的权利。

劳务派遣的繁荣发展与劳动力市场的灵活用工密切相关。随着国家对劳务派遣的严格管制，比如劳务派遣岗位"三性"的规定、同工同酬的规定以及用人比例的规定等，为降低用工成本，转嫁用工责任，许多劳务派遣又转化为劳务外包。根据2015年的《最高人民法院关于审理劳动争议案件适用法律若干问题的解释(五)》(征求意见稿)第一百一十八条，企业在将部分业务或职能发包给其他单位的时候，若实质认定为派遣，则应有以下情形：工作时间、工作场所由发包方决定或控制；生产工具、原材料由发包方提供；承包方的生产经营范围与承包业务没有关系。当劳务外包的法律性质认定出现困难时，可根据以上三个标准判断其究竟属于外包还是派遣。

【网络学习】

检索"关于确立劳动关系有关事项的通知""外卖小哥""滴滴司机"，检索中国裁判文书网的"确认劳动关系"案例，整理劳动关系与非劳动关系的区分标准。

【课后思考】

请在中国裁判文书网检索"(2014)浙杭民终字第62号"A公司诉王某敏竞业限制纠纷案，思考违反竞业限制约定与商业秘密侵权行为是否构成请求权竞合。

案情简介：A公司与王某敏签订了《保密及竞业限制协议》。王某敏离职后，A公司依约向王某敏发放竞业限制补偿金。在此期间王某敏被聘用为同业竞争B公司的经理。后B公司与A公司发生争议，A公司请求王某敏承担竞业限制违约责任与商业秘密侵权责任。竞业限制约定限制的是负有保密义务的劳动者在离职后的工作领域范围。认定劳动者是否构成违反竞业限制约定的违约行为，仅须考察该劳动者离职后的工作单位以及工作性质与原用人单位的生产经营是否存在竞争关系，不以该劳动者是否侵害原用人单位的商业秘密为条件。

第 20 章　工伤

【导言】

跨区域异地上下班逐渐成为常态，跨区域时间长、路途长的特点与平常观念中所理解的“上下班”有着较大的差别。在这种情况下上下班途中遭遇的非本人主要责任的交通事故，是否能认定为工伤，就具有很强的现实意义。2018 年 4 月 5 日至 7 日为清明节（法定节假日），4 月 7 日，王某从居住的江北区返回位于 280 千米外万州区的工作单位，途中遭遇了非本人主要责任的交通事故。区人社局以 4 月 7 日不是工作日为由，作出不予认定工伤决定。王某不服，提起诉讼。一审法院、二审法院均认为王某属于工伤。

职工家住异地，与单位相距较远，为了保证次日能够及时、正常上班，节假日提前一天返回，既符合其惯常往返方式，也符合以“上下班为目的”的基本条件，具有正当性和合理性。职工在途中发生交通事故，属于“上下班途中”。家住异地的职工因此遭遇的非本人主要责任的交通事故，从保护职工的合法权益出发，应当认定为工伤。①

【学习目标】

- 了解工伤的认定和范围。
- 了解工伤认定的程序。
- 了解《工伤保险条例》及其适用。

20.1　工伤概述

工伤也称工作伤害，是指劳动者在从事职业活动或者与职业活动有关的活动时所遭受的不良因素的伤害和职业病伤害。

1964 年第 48 届国际劳工大会明确工伤补偿应将职业病和上下班交通事故包括在内。因此，当前国际上比较规范的“工伤”定义包括两个方面的内容，即由工作引起并在工作过程中发生的事故伤害和职业病伤害。职业病，是指企业、事业单位和个体经济组织的劳动者在职业活动中，因接触粉尘、放射性物质和其他有毒、有害物质等因

① 改编自重庆第一中级人民法院通报劳动者权益保护典型案例之六。

素而引起的疾病。例如，甲是某商场雇用的司机，在正常送货过程中发生交通事故，虽然造成事故的第三人负全部责任，但是该商场应该为甲申请工伤认定，进行工伤鉴定，因为在货运过程中甲所受的损害属于工伤。

我国的《工伤保险条例》是为了保障因工作遭受事故伤害或者患职业病的职工获得医疗救治和经济补偿，促进工伤预防和职业康复，分散用人单位的工伤风险而制定的行政法规，自2004年1月1日起施行。由于社会变化，国务院于2010年对其进行了修订，自2011年1月1日起施行。该条例适用于中华人民共和国境内的企业、事业单位、社会团体、民办非企业单位、基金会、律师事务所、会计师事务所等组织，有雇工的个体工商户应当依照本条例规定参加工伤保险，为本单位全部职工或者雇工缴纳工伤保险费。

实习生在实习期间受伤是否属于工伤案例

小李系某技工学校在册学生，被安排在某公司实习，实习期为半年。某工作日下午，小李右手被机器挤伤。事故发生后，公司认为小李系在校实习学生，拒绝支付一切费用及赔偿。根据《工伤保险条例》第30条规定，职工因工作遭受事故伤害或者患职业病进行治疗，享受工伤医疗待遇。即只有属于工伤事故的范围的职工，才能依据《工伤保险条例》向用人单位要求工伤赔偿。劳动部《关于贯彻执行〈劳动法〉若干问题的意见》第12条规定，在校学生利用业余时间勤工助学，不视为就业，未建立劳动关系，可以不签订劳动合同。因此，在校学生与用人单位之间不构成劳动关系，学生不具备工伤保险赔偿的主体资格，不应认定为工伤，无法享受工伤保险待遇。

20.2 工伤的范围

20.2.1 应当认定为工伤的情形

根据《工伤保险条例》第十四条的规定，若职工出现下列情形之一的，应当认定为工伤：

(1)在工作时间和工作场所内，因工作原因受到事故伤害的；

(2)工作时间前后在工作场所内，从事与工作有关的预备性或者收尾性工作受到事故伤害的；

(3)在工作时间和工作场所内，因履行工作职责受到暴力等意外伤害的；

(4)患职业病的，即指企业、事业单位和个体经济组织的劳动者在职业活动中，因接触粉尘、放射性物质和其他有毒、有害物质等因素而引起的疾病；

(5)因工外出期间，由于工作原因受到伤害或者发生事故下落不明的；

(6)在上下班途中，受到非本人主要责任的交通事故或者城市轨道交通、客运轮渡、火车事故伤害的。

(7)法律、行政法规规定应当认定为工伤的其他情形。

新动态——灵活就业者的工伤问题

灵活就业者主要包括个体经营者、非全日制从业人员、新就业形态人员等，目前这个群体在工伤保险、失业保险、生育保险三险中，由于没有制度性兜底，处于悬空状态。就工伤保险而言，由用人单位缴纳工伤保险，职工个人不缴纳工伤保险费，灵活就业人员由于缺少法定意义上的用人单位，因此缺少缴费主体；灵活就业人员的工作时间、工作场所、上下班途中等情形难以认定，若将一天 24 小时受到的任何伤害都认定为工伤缺少合理性。因此，为灵活就业人员构建工伤保险制度已成为当务之急。

广东省出台了《关于单位从业的超过法定退休年龄劳动者等特定人员参加工伤保险的办法(试行)》(以下简称《办法》)。《办法》于 2021 年 4 月 1 日起实施。该文件首次将提供网约车、外卖、快递劳务等新业态从业人员纳入实施人群中，这些从业者所在平台企业可参照本《办法》自愿为未建立劳动关系的新业态从业人员单项参加工伤保险、缴纳工伤保险费，其参保人员参照本办法的规定享受工伤保险待遇。从业人员在两个或者两个以上从业单位同时从业的，各从业单位可按照规定分别为其缴纳工伤保险费。从业单位按照本《办法》的规定自愿选择为其所使用的从业人员单项参加工伤保险的，不作为确认双方存在劳动关系的依据。

20.2.2　视同工伤的认定

视同工伤是指不是工伤但是按照工伤的待遇进行适用。视同工伤的情况与直接的工伤是不同的，在性质上也是不同的，认定工伤的情形与本职工作要有明显或直接的关联性，而视同工伤的情形与本职工作无明显或直接的关联性。

职工有下列情形之一的，视同工伤：

(1)在工作时间和工作岗位，突发疾病死亡或者在 48 小时之内经抢救无效死亡的；

(2)在抢险救灾等维护国家利益、公共利益活动中受到伤害的；

(3)职工原在军队服役，因战、因公负伤致残，已取得革命伤残军人证，到用人单位后旧伤复发的。

20.2.3　不得认定为工伤的情形

工伤认定存在着一定的限制，职工具有明显故意或过错的情形不得认定为工伤。职工有下列情形之一的，不得认定为工伤或者视同工伤：

(1)故意犯罪的；

(2)醉酒或者吸毒的；

(3)自残或者自杀的。

20.3 工伤保险待遇

20.3.1 工伤保险基金支付的范围

由工伤保险基金支付的费用包含如下：

(1)职工住院治疗工伤的伙食补助费，工伤职工到统筹地区以外就医所需的交通、食宿费用；

(2)工伤职工到签订服务协议的医疗机构进行工伤康复的费用；

(3)工伤职工因日常生活或者就业需要安装假肢、配置轮椅等辅助器具的费用；

(4)工伤职工已经评定伤残等级并经劳动能力鉴定委员会确认需要生活护理的生活护理费用；

(5)工伤职工工伤复发，确认需要治疗的治疗费用。

不由工伤保险基金支付的内容：工伤职工治疗非工伤引发的疾病，不享受工伤医疗待遇，按照基本医疗保险的规定处理。

20.3.2 工伤保险待遇的具体内容

根据伤残等级不同享受不同的工伤保险待遇。

(1)职工因工致残被鉴定为一级至四级伤残的，保留劳动关系，退出工作岗位，享受以下待遇：

①从工伤保险基金按伤残等级支付一次性伤残补助金，以个人工资为基准，标准分别为：一级伤残为 27 个月，二级伤残为 25 个月，三级伤残为 23 个月，四级伤残为 21 个月。

②从工伤保险基金按月支付伤残津贴，标准为：一级伤残为本人工资的 90%，二级伤残为 85%，三级伤残为 80%，四级伤残为 75%。伤残津贴实际金额低于当地最低工资标准的，由工伤保险基金补足差额。

③工伤职工达到退休年龄并办理退休手续后，停发伤残津贴，享受基本养老保险待遇。基本养老保险待遇低于伤残津贴的，由工伤保险基金补足差额。

职工因工致残被鉴定为一级至四级伤残的，由用人单位和职工个人以伤残津贴为基数，缴纳基本医疗保险费。

(2)职工因工致残被鉴定为五级、六级伤残的，享受以下待遇：

①从工伤保险基金按伤残等级支付一次性伤残补助金，标准为：五级伤残为 18 个月的本人工资，六级伤残为 16 个月的本人工资。

②保留与用人单位的劳动关系，由用人单位安排适当工作。难以安排工作的，由用人单位按月发给伤残津贴，标准为：五级伤残为本人工资的 70%，六级伤残为本人工资的 60%，并由用人单位按照规定为其缴纳应缴纳的各项社会保险费。伤残津贴实际金额低于当地最低工资标准的，由用人单位补足差额。

经工伤职工本人提出，该职工可以与用人单位解除或者终止劳动关系，由工伤保险基金支付一次性工伤医疗补助金，由用人单位支付一次性伤残就业补助金。

(3)职工因工致残被鉴定为七级至十级伤残的，享受以下待遇：

①从工伤保险基金按伤残等级支付一次性伤残补助金，标准为：七级伤残为 13 个月的本人工资，八级伤残为 11 个月的本人工资，九级伤残为 9 个月的本人工资，十级伤残为 7 个月的本人工资。

②劳动、聘用合同期满终止，或者职工本人提出解除劳动、聘用合同的，由工伤保险基金支付一次性工伤医疗补助金，由用人单位支付一次性伤残就业补助金。一次性工伤医疗补助金和一次性伤残就业补助金的具体标准由省、自治区、直辖市人民政府规定。

20.3.3　停止享受工伤保险待遇的情形

(1)丧失享受待遇条件的；

(2)拒不接受劳动能力鉴定的；

(3)拒绝治疗的。

【本章小结】

工伤是指劳动者在从事职业活动或者与职业活动有关的活动时所遭受的不良因素的伤害和职业病伤害。

工伤职工就医的伙食费、交通费、住宿费、工伤康复费用、辅助器具费用、护理费用、工伤复发的治疗费用由工伤保险基金支付。工伤保险职工治疗工伤引发的非工伤疾病不由工伤基金支付。

根据伤残等级的不同确认不同的工伤保险待遇内容。

劳动者丧失待遇条件的、拒不接受劳动能力鉴定的或拒绝治疗的，停止享受工伤保险待遇。

【课后测验】

1. 某商场使用了由某电梯厂生产、某公司销售的自动扶梯。某日营业时间，自动扶梯突然逆向运行，造成顾客王某、栗某和商场职工薛某受伤，其中栗某受重伤，经治疗半身瘫痪，数次自杀未遂。现查明，该型号自动扶梯在全国已多次发生相同问题，但电梯厂均通过更换零部件、维修进行处理，并未停止生产和销售。职工薛某被认定为工伤且被鉴定为六级伤残。关于其工伤保险待遇，下列选项正确的是(　　)

A. 如商场未参加工伤保险，薛某可主张商场支付工伤保险待遇或者承担民事人身损害赔偿责任

B. 如商场未参加工伤保险也不支付工伤保险待遇，薛某可主张工伤保险基金先行支付

C. 如商场参加了工伤保险，主要由工伤保险基金支付工伤保险待遇，但按月领取的伤残津贴仍由商场支付

D. 如电梯厂已支付工伤医疗费，薛某仍有权获得工伤保险基金支付的工伤医疗费

2. 张三系某企业职工，产生了一定的花费。关于张三的工伤保险，下列说法中正确的是(　　)

A. 如果张三所在的企业并未依法缴纳工伤保险，且拒绝支付张三应有的工伤保险待遇，保险行政管理部门有权责令该企业支付工伤保险待遇

B. 张三在上班途中被仇人砍成重伤，住院治疗，因是在上班必经之路受伤，应该按工伤处理

C. 张三被认定为工伤，因个人的心理排斥，拒不接受劳动能力鉴定，仍应享受工伤保险待遇

D. 张三所在企业缴费的费率是社会保险经办机构根据用人单位使用工伤保险基金、工伤发生率和所属行业费率档次等情况确定的

3. 王某系一大型国有矿山企业的工人，某日在矿山挖掘作业时，因另一工人张某违反操作规程造成其右手被绞断，该事故被认定为生产安全事故。该矿山企业已经按期缴纳工伤保险费。就该事故的判断，正确的是(　　)

A. 工伤保险实行用人单位无过错责任

B. 若王某也未依操作规程作业，则不应认定为工伤

C. 王某如依工伤保险赔偿尚有获得赔偿的权利，有权向本单位提出赔偿

D. 此事故由张某造成，王某应当先向张某要求支付赔偿费用，张某不支付时，可由工伤保险基金先行支付

【深入阅读】

“过劳死”的法律性质

“过劳死”是指在非生理的劳动过程中，劳动者的正常工作规律和生活规律遭到破坏，体内疲劳蓄积并向过劳状态转移，使血压升高、动脉硬化加剧，进而出现致命的状态。该词源自日本，最早出现于20世纪七八十年代日本经济繁荣时期。目前学界对于“过劳死”的法律性质存在四种看法。第一种为工伤说，“过劳死”是与劳动者的工作具有牵连性的，如果符合工伤认定的多个条件，应当承担工伤保险责任。第二种为职业病说，该学说主张在立法上将“过劳死”列入职业病的防治范围，以规范用人单位的行为，同时对劳动者的身心健康给予更全面的保护。第三种为侵权说，“过劳死”的行为所侵害的是《宪法》规定的休息权，应当依法承担侵权赔偿责任。第四种为犯罪说，“过劳死”是雇主严重违反劳动时间之规定所造成的结果，其行为严重侵犯人权，理应受到刑罚处罚。

【网络学习】

检索阅读《工伤保险条例》，检索“职业灾害”“雇主责任”，探索雇主对雇员的职业灾害承担责任的基础理论。

【课后思考】

请在中国裁判文书网检索“(2011)行提字第 15 号”刘某荣工伤认定纠纷抗诉案，思考职工为减少工作失误，擅自改制雷管导致受伤的，是否应认定为工伤？

案情简介：刘某荣为一煤矿工人，为提高煤矿生产安全，刘某荣与炮工余某贵一起在宿舍内将瞬发电雷管改制成延期电雷管时发生爆炸，刘某荣的手被炸伤。对此劳动局做出不予认定工伤决定。该案经历一审、二审以及再审。最高人民法院再审认为：《企业职工工伤保险试行办法》第八条第(一)项规定，从事本单位日常生产、工作或者本单位负责人临时指定的工作的，在紧急情况下，虽未经本单位负责人指定但从事直接关系本单位重大利益的工作负伤、致残、死亡的，应当认定为工伤。刘某荣是为本单位利益而进行雷管改造，虽有失误但也符合工伤认定标准。

第21章　劳动标准

【导言】

不定时工作制，是针对因生产特点、工作性质特殊需要或职责范围的关系，需要连续上班或难以按时上下班，无法适用标准工作时间或需要机动作业的职工而采用的一种工作时间制度。王某从事长途客车营运工作，上班时间自行掌握，无须坐班。2017年8月，A客运公司与王某协商一致解除了劳动合同关系，并支付了经济补偿。2017年12月，王某提出劳动仲裁，请求A客运公司支付其两年的未休年休假工资。仲裁委驳回了王某的仲裁请求。①

不定时工作制的劳动者无法按标准工作时间衡量，其工作日没有固定的上下班时间限制。关于不定时工作制职工是否可以享受年休假，司法实践争议较大，全国各省市裁审口径并不统一。比如在浙江，对于依法批准实行不定时工作制的职工，不适用未休年休假须支付3倍工资的规定。

【学习目标】

- 了解我国劳动法上的工时制度。
- 了解休息休假制度。
- 对最低工资的设立和标准有一定的认知。

21.1　工作时间

工作时间，是指法律规定的劳动者在一昼夜和一周内从事劳动的时间。工作时间的长度由法律直接规定，或由集体合同或劳动合同直接规定。劳动者或用人单位不遵守工作时间的规定或约定，要承担相应的法律责任。

根据《国务院关于职工工作时间的规定》，我国现行的标准工时制度是劳动者每日工作时间不超过八小时，平均每周工作时间不超过四十小时。在正常的情况下，任何单位和个人不得擅自延长劳动者的工作时间。

工作时间包括准备(结束)时间、作业时间、劳动者自然需要的中断时间和工艺中

① 改编自宁波市劳动人事争议仲裁院发布的2018年宁波市劳动争议典型案例之九。

断时间，其主要特点如下：

(1)工作时间是劳动者履行劳动义务的时间。根据劳动合同的约定，劳动者必须为用人单位提供劳动，劳动者提供劳动的时间即为工作时间。劳动时间有工作小时、工作日和工作周三种，其中工作日即在一昼夜内的工作时间，是工作时间的基本形式。

(2)工作时间不限于实际工作时间。工作时间的范围，不仅包括作业时间，还包括准备工作时间、结束工作时间以及法定非劳动消耗时间。

(3)工作时间是用人单位计发劳动者报酬的依据之一。劳动者按照劳动合同约定的时间提供劳动，即可以获得相应的工资福利待遇。加班加点的，可获得加班加点工资。

(4)工作时间的长度由法律直接规定，或由集体合同或劳动合同直接约定。

(5)劳动者或用人单位不遵守工作时间的规定或约定，要承担相应的法律责任。

企业能否实行每周 6 天工作制

在实践中，有些企业因工作性质和生产特点不能实行标准工时制度的，在保证劳动者每日工作时间不超过八小时，平均每周工作时间不超过四十小时的基础上，根据《劳动部关于职工工作时间有关问题的复函》的有关规定，可以实行每周六天工作制。

21.1.1　工时制度

1. 标准工时制度

标准工作时间(标准工时)是指法律规定的在一般情况下普遍适用的，按照正常作息办法安排的工作日和工作周的工时制度。我国的标准工时为劳动者每日工作 8 小时，平均每周工作 40 小时，每周至少一天休息日(《劳动法》第三十八条)。

实行计件工作的劳动者，用人单位应当根据每日工作不超过 8 小时、平均每周工作不超过 40 小时的工时制度，合理确定其劳动定额和计件报酬标准(《劳动法》第三十七条)。

标准工时制度工作时间的计算

年工作日：365 天－104 天(休息日)－11 天(法定节假日)＝250 天

季工作日：250 天÷4 季＝62.5 天/季

月工作日：250 天÷12 月＝20.83 天/月

工作小时数的计算：以月、季、年的工作日乘每日的 8 小时。

2. 非标准工时制度

(1)缩短工作时间是指法律规定的在特殊情况下劳动者的工作时间长度少于标准工作时间的工时制度，即每日工作少于 8 小时。

缩短工作日适用于：

①从事矿山井下、高温、有毒有害、特别繁重或过度紧张等作业的劳动者。

②从事夜班工作的劳动者。

③哺乳期内的女职工。

(2)延长工作时间是指超过标准工作日的工作时间，即日工作时间超过 8 小时，每周工作时间超过40小时。延长工作时间必须符合法律、法规的规定。

(3)不定时工作时间和综合计算工作时间。不定时工作时间，又称不定时工作制，是指无固定工作时数限制的工时制度。适用于工作性质和职责范围不受固定工作时间限制的劳动者。综合计算工作时间，又称综合计算工时工作制，是指以一定的期限为周期的工时制度。适用于需连续作业的工作或受季节和自然条件限制的作业。

(4)计件工作时间是以劳动者完成一定劳动定额为标准的工时制度。

综合计算工时的适用

符合以下条件之一的职工，可以实行综合计算工时工作制：一是交通、铁路、邮电、水运、航空、渔业等行业中因工作性质特殊，需连续作业的职工；二是地质及资源勘探、建筑、制盐、制糖、旅游等受季节和自然条件限制的行业的部分职工；三是因受季节条件限制，淡旺季节明显的瓜果、蔬菜等食品加工单位和服装生产，以及宾馆、餐馆的餐厅和娱乐场所的服务员等；四是其他适合实行综合计算工作制的职工。综合计算工时工作制的计算周期一般以周、月、季、年为周期，且其平均日工作时间和平均周工作时间应与法定标准时间基本相同。

21.1.2 职工不得拒绝延长工作时间的情形

有下列情形的，职工不得拒绝延长工作时间：

(1)发生自然灾害、事故或者因其他原因，使人民的安全健康和国家财产遭到严重威胁，需要紧急处理的；

(2)生产设备、交通运输线路、公共设施发生故障，影响生产和公众利益，必须及时抢修的；

(3)必须利用法定节日或公休假日的停产期间进行设备检修、保养的；

(4)为完成国防紧急任务，或者完成上级在国家计划外安排的其他紧急生产任务，以及商业、供销企业在旺季完成收购、运输、加工农副产品紧急任务的。

在上述特殊情况下，用人单位组织职工延长工作时间可不受法律规定的条件限制，但用人单位应当按照法律规定的标准支付延长工作时间的工资(《关于贯彻〈国务院关于职工工作时间的规定〉的实施办法》)。

《劳动法》第四十一条规定：用人单位由于生产经营需要，经与工会和劳动者协商后可以延长工作时间，一般每日不得超过一小时；因特殊原因需要延长工作时间的，在保障劳动者身体健康的条件下延长工作时间每日不得超过三小时，但是每月不得超过三十六小时。

《劳动法》第四十二条规定：有下列情形之一的，延长工作时间不受本法第四十一条规定的限制：

(一)发生自然灾害、事故或者因其他原因，威胁劳动者生命健康和财产安全，需要紧急处理的；

(二)生产设备、交通运输线路、公共设施发生故障，影响生产和公众利益，必须及时抢修的；

（三）法律、行政法规规定的其他情形。

王某春节期间加班案例

王某是某供电所的维修工，春节期间某线路经常出问题，王某经过几次维修后，向所领导反映问题，希望能把这段线路的电线换新的，所领导同意了，但因为在春节期间等各种问题，该段的电线必须等过了农历正月十五才能换。因此，王某要在春节期间加班维护这段线路的正常供电。但王某因故不能加班，同时王某认为加班加点应征得职工本人同意，最终王某坚持未加班。王某因拒不服从工作安排，给所里造成了一定的不良影响，供电所为了严肃劳动纪律，给王某以警告处分并扣除全年奖金。

王某所在单位属于上述第三种特殊情况，安排王某在春节期间加班，是可以不征求工会意见并且不和职工本人协商的，王某在身体健康能够胜任工作的情况下，是不得拒绝的。

21.1.3　工作时间的延长

延长工作时间是指工作时间超出法定正常界限，亦即职工在正常工作时间以外应当休息的时间内进行工作。

加班，指职工在法定节假日或公休假日进行工作；

加点，指职工在标准工作日以外延长时间进行工作，即提前上班或推迟下班。

延长工作时间要有相应的补偿。有下列情形之一的，用人单位应当按照下列标准支付高于劳动者正常工作时间工资的工资报酬：

(1)安排劳动者延长时间的，支付不低于工资的 150%的工资报酬；

(2)休息日安排劳动者工作又不能安排补休的，支付不低于工资的 200%的工资报酬；

(3)法定休假日安排劳动者工作的，支付不低于工资的 300%的工资报酬。

21.2　休息休假

休息休假是指劳动者在国家规定的法定工作时间外自行支配的时间，包括劳动者每天休息的时数、每周休息的天数、节假日、年休假、探亲假等。

休息休假的权利在宪法中有明确规定："中华人民共和国劳动者有休息的权利。国家发展劳动者休息和休养的设施，规定职工的工作时间和休假制度。"

《劳动法》第三十八条规定：用人单位应当保证劳动者每周至少休息一日。

《劳动法》第三十九条规定：企业因生产特点不能实行本法第三十六条、第三十八条规定的，经劳动行政部门批准，可以实行其他工作和休息办法。

《劳动法》第四十条规定：用人单位在下列节日期间应当依法安排劳动者休假：

(一)元旦；

(二)春节；

(三)国际劳动节；

(四)国庆节；

(五)法律、法规规定的其他休假节日。

劳动者在休息时间内无须向用人单位提供劳动。休息时间由劳动者自行支配，是劳动者实现休息权的必要保证。

1. 休息时间的种类

(1)工作日内的间歇时间。即在工作日内给予劳动者休息和用膳的时间，一般为1～2小时，最少不得少于半小时。

(2)工作日间的休息时间。即两个邻近工作日之间的休息时间，一般不少于16小时。

(3)公休假日，又称周休息日，是劳动者在1周(7日)内享有的休息日，公休假日一般为每周2日，一般安排在周六和周日休息。不能实行国家标准工时制度的企业和事业组织，可根据实际情况灵活安排周休息日，应当保证劳动者每周至少休息1日。

2. 休假的种类

(1)法定节假日。法律规定用于开展纪念、庆祝活动的休息时间。我国劳动法规定的法定节假日有：元旦，春节，国际劳动节，国庆节，法律、法规规定的其他休假节日。

(2)探亲假。劳动者享有保留工资、工作岗位而同分居两地的父母或配偶团聚的假期。探亲假适用于在国家机关、人民团体、全民所有制企业、事业单位工作满1年的固定职工。

(3)年休假。职工工作满一定年限，每年可享有的带薪连续休息的时间。国家实行带薪年休假制度。劳动者连续工作1年以上的，享受带薪年休假。具体办法由国务院规定(《劳动法》第四十五条)。

一周工作时间总量没有超过法定标准，是否合法?

王某是某合资大酒店的服务员，每天工作6小时，没有休息日。2004年9月的第一个星期天，王某提出每周应该有休息日，部门经理请示总经理不予批准。王某向当地劳动争议仲裁委员会提出申请，请求给予其享受休息日待遇。仲裁结果认定部门经理的行为是违法的，王某的休息日权利应当得到维护。

21.3 最低工资

最低工资是指劳动者在法定工作时间或依法签订的劳动合同约定的工作时间内提供了正常劳动的前提下，用人单位依法应支付的最低劳动报酬。

获得最低工资的前提是劳动者在法定工作时间内提供了正常劳动；最低工资标准是由政府通过立法确定的；只要劳动者提供了法定工作时间的正常劳动，用人单位支付的劳动报酬不得低于政府规定的最低工资标准。

最低工资一般不包括加班工资、特殊工作环境、特殊条件下的津贴，也不包括劳动者保险、福利待遇和各种非货币的收入。

最低工资应以法定货币按时支付，一般由政府制定最低工资标准。在国外，除了政府可以制定最低工资之外，某些行业的组织也可以自行制定该行业的最低工资。

关于最低工资纠纷的案例

某单位每年第一季度都会对所有的在职员工进行考核，考核结果为优秀的予以升职、加薪，考核结果为不及格的予以降职、降薪，对劳务派遣员工考核不合格的退回劳务派遣公司。最近，销售部的一名派遣女工在考核中不合格。但是她正处于哺乳期，她的约定工资为 5000 元，本人也同意退回劳务公司，但要求在无工作期间，劳务派遣公司继续支付原约定工资。而劳务派遣公司只同意支付最低工资。

1. 最低工资标准

设立最低工资标准，应当是维持劳动者本人最低生活的费用，即对劳动者从事一般劳动时消耗体力和脑力给予补偿的生活资料的费用，并且包括劳动者平均赡养人口的最低生活费，也是劳动者为满足一般社会劳动要求而不断提高劳动标准和专业知识水平所支出的必要费用。

最低工资标准一般采取月最低工资标准和小时最低工资标准的形式。月最低工资标准适用于全日制就业劳动者，小时最低工资标准适用于非全日制就业劳动者。

小薛是否达到最低工资标准案例

小薛 2010 年 4 月的工资为：基本工资 500 元、职务工资 300 元、工龄津贴 50 元、加班工资 300 元、夜班费 30 元、餐费补贴 200 元、交通费补贴 100 元、通信费补贴 100 元、奖金 300 元，应发工资共为 1880 元。小薛参加了上海市城镇养老保险。

最低工资规定并未剔除每月发放的奖金，因此奖金是可以包含在最低工资中的，但是不管工资奖金的比例如何规定，职工每月实际拿到手的钱不能低于最低工资标准。中班、夜班、高温、低温、井下、有毒有害等特殊工作环境条件下的津贴应从最低工资项目中剔除，其他如工龄津贴等则不在剔除范围之内。至于补贴，明确从最低工资中剔除的仅为伙食补贴、上下班交通费补贴、住房补贴等三类，但其他补贴，如副食品补贴、通信费补贴等则可计入最低工资。

据此，将小薛的 1880 元工资扣除加班工资 300 元、夜班费 30 元、餐费补贴 200 元、交通费补贴 100 元后为 1170 元，再依法扣除个人依法缴纳的社会保险费和住房公积金后，尚未达到最低工资标准。

2. 最低工资的适用主体

最低工资的适用主体为在中华人民共和国境内的企业、民办非企业单位、有雇工的个体工商户和与之形成劳动关系的劳动者。国家机关、事业单位、社会团体和与之建立劳动合同关系的劳动者，也依照执行。

3. 最低工资标准的确立

确定和调整月最低工资标准，应参考当地就业者及其赡养人口的最低生活费用、城镇居民消费价格指数、职工个人缴纳的社会保险费和住房公积金、职工平均工资、经济发展水平、就业状况等因素。

确定和调整小时最低工资标准，应在颁布的月最低工资标准的基础上，考虑单位应缴纳的基本养老保险费和基本医疗保险费等因素，同时应适当考虑非全日制劳动者在工作稳定性、劳动条件和劳动强度、福利等方面与全日制就业人员之间的差异。

21.3.1 最低工资的适用

1. 最低工资保障范围

最低工资保障范围，不仅包括劳动者本人的基本生活需要，而且包括劳动者赡养的家庭成员的生活需要。

2. 最低工资数额

最低工资数额由最低工资率确定。

3. 最低工资率

最低工资只确定了劳动者的最低工资标准，它要求所有的用人单位在向本单位劳动者支付工资或通过劳动合同约定工资数额时，均不得低于最低工资率确定的工资标准，否则，约定无效，并按最低工资标准执行。

从最低工资制度看导游“宰客”

广州有70%以上的导游是独立导游(兼职导游)，即使是全职导游，他们每月的基本工资也只有200多元，一天的出团补贴是40元。至于地陪，他们一般是没有基本工资的，主要是靠购物回扣和加点取得收入。在这种经营方式下，导游不想“宰客”也难。

任何“行规”都不能违反法规。旅行社可以对导游实行浮动工资，但是不应把经营风险转嫁给劳动者，即员工不能没有保底工资。当然，这个“底薪”不同于最低工资，可以高于最低工资标准，也可以低于最低工资，但劳动者只要在法定工作时间内提供了正常劳动，实际所得就不得低于最低工资标准。

21.3.2 法律责任

用人单位低于当地最低工资标准支付劳动者工资的，应当支付其差额部分；逾期不支付的，责令用人单位按应付金额百分之五十以上、百分之一百以下的标准向劳动者加付赔偿金。

用人单位违反最低工资规定的，由劳动部门责令补发工资，并按工资数额1～5倍向劳动者支付赔偿金。

【本章小结】

工作时间的要点为履行劳动义务的时间、不限于实际工作时间、用人单位计发劳动者报酬依据、时间的长度由法律直接规定、不遵守约定要承担法律责任。

工作时间的种类包括标准工作时间、缩短工作时间、延长工作时间、不定时和综合计算工作时间和计件工作时间。

休息休假分为休息和休假。休息包括工作日内的间歇时间、工作日间的休息时间、公休假日，休假包括法定节假日、探亲假、年休假。

最低工资保障的是劳动者本人和赡养的家庭成员的生活需要。最低工资是由最低工资率来确定的，用人单位不得低于最低工资率确定工资标准。

【课后测验】

1. 关于最低工资保障制度，下列哪些说法是正确的？（　　）

A. 按照最低工资保障制度，用人单位支付劳动者的工资不得低于当地最低工资标准

B. 乡镇企业不适用最低工资保障制度

C. 加班工资不包括在最低工资之内

D. 劳动者在婚丧假以及依法参加社会活动期间，用人单位应当依法支付工资

2. 根据劳动法规定，下列有关工作时间的说法，哪些是正确的？（　　）

A. 我国实行劳动者每日工作时间不超过 8 小时，平均每周工作时间不超过 44 小时的制度

B. 用人单位应当保证劳动者每周休息 2 日

C. 用人单位不能实行法定工作时间，需要实行其他工作时间的，必须经过劳动行政部门的批准

D. 用人单位因生产经营需要而延长工作时间的，应当与工会和劳动者协商，而且一般不得超过 1 小时

3. 王某的日工资为 100 元。2020 年 5 月 1 日至 5 日，根据政府规定放假 5 天，其中 3 天属于法定假日，2 天属于前后两周的周末公休日。公司安排王某在这 5 天加班。根据劳动法的规定，公司除应向王某支付每日 100 元的工资外，还应当向王某支付多少加班费？（　　）

A. 800 元

B. 1300 元

C. 500 元

D. 1000 元

【深入阅读】

自愿放弃社会保险的效力

2021 年 1 月 25 日，福建省一名公交车司机陈某在行车途中突发心梗死亡，公司以曾让员工签署“自愿放弃社保协议”为由拒绝将陈某之死认定为工伤。

社会保险是用人单位依据法律规定应给予劳动者的保障性待遇，俗称“五险一金”，包括养老保险、医疗保险、失业保险、工伤保险和生育保险，以及住房公积金。在上

述社会保险中，工伤险和生育险完全由用人单位缴纳，其他保险由用人单位与劳动者按照一定比例分担。在目前的用工实践中，许多用人单位与劳动者签署“自愿放弃缴纳社保声明书”，单位将社保换成现金直接交给员工。这种行为看起来是“你情我愿”，员工工资也实现了增长，但实际上损害了劳动者权益，一旦出问题劳动者往往处于弱势地位。用人单位为员工缴纳社会保险是法定义务，双方不能约定放弃社会保险，此种行为本身是违反法律规定的，对国家的社会保障制度造成了损害，因此“自愿放弃社保协议”无效。

【网络学习】

请检索阅读《中华人民共和国社会保险法》，并查询自己所在城市的社会保险缴费比例。

【课后思考】

请在中国裁判文书网检索2017年宁波市劳动争议典型案例之十，思考企业能否根据具体情况制定与法律相关规定不同的休假制度。

案情简介：2015年11月30日至2016年9月30日，陈某在B公司工作。2017年1月7日，陈某向当地劳动人事争议仲裁委员会申请仲裁，要求B公司支付1天应休未休年休假工资。B公司认为根据公司规章制度规定，员工在本单位工作满一年后方可享受年休假，而陈某工作未满一年，因此不能享受带薪年休假，也无须支付未休年休假的工资。仲裁委裁决B公司支付陈某1天的未休年休假工资。法律虽然赋予用人单位通过规章制度行使其用人自主权和管理权，但其前提是不违反法律法规的相关规定，否则该规章制度对劳动者就不产生法律效力。《职工带薪年休假条例》和《企业职工带薪年休假实施办法》对职工享受带薪年休假的条件、享受天数以及未休年休假的工资支付均作出了明确规定，任何与上述规定不一致的企业“小宪法”，均不会得到法律支持。

第五编
公司法

第22章　企业组织

【导言】

现代社会，企业组织在经济生活中扮演着重要的角色。民商法上的组织分为法人组织和非法人组织，法人是具有民事权利能力和民事行为能力，依法独立享有民事权利和承担民事义务的组织。非法人组织是不具有法人资格，但是能够依法以自己的名义从事民事活动的组织。当代社会有合伙企业、个人独资企业和公司三种组织形态。比如，明星的个人工作室以及某某娱乐中心就是典型的个人独资企业。大成律师事务所、普华永道会计师事务所就是合伙企业。中国南方航空股份有限公司、泸州老窖集团有限公司就是普遍存在的两种公司形态。不论哪一种企业组织形态，其根本目的都在于营利，其自身的发展演变也都是以增加盈利、降低风险为中心进行的。本章我们就集中讨论合伙企业、个人独资企业及公司这三种企业组织的概念、特征、设立及管理运营中的问题。

【学习目标】

- 了解企业组织形式。
- 学习合伙企业的类型及其区别。
- 掌握个人独资企业、一人有限责任公司及个体工商户的区别。
- 掌握公司的各项法律特征及公司的能力限制。
- 清楚章程对于公司的意义。

22.1　合伙企业

合伙企业是一种非法人组织，不具有独立的法律人格。不同于其他的非法人组织，比如工会、政党、共青团、消费者协会等，合伙企业以营利为目的；但其也不同于以营利为目的的公司法人。合伙企业组织形式简便，集资迅速灵活，创办手续更简便，内部的凝聚力及稳定性也更强。但同时，相对于公司而言，合伙企业的资金来源和企业信用能力有限，使得合伙企业的规模受到限制，合伙企业的连带责任也加重了合伙人的风险。2007年修订的《中华人民共和国合伙企业法》(以下简称《合伙企业法》)对我国合伙企业的设立和运行进行了规范。

22.1.1 合伙企业及其特征

合伙企业是契约式企业。依据《合伙企业法》，合伙企业是由各合伙人依法订立合伙协议，共同出资，合伙经营，共享收益，共担风险，并承担无限连带责任的企业。它具有以下特点：合伙企业具有契约性，以合伙协议为前提或基础；具有人合性，须有两个或两个以上合伙人，以人的信用为基础；具有合伙性，内部关系属于合伙关系，利害一体。

合伙企业相对于公司来说，是一种纯人合组织，比公司更注重每一位合伙人的意愿。联系每一位合伙人的纽带就是合伙协议，协议约定了合伙人所享受的权利和承担的义务，合伙人的出资方式、数额和期限，合伙人分配利润和分担亏损的办法，合伙企业的事务执行、解散和清算等事宜。还须明确的一点是，合伙企业不具有法人资格，只具有相对独立的人格，合伙企业的财产只具有相对独立性。

22.1.2 合伙企业的分类

合伙企业分为普通合伙企业和有限合伙企业。普通合伙企业由普通合伙人组成，合伙人对合伙企业债务承担无限连带责任。普通合伙人又分为普通合伙及特殊的普通合伙，即一些专业服务机构，如律师事务所、会计事务所及医师事务所等。有限合伙企业由普通合伙人和有限合伙人组成，普通合伙人对合伙企业债务承担无限连带责任，有限合伙人以其认缴的出资额为限对合伙企业债务承担责任。国有独资公司、国有企业、上市公司以及公益性的事业单位、社会团体不得成为普通合伙人。

须要记住的一点是，合伙企业中必须存在普通合伙人。

22.1.3 普通合伙企业

1. 普通合伙企业的设立

(1)设立普通合伙企业，须要具备以下条件：

①有两个以上合伙人。合伙人为自然人的，应当具有完全民事行为能力。

②有书面合伙协议。

③有合伙人认缴或者实际缴付的出资。

④有合伙企业的名称和生产经营场所。

⑤法律、行政法规规定的其他条件。

(2)关于合伙人的出资，应明确以下几点：

①合伙人可以用货币、实物、知识产权、土地使用权或者其他财产权利出资，也可以用劳务出资；

②合伙人以实物、知识产权、土地使用权或者其他财产权利出资，需要评估作价的，可以由全体合伙人协商确定，也可以由全体合伙人委托法定评估机构评估；

③只有普通合伙人可以用劳务出资，有限合伙人不可以。

合伙协议经全体合伙人签名、盖章后生效。修改或者补充合伙协议，应当经全体合伙人一致同意；但是，合伙协议另有约定的除外(《合伙企业法》第十九条)。合伙协议禁止约定以下事项：全部利润分配给部分合伙人，由部分合伙人承担全部亏损。

2. 普通合伙企业的财产

合伙企业财产的构成：

(1)合伙人的出资；

(2)以合伙企业名义取得的收益；

(3)依法取得的其他财产。

合伙企业财产份额的转让分为两种情况：内部转让的情况下，应当通知其他合伙人；外部转让的情况下，须经其他合伙人一致同意，在同等条件下，其他合伙人有优先购买权；合伙协议对转让和优先购买权另有约定的除外。

财产份额的出质须经其他合伙人一致同意；未经其他合伙人一致同意，其行为无效，由此给善意第三人造成损失的，由行为人依法承担赔偿责任。

思考：甲向乙购买临街铺面一间，成交后未办理房屋产权变更登记。随后，甲以该房屋作为出资，与乙共同创办了一家合伙商店。一年后，甲因私人债务与丙签订合同，将此房屋抵押与丙。乙提出异议。对此案应如何认定？合伙企业成立和房屋抵押合同的效力如何？

3. 普通合伙事务执行

首先需要明确的是，合伙人对执行合伙事务享有同等的权利。但在日常的企业运营中，当合伙人委托一个或者数个合伙人对外代表合伙企业，执行合伙事务时，其他合伙人不再具有执行合伙事务权，但具有监督权，同时执行事务合伙人应向其他合伙人报告事务执行情况以及合伙企业的经营和财务状况。

合伙人分别执行合伙事务的，执行事务合伙人可以对其他合伙人执行的事务提出异议。合伙人提出异议时，应当暂停该项事务的执行。合伙人如果发生争议，有约定的，按约定处理；无约定的，按法定处理(合伙人一人一票并经全体合伙人过半数通过)。

还有一些特殊规定，即应当经全体合伙人一致同意的事项(法定事项，仍以约定为先)如下：

(1)改变合伙企业名称；

(2)改变合伙企业的经营范围、主要经营场所的地点；

(3)处分合伙企业不动产；

(4)转让或者处分合伙企业的知识产权和其他财产权利；

(5)以合伙企业名义为他人提供担保；

(6)聘任合伙人以外的人担任合伙企业的经营管理人员(《合伙企业法》第三十一条)。

合伙企业的利润分配与亏损承担按照如下顺序进行：有约定的，按约定；未约定或者约定不明确的，协商决定；协商不成的，按照实缴出资比例分配、分担；无法确定出资比例的，合伙人平均分配、承担。

4. 入伙与退伙

新合伙人入伙，在程序上要依合伙人约定；无约定的情况下，应当经全体合伙人一致同意，并依法订立书面入伙协议。新合伙人入伙后，对入伙前合伙企业的债务承担无限连带责任。

退伙分为自愿退伙、通知退伙、当然退伙及除名退伙，以下分别介绍。

(1)自愿退伙为在合伙协议约定合伙期限，在合伙企业存续期间，出现了以下任何一种情形：

①合伙协议约定的退伙事由出现；

②经全体合伙人一致同意；

③发生合伙人难以继续参加合伙的事由；

④其他合伙人严重违反合伙协议约定的义务(《合伙企业法》第四十五条)。

(2)通知退伙发生的条件为：合伙协议未约定合伙期限，退伙不给合伙企业事务执行造成不利影响，提前30日通知其他合伙人。

擅自退伙的案例

甲为某合伙企业的合伙人，合伙协议约定经营期限为10年，经营至第3年时，张某在未经全体合伙人一致同意的情况下擅自退伙。由于张某为执行合伙企业事务的合伙人，其擅自退伙导致一合同未能履行，依定金罚则须返还对方2万元。该2万元由谁承担？

提示：合伙人违反自愿退伙和通知退伙的责任，应当赔偿由此给合伙企业造成的损失。

(3)当然退伙的法律情形包括：

①作为合伙人的自然人死亡或者被依法宣告死亡；

②个人丧失偿债能力；

③作为合伙人的法人或者其他组织依法被吊销营业执照、责令关闭、撤销，或者被宣告破产；

④法律规定或者合伙协议约定合伙人必须具有相关资格而丧失该资格；

⑤合伙人在合伙企业中的全部财产份额被人民法院强制执行(《合伙企业法》第四十八条)。

合伙人被依法认定为无民事行为能力人或者限制民事行为能力人的，不一定当然退伙，经其他合伙人一致同意，可以依法转为有限合伙人，普通合伙企业依法转为有限合伙企业。

合伙人死亡后，按照合伙协议的约定或者经全体合伙人一致同意，该合伙人的合法继承人从继承开始之日起，取得该合伙企业的合伙人资格。如果继承人不愿意成为合伙人或者法律规定或者合伙协议约定合伙人必须具有相关资格，而该继承人未取得该资格，比如作为合伙人需具备会计从业资格，合伙企业应当向合伙人的继承人退还被继承合伙人的财产份额，该继承人不再取得合伙人资格。如果继承人欠缺民事行为能力，不一定能取得合伙人资格，经全体合伙人一致同意，可以依法成为有限合伙人，普通合伙企业依法转为有限合伙企业。

(4)除名退伙的法律情形为：

①未履行出资义务。

②因故意或者重大过失给合伙企业造成损失。

③执行合伙事务时有不正当行为。

④发生合伙协议约定的事由。

其他合伙人一致同意，达成除名决议，并书面通知被除名人，被除名人接到除名通知日起，被除名人退伙(《合伙企业法》第四十九条)。

5. 特殊的普通合伙企业

特殊的普通合伙企业是指以专业知识和专门技能为客户提供有偿服务的专业服务机构型合伙企业，如律师事务所、会计师事务所、医师事务所、设计师事务所等。特殊的普通合伙企业必须在其企业名称中标明“特殊普通合伙”字样，以区别于普通合伙企业。

特殊的普通合作企业责任承担方式为：合伙人在执业活动中非因故意或者重大过失造成的合伙企业债务以及合伙企业的其他债务，由全体合伙人承担无限连带责任。合伙人执业活动中因故意或重大过失造成的合伙企业债务，以合伙企业财产对外承担责任后，该合伙人应按合伙协议的约定对给合伙企业造成的损失承担赔偿责任。

特殊的普通合伙企业的责任承担案例

注册会计师甲、乙、丙投资设立 A 会计师事务所，该会计师事务所的形式为特殊的普通合伙企业。后甲在对 B 上市公司的年度会计报告进行审计过程中，因接受 B 上市公司的贿赂出具了虚假的审计报告，经人民法院判决承担赔偿责任。由于甲在执业活动中，因故意造成合伙企业债务，根据《合伙企业法》的规定，该赔偿责任由该会计师事务所承担后，甲依合伙协议赔偿该事务所的损失。

22.1.4　有限合伙企业

1. 有限合伙企业的设立

有限合伙企业由普通合伙人和有限合伙人组成，普通合伙人对合伙企业债务承担无限连带责任，有限合伙人以其认缴的出资额为限对合伙企业债务承担责任。

有限合伙企业实现了企业管理权和出资权的分离，可以结合企业管理方和资金方的优势，因而是国外私募基金的主要组织形式，我们耳熟能详的黑石集团、红杉资本都是合伙制企业。

有限合伙企业的设立条件为：

(1)由两个以上五十个以下合伙人组成；

(2)有书面合伙协议;

(3)有合伙人认缴或者实际缴付的出资;

(4)有合伙企业的名称和生产经营场所;

(5)法律、行政法规规定的其他条件。

《合伙企业法》规定,有限合伙人可以用货币、实物、知识产权、土地使用权或者其他财产权利作价出资。有限合伙人不得以劳务出资。

须要注意的是,有限合伙企业中最少有一个普通合伙人,有限合伙人不得以劳务出资。

2. 有限合伙企业的财产

有限合伙企业与普通合伙企业的财产构成相同。同时,《合伙企业法》规定,有限合伙企业不得将全部利润分配给部分合伙人;但是,合伙协议另有约定的除外。

《合伙企业法》规定,有限合伙人可以按照合伙协议的约定向合伙人以外的人转让其在有限合伙企业中的财产份额,但应当提前30日通知其他合伙人。这是因为当有限合伙人向合伙人以外的其他人转让其在有限合伙企业中的财产份额时,有限合伙企业的其他合伙人有优先购买权。

有限合伙人可以将其在有限合伙企业中的财产份额出质,出质原则与普通合伙人相同。

3. 有限合伙企业事务的执行

有限合伙企业中普通合伙人执行合伙事务,并可要求在合伙协议中确定执行事务的报酬及提取方式。有限合伙人不执行合伙事务,不得对外代表有限合伙企业。

第三人有理由相信有限合伙人为普通合伙人并与其交易的,该有限合伙人对该笔交易承担与普通合伙人同样的责任。

4. 合伙企业形式及合伙人性质的变化

有限合伙企业仅剩有限合伙人的,应当解散;有限合伙企业仅剩普通合伙人的,转为普通合伙企业。普通合伙人转变为有限合伙人,或者有限合伙人转变为普通合伙人,应当经全体合伙人一致同意;但是,合伙协议另有约定的除外。

22.1.5 合伙企业的解散与清算

1. 合伙企业的解散

合伙企业解散,是指因法定原因或约定原因而使各合伙人解除合伙协议,合伙企业终止活动。合伙企业有下列情形之一的,应当解散:

(1)合伙期限届满,合伙人决定不再经营;

(2)合伙协议约定的解散事由出现;

(3)全体合伙人决定解散;

(4)合伙人已不具备法定人数满三十天;

(5)合伙协议约定的合伙目的已经实现或者无法实现;

(6)依法被吊销营业执照、责令关闭或者被撤销；

(7)法律、行政法规规定的其他原因(《合伙企业法》第八十五条)。

2. 合伙企业的清算

按《合伙企业法》规定，合伙企业解散后应当进行清算，并通知和公告债权人，清算人由全体合伙人担任；未能由全体合伙人担任清算人的，经全体合伙人过半数同意，可以自合伙企业解散后十五日内指定一名或者数名合伙人，或者委托第三人，担任清算人。十五日内未确定清算人的，合伙人或者其他利害关系人可以申请人民法院指定清算人。

(1)清算人在清算期间执行下列事务：

①清理合伙企业财产，分别编制资产负债表和财产清单；

②处理与清算有关的合伙企业未了结的事务；

③清缴所欠税款；

④清理债权、债务；

⑤处理合伙企业清偿债务后的剩余财产；

⑥代表合伙企业参与民事诉讼活动。

(2)合伙企业财产在支付清算费用后，按下列顺序清偿：

①合伙企业所欠招用的职工工资和劳动保险费用；

②合伙企业所欠税款；

③合伙企业的债务；

④返还合伙人的出资。

合伙企业财产按上述顺序清偿后仍有剩余的，由合伙人依照合伙协议约定的比例分配和分担；合伙协议未约定利润分配和亏损分担比例的，由各合伙人平均分配和分担。

合伙企业清算时，其全部财产不足清偿其债务的，由合伙人依照合伙协议约定的比例，合伙协议未约定亏损分担比例的，由各合伙人按平均分担的办法，用其在合伙企业出资以外的财产承担清偿责任。合伙人由于承担连带责任，所清偿数额超过其应当承担的数额时，有权向其他合伙人追偿。

合伙企业解散后，原合伙人对合伙企业存续期间的债务仍应承担连带责任；但债权人在五年内未向债务人提出偿债请求的，该责任消灭。

清算结束，应当编制清算报告，经全体合伙人签名、盖章后，在十五日内向企业登记机关报送清算报告，办理合伙企业注销登记。

22.2　个人独资企业

个人独资企业是由一个自然人投资，财产为投资人所有，投资人以其个人财产对企业债务承担无限责任的经营实体。个人独资企业既不同于自然人，也不同于法人，其投资人只能是自然人，而且是一个自然人。个人独资企业没有自己独立的财产，其财产由投资人所有；但个人独资企业的财产在财务制度上是相对独立于投资人的其他财产的，比如投资人管理企业的成本。个人独资企业不具有法人地位，属于典型的非法人企业。

22.2.1 个人独资企业、一人有限责任公司与个体工商户

个人独资企业是由一个自然人投资的企业，法人和其他组织都不能作为个人独资企业的设立人。个人独资企业的投资人对企业的债务承担无限责任。个人独资企业虽没有独立的财产，但属于非法人企业，是独立的民事主体，可以自己的名义从事民事活动。

一人有限责任公司是具有法人资格的经济实体，其股东可以是一个自然人，也可以是一个法人。一人有限责任公司是独立的企业法人，具有完全的民事权利能力、民事行为能力和民事责任能力，是有限责任公司中的特殊类型，股东以出资额为限对公司的债务承担有限责任。

个体工商户是从事工商业经营的自然人或家庭。其投资者与经营者是同一人，都必须是投资设立个体工商户的自然人；其与个人独资企业都属于非法人组织，不具有法人资格。个人独资企业必须要有固定的生产经营场所和合法的企业名称；而个体工商户可以不起字号名称，也可以没有固定的生产经营场所而流动经营。一般情况下，个体工商户是以投资者自己的名义进行法律活动，并以自己全部财产承担对外全部债务的无限连带责任；家庭经营的，以家庭全部财产承担全部债务的无限连带责任。

22.2.2 个人独资企业的设立

1. 个人独资企业的设立条件

设立个人独资企业应当具备下列条件：

(1)投资人为一个具有民事行为能力的自然人；

(2)有合法的企业名称；

(3)有投资人申报的出资；

(4)有固定的生产经营场所和必要的生产经营条件；

(5)有必要的从业人员。

2. 个人独资企业的设立程序

(1)提出申请；

(2)工商登记；

(3)分支机构登记。

22.2.3 个人独资企业的事务管理

个人独资企业投资人可以自行管理企业事务，也可以委托或者聘用其他具有民事行为能力的人负责企业的事务管理。

个人独资企业管理人对外行为的效力案例

个人独资企业投资人甲聘用乙管理企业事务，同时对乙的职权予以限制，凡乙对外签订标的额超过 1 万元的合同，须经甲同意。某日，乙未经甲同意与善意第三人丙签订了一份标的额为 2 万元的买卖合同。该合同有效。这是因为投资人对受托人或者被聘用人员职权的限制，不得对抗善意第三人。

22.2.4 个人独资企业的解散与清算

个人独资企业有下列情形之一时，应当解散：投资人决定解散；投资人死亡或者被宣告死亡，无继承人或者继承人决定放弃继承；被依法吊销营业执照；法律、行政法规规定的其他情形。

个人独资企业解散，由投资人自行清算或者由债权人申请人民法院指定清算人进行清算。投资人自行清算的，应当在清算前十五日内书面通知债权人，无法通知的，应当予以公告。债权人应当在接到通知之日起三十日内，未接到通知的应当在公告之日起六十日内，向投资人申报其债权。

清算时债权的清算顺序为：(1)所欠职工工资和社会保险费用；(2)所欠税款；(3)其他债务。

22.3 公司

公司实际上是一种三权分立的组织，现代公司创设的股东大会、董事会、监事会三个机关，分别行使决策权、经营控制权及监督权，从而形成了“三权分立与制衡”的法人治理结构。20 世纪后，公司法的价值取向偏重于长期的、包括债权人、分类股东等主体在内的多方利益群体的利益。

22.3.1 公司、企业与法人

公司是营利法人，有独立的法人财产，享有法人财产权，并且公司以其全部财产对公司债务承担责任。公司分为有限责任公司和股份有限公司两种类型：有限责任公司的股东以其认缴的出资额为限对公司承担责任，股份有限公司的股东以其认购的股份为限对公司承担责任。公司股东之间是资合关系。

经济学中的企业是以获得利润为目的而进行活动的个别经济组织。在法律规范中，企业分为企业法人和非法人组织(如合伙企业)；因此企业不一定是法人，但公司一定是法人。从种属关系来看，企业包括公司。

法人是具有民事权利能力和民事行为能力，依法独立享有民事权利和承担民事义务的组织。法人具有独立的人格、独立的组织机构、独立的财产，并能独立承担民事责任。我国法人分为营利法人、非营利法人、特别法人三种。与法人相对应的是非法人组织，即不具有法人资格，但是能够依法以自己的名义从事民事活动的组织。我国非法人组织包括个人独资企业、合伙企业、不具有法人资格的专业服务机构等。

22.3.2 公司的法律特征

公司是以营利为目的的企业组织。营利是股东设立公司的最基本的目的，追求“利润最大化”；营利是为股东营利，不是为公司自己营利，公司赚的钱最终分配给股东，即“股东至上”。

现代公司社会责任理论强调公司董事、管理层在运营管理公司中要考虑各方利益，公司承担一定的社会责任有利于公司的声誉，实际上也有利于公司的发展。

公司社会责任的源起——1919 年道奇诉福特公司案

福特汽车公司成立于 1903 年。亨利·福特持有 58%的股份，控制着董事会。道奇兄弟持有 10%的股份，另有五名股东持有剩下 32%的股份。从 1908 年开始，福特汽车每年支付固定的分红 120 万美元，从 1911 年开始到 1915 年 10 月，福特汽车还派发特别分红，累计 4100 万元。但是在截至 1916 年 7 月 31 日的财政年度终结后，福特宣布公司不再派发任何特别分红。此时，公司有 1.12 亿美元的盈余，包括 5250 万美元的现金和 130 万美元的市政债券。福特解释其不支付特别分红的原因是：福特公司赚了太多的钱，有太高的利润。福特计划降低汽车的售价(从每辆 440 美元降低到 360 美元)，但仍保持原来的质量，以此帮助尽可能多的人创造美好生活。道奇兄弟不满福特的决定，向法院提起了诉讼，该案上诉到密歇根高等法院，高等法院支持了一审判决，并发表了如下意见：公司的主要目的是为股东创造利润。公司董事在行使其权力时，亦应服务于该目的。董事在行使判断时，应选择实现前述目的的方式，而不能过分到改变这一根本目的。董事不能为了其他的目的选择减少利润或者不向股东分红。

公司具有独立的法人地位。公司法人的法律性质表现得比其他法人更为突出、更为充分。首先表现为公司拥有独立的财产，可以独立地处分自己的财产；其次表现为公司设有独立的组织机构，即股东会、董事会、监事会、经理等组织机构；最后表现为公司独立承担财产责任，这里的独立是公司责任相对于股东责任、工作人员责任及其他法人组织责任的独立。

公司法人人格否认制度，又称为“揭开公司面纱”，它修正公司绝对的独立人格，避免股东滥用公司法人独立性。公司法规定公司股东滥用公司法人独立地位和股东有限责任，逃避债务，严重损害公司债权人利益的，应当对公司债务承担连带责任。

公司是以股东投资为基础组成的社团法人。社团法人就是由若干的社员组成的团体，公司是由两个以上股东组成的，因此是社团法人。

一人有限公司是对公司社团性的修正，我国公司法在承认一人公司的同时，也对它做了特别的、系统的规定，其中包括：一人公司的最低注册资本必须达到 10 万元；一个自然人只能投资一个一人有限公司；一人有限公司不能再投资设立新的一人公司；一人公司的名称中、营业执照中、公司登记时必须明确注明是自然人独资还是法人独资；一人公司不设股东会；一人公司承担股东的财产独立的证明责任，即股东不能证明公司财产独立于自己的财产，就应对公司的债务承担连带责任。

22.3.3　公司章程

公司章程，是指公司必须具备的，由公司投资者制定的，并对公司股东、董事、监事、经理等具有约束力的，调整公司内外法律关系的自治规则。公司章程具有法定性、真实性、自治性和公开性，是对外经营的基本法律依据，也是确定公司权利义务关系的基本法律文件和自治规范。

1. 公司章程的制定

有限责任公司的章程由股东共同制定，经全体股东一致同意，由股东在公司章程上签名盖章。修改公司章程，必须经代表三分之二以上表决权的股东通过。股份有限公司章程由发起人制定，经出席创立大会的认股人所持表决权的半数以上通过；修改公司章程，必须经出席股东大会的股东所持表决权的三分之二以上通过。

公司章程缺少上述必备事项或章程内容违背国家法律法规规定的，公司登记机关应要求申请人进行修改；申请人拒绝修改的，应驳回公司登记申请。

2. 公司章程的修改

有下列情形之一的，公司应当修改章程：

(1)《公司法》或有关法律、行政法规修改后，章程规定的事项与修改后的法律、行政法规的规定相抵触；

(2)公司的情况发生变化，与章程记载的事项不一致；

(3)股东大会决定修改章程。

3. 公司章程的修改程序

根据《公司法》的规定，公司章程的修改应依照以下程序进行：

(1)由公司董事会作出修改公司章程的决议，并提出章程修改草案。

(2)股东会对章程修改条款进行表决。有限责任公司修改公司章程，须经代表三分之二以上表决权的股东通过；股份有限公司修改章程，须经出席股东大会的股东所持表决权的三分之二以上通过。

(3)公司章程的修改涉及需要审批的事项时，报政府主管机关批准。如股份有限公司为注册资本而发行新股时，必须向国务院授权的部门或者省级人民政府申请批准；属于向社会公开募集的，须经国务院证券管理部门批准。

(4)公司章程的修改涉及需要登记事项的，报公司登记机关核准，办理变更登记；未涉及登记事项，送公司登记机关备案。

(5)公司章程的修改涉及需要公告事项的，应依法进行公告。如公司发行新股募足股款后，必须依法定或公司章程规定的方式进行公告。

(6)修改章程需向公司登记机关提交“股东会决议”及“章程修正案”，若涉及登记事项，须有公司法人签章方可完成变更。

章程通常会规定董事的权力、监事会的职权、经理的职权，同时也会规定股东和高级管理人员的义务和责任，对他们具有约束力。公司对外担保、对外投资必须经过股东会、董事会的决议，还规定公司章程可以对公司对外担保的数额包括总额和单笔担保的金额作出规定(《公司法》第十五条)。

某建材集团进出口公司诉某经贸有限公司、某投资有限公司等进出口代理合同纠纷案

裁判要旨：《公司法》第十五条并未明确规定公司违反该规定对外提供担保导致担保合同无效；公司内部决议程序，不得约束第三人；该条款并非效力性强制性规定；依据该条款认定担保合同无效，不利于维护合同的稳定和交易的安全。

22.3.4 公司的类型

《公司法》将公司分为有限责任公司和股份有限公司。有限责任公司具有资合性和人合性，出资转让受到一定的限制，自由度不如股份有限公司高；有限责任公司的组织结构相对简单，股东人数较少的可以不设董事会，只设一名执行董事；有限责任公司具有一定的封闭性，不得向社会公开募集资本。股份有限公司属于典型的资合公司，其股份可以进行相对自由的转让；股份有限公司的股东无上限，但发起人有2～200的人数限制；股份有限公司的股份具有均等性。

在实务中，公司的其他分类也十分重要。①以组织管辖系统为标准，公司分为总公司和分公司。总公司为独立法人；分公司不属于独立法人，也没有自己独立的财产，分公司的业务、资金和人事都受到总公司的统一管辖与安排。②以公司之间的控制关系为标准，公司可分为母公司与子公司。母公司和子公司均为独立法人，各自承担各自的债务。③以公司和公众资本市场之间的关系为标准，公司分为封闭公司和公众公司。封闭公司的股份只向特定范围的股东发行，股东的股份不能在证券市场公开挂牌交易；公众公司的股份可以在证券市场上向社会公开发行股票，股东持有的股票也可在证券交易所公开挂牌交易。

22.3.5 公司的能力

1. 公司的权利能力

公司的权利能力是公司作为法律主体依法享有权利承担义务的资格。权利能力自公司成立时产生，公司终止时消灭。公司的权利主要包括名称权、财产权、名誉权等，相对于自然人的权利范围来说，有以下三方面的限制：①性质上的限制。某些自然人所享有的权利能力是法人所没有的，特别是与人格权上有关的一些权利，如姓名权、健康权、生命权。②法律上的限制。比如对公司借贷的限制，对公司对外提供担保的限制，以及对公司转投资的限制。③经营范围的限制。公司要在合法登记的经营范围内从事经营活动，在司法实践、行政管理过程中，对经营范围的限制在放宽。

2. 公司的行为能力

公司的行为能力是公司基于自己的意思表示，以自己的行为行使权力，承担义务的能力。公司的行为是由代表机关的行为来实现的，包括股东会、董事会、监事会，其中最重要的是法定代表人。公司法规定董事长、执行董事或者经理都可以作为法定代表人，具体由公司章程规定。公司法定代表人变更应当办理变更登记，法定代表人的变更应当从股东大会作出决议时开始生效。第三人、相对人在不知情的情况下发生了交易、签订了合同，不能主张合同无效，因为不得以变更对抗善意第三人。

【本章小结】

合伙企业是一种契约式企业，是一种纯人合企业；按照承担责任的方式不同分为普通合伙企业与有限合伙企业，以专业知识和专业技能提供有偿服务的是特殊的普通合伙企业。

个人独资企业是由一个自然人投资的企业，投资人对企业的债务承担无限责任；个人独资企业虽没有独立的财产，但属于非法人企业，是独立的民事主体，可以自己的名义从事民事活动。

《公司法》将公司分为有限责任公司和股份有限公司。有限责任公司兼具资合性与人合性，股份有限公司具有极强的资合性。

【课后测验】

1. 根据《合伙企业法》规定，关于合伙人，下列选项错误的是（　　）

A. 有限责任公司不能成为普通合伙人

B. 个人丧失偿债能力的，不能成为普通合伙人

C. 无民事行为能力人或者限制民事行为能力人，可以成为有限合伙人

D. 夫妻不能在同一个合伙企业中同时成为普通合伙人

2. 张某为避免合作矛盾与问题，不想与人合伙或合股办企业，欲自己单干。朋友对此提出以下建议，其中哪一建议是错误的？（　　）

A. 可选择开办独资企业，也可选择开办一人有限公司

B. 如选择开办一人公司，那么注册资本不能少于10万元

C. 如选择开办独资企业，则必须自己进行经营管理

D. 可同时设立一家一人公司和一家独资企业

3. 甲与乙为一有限责任公司股东，甲为董事长。2020年4月，在一次出差途中遭遇车祸，甲与乙同时遇难。关于甲、乙股东资格的继承，下列哪一表述是错误的？（　　）

A. 在公司章程未特别规定时，甲、乙的继承人均可主张股东资格继承

B. 在公司章程未特别规定时，甲的继承人可以主张继承股东资格与董事长职位

C. 公司章程可以规定甲、乙的继承人继承股东资格的条件

D. 公司章程可以规定甲、乙的继承人不得继承股东资格

【深入阅读】

《民法典》背景下的合伙企业财产制度

《民法典》于2021年1月1日正式生效，其确立了包括合伙企业在内的非法人组织的独立民事主体地位，《民法典》合同编增设"合伙合同"强化了契约型与组织型合伙财产性质的差异，但由于《合伙企业法》规定普通合伙人承担无限连带责任，有必要对合伙企业财产制度重新解释。普通合伙人对合伙企业承担的债务，既非有限责任，也非连带责任，而是无限责任。无限责任应该定性为法定担保责任。合伙企业对外承担责任的担保财产，第一序位是合伙企业的全部财产，第二序位是全体普通合伙人的财产总和，两者通过外观表现彼此区隔，为交易第三人和司法裁判机关识别。不同于契约型合伙财产共有，合伙企业的财产性质，既非合伙人共有，也非相对独立，而是独立所有。现代合伙企业组织的独特价值，就在于强制性规范确立的独立财产制度与契约自由建立的治理机制之间的完美结合。

【网络学习】

请登录中国中小企业信息网，有大量关于本章三种企业组织形式的信息。请检索"财产制度"，对网站中的各种商事主体政策法规进行查看学习，总结市场主体最核心的财产管理制度。

【课后思考】

请在中国裁判文书网检索"(2020)最高法民终第904号"北京某某投资管理有限公司(以下简称某某公司)、邢某某合伙协议纠纷、合伙企业财产份额转让纠纷二审民事判决书，思考合伙人之间合伙财产份额转让特约的效力问题。

案情简介：邢某某与某某公司签订的《合伙企业财产份额转让协议书》(以下简称《转让协议书》)未经全体合伙人一致同意，转让其在吉林省某创业投资基金合伙企业的合伙财产份额。该创业投资基金合伙企业(有限合伙)的经营期限已于2019年11月26日届满，现已解散并进入清算程序，案涉《转让协议书》的合同目的无法实现，某某公司已无法受让邢某某的合伙财产份额。本案的争议焦点是：未经全体合伙人一致同意的案涉《转让协议书》效力及履行问题。法院认为，该《转让协议书》违反某某公司合伙协议关于未经全体合伙人一致同意有限合伙不能转变为普通合伙、普通合伙不能转变为有限合伙的共同意思表示，也违反该合伙协议约定的合伙财产份额转让须要征得全体合伙人一致同意的共同意思表示，因此该《转让协议书》不能履行。

第 23 章　公司法

【导言】

《公司法》是为了规范公司的组织和行为，保护公司、股东、职工和债权人的合法权益，维护社会经济秩序，促进社会主义市场经济的发展而制定的法律。有限责任公司和股份有限公司是两种最基本的公司类型。相对于合伙企业，有限责任公司兼有人合性与资合性，股份有限公司的人合性减弱，资合性加强。因此，在公司的设立方式、组织结构、股东权利、资本制度、财务会计制度、公司合并分立制度等方面，有限责任公司与股份有限公司存在着很大的差异。在学习本章的知识时，一定要结合公司的人合性与资合性来理解掌握，并利用比较法来识记两种公司之间的相同点和不同点。

【学习目标】

- 了解发起设立与募集设立的程序。
- 明白两种公司内部的组织机构及其职权。
- 学习股东的出资瑕疵责任具体如何分配。
- 清楚股权转让与股份转让程序中的区别。
- 掌握股东有哪些权利。
- 了解公司的利润如何分配。
- 明白公司合并与分立的程序与结果。
- 了解清算中公司的地位。

23.1　公司设立

公司设立是指公司设立人依照法定条件和程序，为组建公司并取得法人资格而必须采取和完成的法律行为的总称。公司设立涉及一系列的法律行为，关于这些行为的法律性质存在不同的学说，比如契约行为说、单独行为说、共同行为说，比较主流的观点是契约行为说，认为公司设立是一种契约行为，以设立人达成的合意为基础，最终目的是设立一个公司法人。

23.1.1 有限责任公司的设立及其组织机构

1. 设立方式和程序

有限责任公司的设立方式为发起设立，即由发起人认购公司应发行的全部股份而设立公司。有限责任公司的设立人不得超过五十人。

设立程序如下：

(1)订立公司章程；

(2)申请公司名称预先核准；

(3)获得批准文件；

(4)股东缴纳出资；

(5)向登记机关申请设立登记；

(6)登记发照。

营业执照的签发日期为公司的成立日期。领取营业执照后，公司具有法人资格。营业执照上应当载明公司的名称、类型、住所、注册资本、法定代表人姓名、营业期限及营业范围。

公司注册成立后，还需要办理银行基本户、记账报税、缴纳社保、申请税控及发票、企业年报等事项。

2. 组织机构及其权力分配

有限责任公司的权力机构为股东会，董事会是公司的代表及执行机关，监事会为监督机关。

股东会不是公司的常设机构，只能通过召开会议的方式行使职权。股东会的职权包括：

(1)选举和更换董事、监事，决定有关董事、监事的报酬事项；

(2)审议批准董事会的报告；

(3)审议批准监事会的报告；

(4)审议批准公司的利润分配方案和弥补亏损方案；

(5)对公司增加或者减少注册资本作出决议；

(6)对发行公司债券作出决议；

(7)对公司合并、分立、解散、清算或者变更公司形式作出决议；

(8)修改公司章程；

(9)公司章程规定的其他职权。

股东会定期召开，也可临时召开，有权提议召开临时股东会的主体为：代表1/10以上表决权的股东，1/3以上董事，监事会或者不设监事会的公司的监事。

股东会的议事方式和表决程序，除特别规定外，由公司章程规定。股东会会议作出修改公司章程、增加或者减少注册资本的决议，以及公司合并、分立、解散或者变更公司形式的决议，应当经代表三分之二以上表决权的股东通过。

董事会是公司的经营决策与业务执行机构，为公司常设机关，股东人数较少或规模较小的公司可不设董事会，只设一名执行董事。有限责任公司设董事会，其成员为三人以上。董事会中的职工代表由公司职工民主选举产生。董事会设董事长一人，可以设副董事长。

董事会对股东会负责，行使下列职权：

(1)召集股东会会议，并向股东会报告工作；

(2)执行股东会的决议；

(3)决定公司的经营计划和投资方案；

(4)制订公司的利润分配方案和弥补亏损方案；

(5)制订公司增加或者减少注册资本以及发行公司债券的方案；

(6)制订公司合并、分立、解散或者变更公司形式的方案；

(7)决定公司内部管理机构的设置；

(8)决定聘任或者解聘公司经理及其报酬事项，并根据经理的提名决定聘任或者解聘公司副经理、财务负责人及其报酬事项；

(9)制定公司的基本管理制度。

(10)公司章程规定或者股东会授予的其他职权。

董事在任期届满前，股东会不得无故解除其职务。

董事会会议由董事长召集和主持；董事长不能履行职务的，由副董事长召集和主持；副董事长不能履行职务或者不履行职务的，由过半数的董事共同推举一名董事召集和主持。

董事会的议事方式和表决程序，除《公司法》已有规定的以外，由股东在公司章程中自行决定。普通事项适用普通表决程序，由全体董事的过半数通过；特别事项适用特别程序，由全体董事的 2/3 以上通过。

《公司法》第二十五条规定：公司股东会、董事会的决议内容违反法律、行政法规的无效。

《公司法》第二十六条规定：公司股东会、董事会的会议召集程序、表决方式违反法律、行政法规或者公司章程，或者决议内容违反公司章程的，股东自决议作出之日起六十日内，可以请求人民法院撤销。但是，股东会、董事会的会议召集程序或者表决方式仅有轻微瑕疵，对决议未产生实质影响的除外。

未被通知参加股东会会议的股东自知道或者应当知道股东会决议作出之日起六十日内，可以请求人民法院撤销；自决议作出之日起一年内没有行使撤销权的，撤销权消灭。

监事会属于公司内部的监督组织，主要目的在于保护股东的利益。监事会成员由股东监事与职工监事组成。《公司法》规定有限责任公司监事会中的职工代表比例不得低于三分之一。监事会由股东代表和适当比例的公司职工代表组成，具体比例由公司章程规定。监事会中的职工代表由公司职工民主选举产生。有限责任公司，股东人数较少和规模较小的，可以设一至二名监事。董事、经理及财务负责人不得兼任监事。监事的任期每届为三年。监事任期届满，可以连选连任。监事列席董事会会议。

监事会或者监事行使下列职权：

(1)检查公司财务；

(2)对董事、经理执行公司职务时违反法律、法规或者公司章程的行为进行监督；

(3)当董事和经理的行为损害公司的利益时，要求董事和经理予以纠正；

(4)提议召开临时股东会；

(5)公司章程规定的其他职权。

23.1.2 股份有限公司的设立及其组织机构

1. 设立方式和程序

股份有限公司的设立方式有发起设立与募集设立，后者指由发起人认购公司应发行股份的一部分，其余股份向社会公开募集或向特定对象募集而设立公司。

股份有限公司发起设立的程序如下：

(1)签订发起人协议；

(2)发起人订立公司章程；

(3)发起人认购公司股份；

(4)发起人缴纳股款出资；

(5)组建公司机关；

(6)办理设立登记。

股份有限公司募集设立的程序如下：

(1)发起人认购不少于35%的股份；

(2)发起人订立公司章程，缴纳股款出资；

(3)发起人向社会公开募集股份；

(4)认股人认股；

(5)召开成立大会；

(6)成立大会结束后30日内进行登记。

由于未按期募足股份或未按期召开成立大会而出现设立失败的结果，其后果由发起人负责。根据《公司法》的相关规定，公司不能成立时：股份有限公司的发起人对设立行为所产生的债务和费用负连带责任；对认股人已缴纳的股款，负返还股款并加算银行同期存款利息的连带责任；在公司设立过程中，由于发起人的过失致使公司利益受到损害的，发起人应当对公司承担赔偿责任。

2. 变更

在一定条件下，有限责任公司可以变更为股份有限公司，步骤如下：

(1)董事会拟订公司整体变更方案。

公司整体变更时，首先应当由公司董事会拟订变更公司形式的方案，将公司变更的目标、依据及其他技术性问题作出初步的规划和设计。公司变更方案一般应当包括下列内容：

①变更后公司的名称和经营范围；

②变更的规定和条件；

③将原有限责任公司股东的投资份额转换成股份有限公司股份的方式和依据；

④变更公司章程的声明；

⑤有关公司变更的其他条款。

(2)股东会作出决议。

公司整体变更是公司的重大事宜，根据《公司法》第六十六条的规定，必须由股东会作出特别决议，该决议必须经代表三分之二以上表决权的股东通过。

(3)变更公司章程。

变更公司章程是公司组织形式变更的必须程序，《公司法》第六十六条把公司章程的变更规定为公司特别决议事项，即公司章程的变更必须经代表三分之二以上表决权的股东通过，并经公司登记机关审查登记后，章程的变更才发生法律效力。

(4)股份折换或募集。

有限责任公司在修订公司章程后，应依据章程的规定将原股东的出资额折合成股份有限公司的股份，折合的股份总额应不高于公司净资产额。在将原股东的出资额全部折合成股份后，仍有增资必要的，经国务院批准，可以向社会公开募集股份，但必须严格依照《公司法》关于向社会公开募集股份的规定办理。

(5)向公司登记机关办理变更登记。

在上述步骤结束以后，董事会应向公司登记机关申请公司变更登记，经公司登记机关核准登记，取得公司登记机关换发的营业执照，公司整体变更的工作即告结束。

(6)公告。

公司整体变更以后，应当进行公告。公告方式依有关法律规定或公司章程的规定进行。一般情况下，公告采取登报方式公布。

23.2　组织机构及其权力分配

股份有限公司的组织机构包括股东会、董事会和监事会。

股东会分为年度股东会与临时股东会，前者每年召开一次，临时股东会的法定召开情形为：①董事人数不足公司法规定人数或者公司章程所定人数的三分之二时；②公司未弥补的亏损达股本总额三分之一时；③单独或者合计持有公司百分之十以上股份的股东请求时；④董事会认为必要时；⑤监事会提议召开时；⑥公司章程规定的其他情形。

股东出席股东会会议，所持每一股份有一表决权。股东会作出决议，必须经出席会议的股东所持表决权过半数通过。但是，股东会作出修改公司章程、增加或者减少注册资本的决议，以及公司合并、分立、解散或者变更公司形式的决议，必须经出席会议的股东所持表决权的三分之二以上通过。

公司法对上市公司的股东会就特殊事项的决议作出规定：上市公司在一年内购买、出售重大资产或者担保金额超过公司资产总额百分之三十的，应当由股东会作出决议，并经出席会议的股东所持表决权的三分之二以上通过。

董事会成员为五人至十九人，不可只设执行董事，必须设置董事会，董事会必须设置经理机构，经理由董事会选任。董事长和副董事长由董事会过半数选举产生。股份有限公司的董事会每年度至少召开两次会议，董事会的具体职权与有限责任公司的董事会职权一致，但是在法定人数、决议票数和决议方式上具有法定性，不同于有限责任公司的意思自治原则：董事会会议应有过半数的董事出席方可举行；董事会作出决议，必须经全体董事的过半数通过；董事会决议的表决，实行一人一票制。

上市公司董事与董事会会议决议事项所涉及的企业有关联关系的，不得对该项决议行使表决权，也不得代理其他董事行使表决权。该董事会会议由过半数的无关联关系董事出席即可举行，董事会会议所作决议须经无关联关系董事过半数通过。出席董事会的无关联关系董事人数不足三人的，应将该事项提交上市公司股东大会审议。

上市公司设立独立董事制度及董事会秘书制度。

监事会同样是股份有限公司的内部监督机构，监事会的组成、议事方式、表决程序及职权与有限公司的监事会一致。

23.3　公司资本制度

公司资本制度有狭义和广义两种理解，狭义上的公司资本制度是指公司资本的形成、维持、退出等方面的制度安排，广义上的公司资本制度是指围绕股东的股权投资而形成的关于公司资本运作的一系列概念网、规则群与制度链的配套体系。公司资本对公司有着极其重要的意义，为保护债权和交易安全，各国公司立法都将其作为一项重要内容加以规范；对公司资本各具特色的规定，形成了种种不同的公司资本制度。西方国家目前已经形成的公司资本制度有法定资本制度、授权资本制度和折中资本制度三种。

法定资本制又称为确定资本制，是指公司在设立时，必须在章程中对公司的资本总额作出明确规定，并须由股东全部认足，否则公司不能成立。授权资本制，是指在公司设立时，资本总额虽然记载于公司章程，但并不要求发起人全部发行，只须认缴其中的一部分，公司即可成立；未认缴的部分可授权董事会根据公司经营发展的须要随时发行，不必经股东会决议，也无须变更章程。折中资本制，又称为认可资本制或许可资本制，是指公司资本总额在公司设立时仍由章程明确规定，但股东只需认足一定比例的资本数额，公司即可成立；其余部分授权董事会在一定期限内发行，其发行总额不得超过法律限制的资本制度。

我国公司法原采用的是法定资本制度，现已转变为注册资本认缴制，使严格的法定资本制有所缓和。

23.3.1　资本三原则

资本确定原则，要求公司的注册资本必须经过法律的确认或者取得公示的效力，并以此作为其他法律规则的基础依据。

资本维持原则，也称资本充实原则，指公司存续期间，应当维持与其注册资本相当的资本，以达到保护债权人的利益和维护社会交易的安全。这一原则要求实缴资本和注册资本一致，如果不一致，也要保证公司维持和注册资本相当的实缴资本。

资本不变原则，意味着公司的注册资本确定以后，非经法定程序，不得任意减少或增加。

23.3.2　注册资本及出资形式

现行公司法实行注册资本认缴制，且无最低资本要求。有限责任公司与股份有限公司发起人的出资形式包括货币、实物、知识产权、土地使用权等可以用货币估价并可依法转让的非货币财产，法律或行政法规规定不可作为出资的财产除外。

23.3.3 出资期限

1. 有限责任公司

股东应当按期足额缴纳公司章程中规定的各自所认缴的出资额。全体股东认缴的出资额由股东按照公司章程的规定，自公司成立之日起五年内缴足。股东以货币出资的，应当将货币出资足额存入有限责任公司在银行开设的账户；以非货币财产出资的，应当依法办理财产权的转移手续。

2. 股份有限公司

(1)发起设立。一次缴纳的，应缴纳全部出资；分期缴纳的，应缴纳首期出资。以非货币财产出资的，应当依法办理财产权的转移手续。

(2)募集设立。发起人认购的股份不得少于公司股份总数的百分之三十五；法律、行政法规另有规定的，从其规定。

23.3.4　出资瑕疵责任

(1)股东未全面履行出资义务的责任。该股东承担全面履行出资义务的责任及差额填补责任，且应向已按期足额缴纳出资的股东承担违约责任。股份责任公司的发起人承担连带缴纳股款或交付未缴付财产价款的责任。

(2)作价不实的责任。出资人承担补足出资的责任，公司设立时的股东承担连带责任。

出资人以符合法定条件的非货币财产出资后，因市场变化或其他客观因素导致出资财产贬值的，该出资人无须承担补足出资的责任。

出资不实的责任案例

甲、乙、丙三人共同组建一有限责任公司，公司成立后，甲将其20%股权中的5%转让给第三人丁，丁通过受让股权成为公司股东。甲、乙均按期足额缴纳出资，但发现由丙出资的机器设备的实际价值明显低于公司章程所确定的数额。应由丙补交差额，甲、乙对其承担连带责任，丁不是公司设立时的其他股东，不承担连带责任。

23.3.5 股份发行

股份发行，是指股份有限公司为筹集资本而进行的出售和分配股份的法律行为。根据股份发行时公司所处的阶段不同，股份发行可分为设立发行和新股发行两种类型。设立发行，是指设立公司的过程中为筹集资本而发行股份的行为。新股发行，是指公司成立后在注册资本的基础上再发行股份的行为。

股份发行的原则为：(1)公平、公开、公正；(2)同次发行的股票，每股的价格和条件相同；(3)同种类的每一股份具有平等的权利。

股票的发行价格可以高于票面价格，也可以等于票面价格；但不得低于票面价格，否则有虚假出资的可能。

发行新股的原因包括公司合并、股份合并、公司重整、筹集资金等。

23.3.6 股权转让与股份转让

1. 有限责任公司股权的转让

股东可自由向公司其他股东转让部分或全部股权。

股东向股东以外的人转让股权，应当经其他股东过半数同意。股东应就其股权转让事项书面通知其他股东征求同意，其他股东自接到书面通知之日起满三十日未答复的，视为同意转让。其他股东半数以上不同意转让的，不同意的股东应当购买该转让的股权；不购买的，视为同意转让。

经股东同意转让的股权，在同等条件下，其他股东有优先购买权。两个以上股东主张行使优先购买权的，协商确定各自的购买比例；协商不成的，按照转让时各自的出资比例行使优先购买权。

有下列情形之一的，对股东会该项决议投反对票的股东可以请求公司按照合理的价格收购其股权：公司连续五年不向股东分配利润，而公司该五年连续盈利，并且符合公司法规定的分配利润条件的；公司合并、分立、转让主要财产的；公司章程规定的营业期限届满或者章程规定的其他解散事由出现，股东会会议通过决议修改章程使公司存续的。

请求公司收购股权诉讼的提出时间为自股东会会议决议通过之日起九十日内，前提条件为自股东会会议决议通过之日起六十日内，股东与公司不能达成股权收购协议。

2. 股份有限公司股份的转让

股东持有的股份可以依法转让。股东转让其股份，应当在依法设立的证券交易场所进行或者按照国务院规定的其他方式进行。

发起人持有的本公司股份，自公司成立之日起一年内不得转让。公司公开发行股份前已发行的股份，自公司股票在证券交易所上市交易之日起一年内不得转让。

一般情况下，公司不得收购本公司的股份，但以下四种情况可以：

(1)减少公司注册资本；

(2)与持有本公司股份的其他公司合并；

(3)将股份奖励给本公司职工；

(4)股东因对股东大会作出的公司合并、分立决议持异议，要求公司收购其股份的。

23.4　股东权利

股东权或者股东权益简称股权，泛指公司给予股东的各种权益或者所有的权利，具体是指股东基于股东资格而享有的从公司获取经济利益并参与公司管理的权利。股东权包括股东与财产有关的各种权益和企业内部经营管理的各种权益，是集财产与经营两种权利于一体的一种综合性的新型的独立的权利形态。股东基于对公司的投资而成为公司的股东，并相应地获得了一些权利。出资、登记、股权转让过程中的种种问题会产生股东权利的纠纷和争议。公司性质的不同也会影响到股东权利。

23.4.1　股东身份的确定

股东身份的实质要件在于对公司的出资，形式要件在于工商登记及股东名册。在对外效力上，以工商登记为准，股东名册产生对内效力。

股东身份的确定规则案例

张三已经履行了出资义务，且已经在股东名册上进行了登记，但没有在工商部门予以登记。这种情况下，应认定张三已经取得了股东资格，可以享受股东权利，但如果张三与第三人李四发生了关于股东资格的争议纠纷，则不能将张三认定为股东，因为并没有进行工商登记。

有两种比较容易产生纠纷的情况是“隐名股东”问题及“冒名股东”问题。目前，隐名股东是法律所允许的，也就是实际出资人或认购股份的人以他人名义履行出资义务或认购股份，比如甲为实际出资人，甲与乙基于某种原因约定以乙的名义向公司出资，在公司中，乙为股东，享有股东权利，甲不得向公司主张股东权利。在司法实践中，甲以其实际履行了出资义务为由向乙主张投资权益的，法院予以支持。如果甲想变更为公司股东，必须经公司其他股东过半数以上同意，并办理相关登记手续。

冒名股东是指实际出资人或认购股份的人以虚拟人的名义或者盗用他人名义履行出资义务或认购股份。股东权益归实际出资人所有，但冒名登记人应承担相应的责任。

冒名股东处分行为的效力案例

许某全、许某友将身份证复印件借给涂某时，二人并没有与涂某共同设立公司的意思表示，因此，涂某向许某全、许某友隐瞒借用身份证复印件的真实目的，并暗中将某房产公司的部分股权登记在许某全、许某友名下，系冒名出资行为。因被冒名的股东名下股权的实际权益人系涂某，涂某以自己的意思处分其事前暗中登记在他人名下的股权，系实际出资人处分自己投资权益的行为，该行为虽可能损害他人姓名权，但没有损害被冒名者的股东权益，故其处分行为有效，受让人舒某的股东资格应予确认。

23.4.2 股东权利

股东的权利包括股东会的召集权、表决权、分红权、转让权、新增资本的优先认购权、剩余财产分配权、知情权、诉讼权。

股东的诉讼权包括股东的撤销决议诉讼权、直接诉讼权与股东派生诉讼权。

撤销决议诉讼权是指股东会或者股东大会、董事会的会议召集程序、表决方式违反法律、行政法规或者公司章程，或者决议内容违反公司章程的，股东可以自决议作出之日起六十日内，请求人民法院撤销。

直接诉讼权是指董事、高级管理人员违反法律、行政法规或者公司章程的规定，损害股东利益的，股东可以向人民法院提起诉讼。

股东派生诉讼又称股东代表诉讼是指董事、高级管理人员、监事执行公司职务时违反法律、行政法规或者公司章程的规定，给公司造成损失，有限责任公司的股东、股份有限公司连续180日以上单独或者合计持有公司1%以上股份的股东，在向监事会或董事会提出请求被拒绝后，可以向人民法院提起诉讼。

23.5 董监高的义务与禁止行为

董监高即公司的董事、监事及高级管理人员；高级管理人员包括公司的经理、副经理、财务负责人，上市公司董事会秘书和公司章程规定的其他人员。

23.5.1 忠实义务与勤勉义务

董事、监事、高级管理人员应当遵守法律、行政法规和公司章程，对公司负有忠实义务和勤勉义务。

忠实义务是指董监高必须忠实履行职务，积极维护公司利益，在其自身利益与公司利益发生矛盾时，应当将公司利益置于个人利益之上，不得利用在公司的地位和职权为自己谋取私利。

勤勉义务是指董监高在履行职务时，对公司负有善良管理人的注意义务，即其行为(尤其是做商业决策时)应是其合理相信为公司的最佳利益，并尽到普通谨慎之人在类似地位和情况下应有的合理注意。

23.5.2　董高的禁止行为

董事、高级管理人员不得有下列行为：

(1)挪用公司资金；

(2)将公司资金以其个人名义或者以其他个人名义开立账户存储；

(3)违反公司章程的规定，未经股东会、股东大会或者董事会同意，将公司资金借贷给他人或者以公司财产为他人提供担保；

(4)违反公司章程的规定或者未经股东会、股东大会同意，与本公司订立合同或者进行交易；

(5)未经股东会或者股东大会同意，利用职务便利为自己或者他人谋取属于公司的商业机会，自营或者为他人经营与所任职公司同类的业务；

(6)接受他人与公司交易的佣金归为己有；

(7)擅自披露公司秘密；

(8)违反对公司忠实义务的其他行为。

23.6　公司财务与会计制度

公司财务与会计制度是公司正常运营的重要保障，包括财务会计报告制度、利润分配制度、公积金制度。有限责任公司与股份有限公司的财务会计制度由于公司性质的不同，存在较大差异。

23.6.1　财务会计报告制度

公司财务会计报告是反映公司生产经营成果和财务状况的总结性的书面文件。它不仅是公司经营者准确掌握公司经营情况的重要手段，也是股东、债权人了解公司财产和经营状况的主要途径。公司应当在每一会计年度终了时编制财务会计报告，并依法经会计师事务所审计。有限责任公司的股东可以查阅复制公司的财务会计报告，股份有限公司的股东只可以查阅公司的财务会计报告。财务会计报告包括但不限于资产负债表、利润表、所有权益变动表及现金流量表。

23.6.2 利润分配制度

股东参与分配的只能是公司弥补亏损及提取法定公积金之后的税后利润。有限责任公司的股东按照实缴的出资比例分配利润；股份有限公司的股东按持有的股份比例分配利润；但股东另有约定或章程另有规定的除外。

公司持有的本公司股份不得分配利润。

23.6.3 公积金制度

公积金分为法定公积金、任意公积金与资本公积金。公司的公积金用于弥补公司的亏损、扩大公司生产经营或者转为增加公司资本。

公司分配当年税后利润时，应当提取利润的百分之十列入公司法定公积金。公司法定公积金累计额为公司注册资本的百分之五十以上的，可以不再提取。如果公司的法定公积金不足以弥补以前年度亏损的，在提取法定公积金之前，应当先用当年利润弥补亏损。

公司从税后利润中提取法定公积金后，经股东会或者股东大会决议，还可以从税后利润中提取任意公积金。

股份有限公司以超过股票票面金额的发行价格发行股份所得的溢价款以及国务院财政部门规定列入资本公积金的其他收入，应当列为公司资本公积金。但是，资本公积金不得用于弥补公司的亏损。

法定公积金转为资本时，所留存的该项公积金不得少于转增前公司注册资本的百分之二十五。

23.7 公司合并与分立

由于经营及生存的需要，公司合并与分立是一种十分常见但也十分重要的法律行为，涉及多方主体之间的权利义务关系，须区分掌握。有限责任公司与股份有限公司的合并分立方式一致。

23.7.1 公司合并

公司合并是指两个以上公司依照法定程序变为一个公司的行为。公司合并的方式有两个：吸收合并(A公司吸收B公司，B公司解散，法人资格注销)和新设合并(A公司合并B公司为C公司，A、B公司均解散，法人资格注销)。解散、注销的公司无须进行清算。公司合并的程序如下：

(1)董事会制订合并方案。

(2)签订公司合并协议。

公司合并协议是指由两个或者两个以上的公司就公司合并的有关事宜订立的书面

协议。协议的内容应当载明法律、法规规定的事项和双方当事人约定的事项，一般来说应当包括以下内容：

①公司的名称与住所。这里所讲公司的名称与住所包括合并前的各公司的名称与住所和合并后存续公司或者新设公司的名称与住所。公司名称应当与公司登记时的名称相一致，并且该名称应当是公司的全称；公司的住所应当是公司的实际住所即总公司所在地。

②存续或者新设公司因合并而发行的股份总数、种类和数量，或者投资总额，每个出资人所占投资总额的比例等。

③合并各方现有的资本及对现有资本的处理方法。

④合并各方所有的债权、债务的处理方法。

⑤存续公司的公司章程是否变更，公司章程变更后的内容，新设公司的章程如何订立及其主要内容。

⑥公司合并各方认为应当载明的其他事项。

(3)编制资产负债表和财产清单。

资产负债表是反映公司资产及负债状况、股东权益情况的会计报表，是会计合并中必须编制的报表。合并各方应当真实、全面地编制此表，以反映公司的财产情况，不得隐瞒公司的债权债务。此外，公司还要编制财产清单，清晰地反映公司的财产状况。财产清单应当翔实、准确。

(4)合并决议的形成。

公司合并应当由公司股东会作出合并决议，之后方可进行其他工作。就有限责任公司来讲，其合并应当由股东会作出特别决议，即经代表三分之二以上表决权的股东通过才能进行；就股份有限公司来讲，其合并应当由公司的股东大会作出特别决议，即必须经出席会议的股东所持表决权三分之二以上决议通过才能进行；就国有独资公司来讲，其合并必须由国有资产监督管理机构决定，其中，重要的国有独资公司合并应当由国有资产监督管理机构审核后，报本级人民政府批准，才能进行。

(5)向债权人通知和公告。

公司应当自作出合并决议之日起十日内通知债权人，并于三十日内在报纸上公告。一般来说，对所有的已知债权人应当采用通知的方式告知，只有对那些未知的或者不能通过普通的通知方式告知的债权人才可以采取公告的方式。通知和公告的目的主要是告知公司债权人，债权人自接到通知书之日起三十日内，未接到通知书的自公告之日起四十五日内，可以要求公司清偿债务或者提供相应的担保。

(6)合并登记。

公司合并以后，解散的公司应当到工商登记机关办理注销登记手续，存续公司应当到登记机关办理变更登记手续，新成立的公司应当到登记机关办理设立登记手续。只有进行登记后，公司合并才能得到法律上的承认。

公司合并时，合并各方的债权、债务，应当由合并后存续的公司或者新设的公司承继。

23.7.2 公司分立

公司分立是指一个公司依照法定程序分为两个以上的公司。公司分立的方式有两个：派生分立(A公司分立为A公司和B公司)和新设分立(A公司分立为B公司和C公司，A公司解散)。公司分立的程序如下：

(1)公司董事会拟定公司分立方案。

此与公司合并类似。但在公司分立方案中，除应当对分立原因、目的、分立后各公司的地位、分立后公司章程及其他相关问题作出安排外，特别应妥善处理财产及债务分割问题。

(2)公司股东会关于分立方案的决议。

公司分立属于《公司法》所称的重大事项，应当由股东会以特别会议决议方式决定。股东会决议通过方案时，特别要通过公司债务的分担协议，即由未来两家或多家公司分担原公司债务的协议。为了保证分立方案的顺利执行，应当同时授权董事会具体实施分立方案。该授权包括向国家主管机关提出分立申请、编制其他相关文件等事项。

(3)董事会编制公司财务及财产文件。

公司分立时应当进行财产分割。为妥善处理财产分割，应当编制资产负债表及财产清单。经股东会授权后，应当由董事会负责实施。

(4)政府主管机关的批准。

此与公司合并须经政府主管机关批准的规则在本质上相同，即公司分立应以政府批准为前提。

公司应当自作出分立决议之日起十日内通知债权人，并于三十日内在报纸上公告。

(5)履行债权人保护程序。

债权人保护程序主要涉及分立通知和公告程序：在分立决议作出后的十日内，将分立决议通知债权人，并于30日内在报纸上公告。

公司分立前的债务由分立后的公司承担连带责任。但是，公司在分立前与债权人就债务清偿达成的书面协议另有约定的除外。

23.8 公司解散和清算

公司解散是指已经成立的公司，因公司章程或者法定事由出现而停止公司的对外经营活动，并开始公司的清算，处理未了结事务从而使公司法人资格消灭的法律行为。公司清算是指公司出现法定解散事由或者公司章程所规定的解散事由以后，依法清理公司的债权债务的行为。公司解散和清算象征着公司的终止、组织上的解散和法人资格的终结。如同公司的设立要经过一系列的法定程序，公司解散和清算也要按照法定的程序走完才能使其法律人格消灭。

23.8.1　公司的任意解散

公司解散有任意与强制之分。公司任意解散的原因包括：

(1)公司章程规定的营业期限届满或者公司章程规定的其他解散事由出现，但在此种情形下，可以通过修改公司章程而使公司继续存在，并不意味着公司必须解散。如果有限责任公司经持有2/3以上表决权的股东通过或者股份有限公司经出席股东大会会议的股东所持表决权的2/3以上通过修改公司章程的决议，公司可以继续存在；

(2)股东会或者股东大会决议解散；

(3)因公司合并或者分立需要解散。

23.8.2　公司的强制解散

公司强制解散的原因包括：

(1)依法被吊销营业执照、责令关闭或者被撤销。

(2)司法解散。

被吊销营业执照后，公司的法人资格依然存在，公司必须解散终止被注销后，法人资格才归于消灭。

司法解散规定在《公司法》第二百三十一条，即公司经营管理发生严重困难，继续存续会使股东利益受到重大损失，通过其他途径不能解决的，持有公司全部股东表决权百分之十以上的股东，可以请求人民法院解散公司。

根据《最高人民法院关于适用〈公司法〉若干问题的规定(二)》第一条的规定，公司的经营管理发生严重困难应理解为：

(1)公司持续两年以上无法召开股东会或者股东大会，公司经营管理发生严重困难的；

(2)股东表决时无法达到法定或者公司章程规定的比例，持续两年以上不能作出有效的股东会或者股东大会决议，公司经营管理发生严重困难的；

(3)公司董事长期冲突，且无法通过股东会或者股东大会解决，公司经营管理发生严重困难的；

(4)经营管理发生其他严重困难，公司继续存续会使股东利益受到重大损失的情形。

23.8.3　清算中的公司

公司清算是公司解散后而进行的债权债务清理、处理公司剩余财产的活动，分为破产清算与非破产清算，前者由破产法调整，后者由公司法调整。

注销登记前，清算公司有权以自己的名义参加民事诉讼。成立清算组的，由清算组负责人代表公司参加诉讼；没有成立清算组的，由公司的法定代表人参加诉讼；但两者都要以公司的名义。

23.8.4 清算组与清算义务人

有限责任公司的清算组由股东组成，股份有限公司的清算组由董事或者股东大会确定的人员组成。逾期不成立清算组进行清算的，债权人可以申请人民法院指定有关人员组成清算组进行清算。

清算组成员因故意或者重大过失给公司或者债权人造成损失的，应当承担赔偿责任。

清算义务人是公司解散时依法负有组织公司清算义务的人。有限责任公司的清算义务人是股东，股份有限公司的清算义务人是董事和控股股东。

清算义务人未及时组织清算、怠于履行义务导致无法进行清算、恶意处置公司财产给债权人带来损失的，债权人可向法院提起诉讼，清算义务人应承担赔偿责任或连带责任。

23.8.5 清算程序

公司的清算程序分为破产清算和非破产清算。

在企业法人不能清偿到期债务，并且资产不足以清偿全部债务或者明显缺乏清偿能力的情况下，债务人或债权人均可以向人民法院提出破产清算申请。公司进行破产清算的基本程序如下：

1. 破产宣告

破产宣告自人民法院裁定作出之日起五日内送达债务人和管理人，自裁定作出之日起十日内通知已知债权人，并予以公告。

2. 破产财产变价方案

破产财产变价方案由管理人拟订并提交债权人会议讨论通过。

3. 变价

管理人按照债权人会议通过的或者人民法院裁定的破产财产变价方案，通过拍卖变价出售破产财产。债权人会议另有决议的除外。

4. 清偿

破产财产依照下列顺序清偿，破产财产不足以清偿同一顺序清偿要求的，按照比例分配。

(1)破产费用和共益债务。

(2)破产人所欠职工的工资和医疗、伤残补助、抚恤费用，所欠的应当划入职工个人账户的基本养老保险、基本医疗保险费用，以及法律、行政法规规定应当支付给职工的补偿金。破产企业的董事、监事和高级管理人员的工资按照该企业职工的平均工资计算。

(3)破产人欠缴的除前项规定以外的社会保险费用和破产人所欠税款。

(4)普通破产债权。

5. 终结

公司无财产可供分配或最后分配完结后，管理人提请人民法院裁定终结破产程序。人民法院裁定终结破产程序的，应当予以公告。

管理人自破产程序终结之日起十日内，持人民法院终结破产程序的裁定，向破产人的原登记机关办理注销登记。

非破产清算是指在公司解散时，在财产足以偿还债务的情况下，依照公司法的规定所进行的清算。非破产清算程序如下：

(1)清算公司财产、制订清算方案；

(2)了结公司债权、债务；

(3)分配公司剩余财产。

【本章小结】

有限责任公司的设立方式为发起设立，有限责任公司的设立人不得超过五十人，其权力机构为股东会，董事会是公司的代表及执行机关，监事会为监督机关；股份有限公司的设立方式有发起设立与募集设立，其组织机构包括股东大会、董事会和监事会。股东人数较少或规模较小的公司可不设董事会，只设一名执行董事，股份有限公司必须设立董事会。

公司的资本制度和财务会计制度是公司运行的基本制度。公司的资本遵循"资本三原则"，即资本确定原则、资本维持原则、资本不变原则。有限责任公司与股份有限公司发起人的出资形式包括货币、实物、知识产权、土地使用权等可以用货币估价并可依法转让的非货币财产，法律或行政法规规定不可作为出资的财产除外，出资瑕疵股东须要承担未全面履行出资义务的责任以及作价不实的责任。财务会计报告是公司经营情况的直接显现，有限责任公司的股东可以查阅复制公司的财务会计报告，股份有限公司的股东只可以查阅公司的财务会计报告。公司的公积金用于弥补公司的亏损、扩大公司生产经营或者转为增加公司资本。

公司合并的方式有吸收合并和新设合并；公司合并时，合并各方的债权、债务，应当由合并后存续的公司或者新设的公司承继。公司分立的方式有派生分立和新设分立；公司分立前的债务由分立后的公司承担连带责任，另有约定的除外。

公司的解散与清算是公司终止的重要程序。

【课后测验】

1. 根据我国公司法规定，公司合并时，下列行为不适当的是(　　)

A. 应当由合并各方签订合并协议

B. 编制资产负债及财产清单

C. 公司应当自作出合并决议之日起十日内通知债权人，并于六十日内在报纸上

公告

D. 债权人自接到通知书之日起30日内，未接到通知的自公告之日起四十五日内，可以要求公司清偿债务或者提供相应担保

2. 关于公司的财务行为，下列哪些选项是正确的？(　　)

A. 在会计年度终了时，公司须编制财务会计报告，并自行审计

B. 公司的法定公积金不足以弥补以前年度亏损时，则在提取本年度法定公积金之前，应当先用当年利润弥补亏损

C. 公司可用其资本公积金来弥补公司的亏损

D. 公司可将法定公积金转为公司资本，但所留存的该项公积金不得少于转增前公司注册资本的25%

3. 白阳有限公司分立为阳春有限公司与白雪有限公司时，在对原债权人甲的关系上，下列哪一说法是错误的？(　　)

A. 白阳有限公司应在作出分立决议之日起10日内通知甲

B. 甲在接到分立通知书后30日内，可要求白阳有限公司清偿债务或提供相应的担保

C. 甲可向分立后的阳春有限公司与白雪有限公司主张连带清偿责任

D. 白阳有限公司在分立前可与甲就债务偿还问题签订书面协议

【深入阅读】

人格混同

法人人格否认制度是对法人独立地位和股东有限责任的例外和补充，该制度可以有效地兼顾债权人利益保障和股东有限责任平衡的价值取向和原则。然而，司法实践中基于法院对否认法人独立人格持有“审慎适用”的态度、法律规定过于严格的适用要件和举证责任分配不均衡等原因，难以成功揭开公司面纱，让滥用权利的股东承担连带清偿责任，保护债权人的利益。

2019年发布的有关文件对此进行了清晰界定：认定公司人格与股东人格是否存在混同，最根本的判断标准是公司是否具有独立意思和独立财产，关键要审查是否构成人格混同，而不要求同时具备组织机构、业务等其他方面的混同，其他方面的混同往往只是人格混同的补强。从上述规定可以看出人格混同三要素之间是以财产混同为主，业务和组织机构的混同为辅，更进一步地推定人格混同就是财产混同。

【网络学习】

阅读《最高人民法院关于适用〈公司法〉若干问题的规定(三)》，总结该解释中讲到的股东出资义务、出资瑕疵，股东的人格否认制度以及名义股东的实际权利和责任。

【课后思考】

请在中国裁判文书网检索“(2020)粤 0303 民初 35644 号”东莞市某有限公司与吴某某、匡某某股东损害公司债权人利益责任纠纷案。

案情简介：吴某某、匡某某、曾某某、李某作为某公司的股东在某公司营业期限届满后根本未履行清算义务，由于股东未尽清算义务，造成公司财产损失，并最终导致公司债权人的利益不能实现，公司股东的行为侵害了作为相对人的公司债权，因此公司股东承担的清算赔偿责任在性质上属于侵权责任。法院认为，根据《最高人民法院关于适用〈公司法〉若干问题的规定(二)》第十八条第二款的规定，有限责任公司的股东、股份有限公司的董事和控股股东因怠于履行义务，导致公司主要财产、账册、重要文件等灭失，无法进行清算，债权人主张其对公司债务承担连带清偿责任的，人民法院应依法予以支持。清算义务人虽然已经成立清算组却未及时开始清算，即怠于履行清算义务，如果导致公司主要财产、账册、重要文件等灭失，无法进行清算的，清算义务人应当对公司债务承担连带清偿责任。该清偿责任的理论依据是法人人格否认制度。

第24章　证券法与破产法

【导言】

万科股权之争(A股市场上规模最大的并购和反并购攻防战)以及2020年的中国银行原油宝事件，都把中国证券市场推向风口浪尖，而证券法正是规范证券市场的工具。《中华人民共和国证券法》(以下简称《证券法》)在2019年12月28日第十三届全国人民代表大会常务委员会第十五次会议第二次修订，于2020年3月1日起施行。证券是一种经济权益凭证，不仅包括股票，还包括债券、股票期权、期权、利率期货等。本章对证券法进行入门讲解，因此只涉及股票和债券的发行。后一部分是关于企业破产制度的入门介绍，应与上一章讲到的公司清算结合起来学习。根据《中华人民共和国企业破产法》(以下简称《企业破产法》)，有破产能力的主体只有企业法人，不包括合伙企业及个人独资企业。破产制度是一种程序制度，旨在保护债权人，也兼具救济债务人的意旨，最终目的在于终结债权债务关系。

【学习目标】

- 企业融资的方式。
- 股票发行的机制。
- 企业破产程序的启动和步骤。
- 重整、和解与破产清算的关系。

24.1　企业融资与证券发行

企业的发展是一个融资、发展、再融资、再发展的过程。企业融资是企业从自身生产经营现状及资金运用情况出发，根据企业未来经营与发展策略的需要，通过一定的渠道和方式，利用内部积累或向企业的投资者及债权人筹集生产经营所需资金的一种经济活动。发行证券是企业外部融资的重要手段之一。

24.1.1　企业融资渠道

企业的融资渠道包括内部融资和外部融资两个渠道。内部融资主要是指企业的自有资金和在生产经营过程中的资金积累；外部融资有两种方式，即直接融资和间接融资。直接融资又称为股权融资，是指资金不通过金融中介机构，借助股票这一载体直接从资金盈余部门流向资金短缺部门，资金供给者作为所有者享有对企业控制权的融资方式。它包括企业进行的首次公开募股(IPO)、配股和增发等股权融资活动，具有以下特征：长期性、不可逆性、无负担性。间接融资是指企业向银行、非银行金融机构的贷款或发行债券等债权融资活动，因此也称为债务性融资，具有短期性、可逆性、负担性的特点。外部融资已成为企业获取资金的重要方式。

24.1.2　股权融资

IPO 即 initial public offerings(首次公开募股)，是指一家企业或公司(股份有限公司)第一次将它的股份向公众出售。从严格意义上来说，IPO 不等于上市；因为发行不等于上市，但是一般来看，IPO 就是“首次公开发行并上市”。股票上市可以在国内，也可选择境外；可以在主板上市，也可以在高新技术企业板块，如美国(NASTAQ)和香港的创业板。发行股票是一种资本金融资，投资者对企业利润享有权益，但是所投资金不能收回，投资者所冒风险较大，因此要求的预期收益也比银行高。从这个角度来看，股票融资的资金成本比银行借款高。

具体而言，发行股票的优点是：①所筹资金具有永久性，无到期日，没有还本压力；②一次筹资金额大；③用款限制相对较松；④可以提高企业的知名度，为企业带来良好声誉；⑤有利于帮助企业建立规范的现代企业制度。特别是对于潜力巨大，但风险也很大的科技型企业，通过在创业板发行股票融资，是加快企业发展的一条有效途径。

配股是指上市公司向原股东发行新股、筹集资金的行为。按照惯例，公司配股时新股的认购权按照原有股权比例在原股东之间分配，即原股东拥有优先认购权。

股票增发配售是已上市的公司通过指定投资者(如大股东或机构投资者)或全部投资者额外发行股份募集资金的融资方式，发行价格一般为发行前某一阶段的平均价的某一比例。

24.1.3　债券融资

中小企业融资租赁是指出租方根据承租方对供货商、租赁物的选择，向供货商购买租赁物，提供给承租方使用，承租方在契约或者合同规定的期限内分期支付租金的融资方式。

债券融资是指企业通过向个人或机构投资者出售债券、票据进行融资。个人或机构投资者借出资金，成为公司的债权人，并获得该公司还本付息的承诺。公司债券可分为可转换公司债与不可转换公司债，可转换公司债是指公司发行的，投资者在一定时期内可选择一定条件转换为公司股票的公司债券，因此只有上市公司才可以发行可转换公司债券。

24.1.4 证券发行

证券发行是指证券发行人以筹集资金为目的，在证券发行市场依法向投资者以同一条件出售证券的行为。证券发行是伴随生产社会化和企业股份化而产生的，同时也是信用制度高度发展的结果，是股权融资中的重要环节。证券发行分为公开发行和非公开发行两种形式。公开发行证券，又称为公募，是指向社会所有合法投资者发行证券。公开发行证券必须符合法律、行政法规规定的条件，并依法报经国务院证券监督管理机构或者国务院授权的部门核准；未经依法核准，任何单位和个人不得公开发行证券。非公开发行只针对特定少数人进行股票发售，因此也被称为私募、定向发行。

1. 证券承销和保荐

发行人须要与证券经营机构签订证券承销协议，由证券承销机构代发行人向投资者销售证券。证券承销有两种方式：证券代销与证券包销。

当向不特定对象发行的证券票面总值超过5000万元的，应当由承销团承销。承销团应由主承销商和参与承销的证券公司组成。保荐人一定是主承销商，承销商不一定是保荐人。

我国的证券发行实行强制性的双保荐制。发行人申请公开发行股票，可转换为股票的公司债券，依法采取承销方式的，或者公开发行法律、行政法规规定实行保荐制度的其他证券的，应当聘请具有保荐资格的机构担任保荐人。双保荐制指的是保荐机构与保荐代表人共同承担保荐义务。

2. 股票公开发行

股票公开发行(又称为公募)按照发行价格可分为平价发行(发行价格等于票面价格)、溢价发行(发行价格高于票面价格)、折价发行(发行价格低于票面价格)三种。我国允许平价发行和溢价发行，禁止折价发行。

股票的发行方式包括首次公开发行及再次发行。首次公开发行在理论上包括股份有限公司的募集设立发行以及股份有限公司的首次公开发行并上市以及不上市。在我国实际上由于法律规定上的限制，只存在已成立股份有限公司的首次公开发行并上市(主板及创业板)即IPO、再次发行即配股和增发。

公司公开发行股票的条件为：

(1)具备健全且运行良好的组织机构；

(2)具有持续盈利能力，财务状况良好；

(3)最近三年财务会计文件无虚假记载，无其他重大违法行为；

(4)经国务院批准的国务院证券监督管理机构规定的其他条件。

3. 股票的定向发行

非上市公众公司的定向发行是指向特定对象发行股票导致股东累计超过200人或股东人数超过200人的公众公司向特定对象发行股票。这里的非上市公众公司是指其股票没有在证券交易所挂牌交易，但进行过公开发行或公开转让的股份有限公司。

公众公司公开转让股票应当在全国中小企业股份转让系统进行，公开转让的公众公司股票应当在中国证券登记结算公司集中登记存管。

4. 公司债券发行

公司首次公开发行债券的条件为：

(1)股份有限公司的净资产不低于人民币三千万元，有限责任公司的净资产不低于人民币六千万元；

(2)累计债券余额不超过公司净资产的百分之四十；

(3)最近三年平均可分配利润足以支付公司债券一年的利息；

(4)筹集的资金投向符合国家产业政策；

(5)债券的利率不超过国务院限定的利率水平；

(6)国务院规定的其他条件。

公开发行公司债券筹集的资金，必须用于核准的用途，不得用于弥补亏损和非生产性支出。

上市公司发行可转换为股票的公司债券，除应当符合上述条件外，还应当符合证券法中关于公开发行股票的条件，并报国务院证券监督管理机构核准。

24.2　企业破产与破产制度

企业破产指企业在生产经营过程中由于经营管理不善，当负债达到或超过所占有的全部资产，不能清偿到期债务，资不抵债的企业行为。企业破产程序是一种清理债权债务关系的司法程序，如何公平公正地保护债权人的利益是破产制度设计的重心。破产制度不仅包括破产清算，还包括重整及和解，这也体现了《企业破产法》鼓励当事人积极寻求以避免企业倒闭清算的方式来公平清理债务的精神。

24.2.1　企业破产的原因

企业破产的原因为企业法人不能清偿到期债务，并且资不抵债。

债务人账面资产虽大于负债，但存在下列情形之一的，人民法院应当认定其明显缺乏清偿能力：①因资金严重不足或者财产不能变现等原因，无法清偿债务；②法定代表人下落不明且无其他人员负责管理财产，无法清偿债务；③经人民法院强制执行，无法清偿债务；④长期亏损且经营扭亏困难，无法清偿债务；⑤导致债务人丧失清偿能力的其他情形。

24.2.2　债权申报

债权申报期限自人民法院发布受理破产申请公告之日起计算，最短不得少于三十日，最长不得超过三个月。在人民法院确定的债权申报期限内，债权人未申报债权的，可以在破产财产最后分配前补充申报；但是，此前已进行的分配，不再对其补充分配。

可申报的债权包括：到期的和未到期的；有担保的和无担保的；因破产宣告而解除经济合同造成对方当事人经济上损害的部分；虽有财产担保但其债权数额超过担保物价款且未清偿部分；票据发票人或背书人被宣告破产而承兑人已付款或承兑的；被保证人被宣告破产前，保证人代替被保证人清偿债务的部分。

24.2.3 债权人会议

依法申报债权的债权人为债权人会议的成员，有权参加债权人会议，享有表决权。债权人会议应当有债务人的职工和工会的代表参加，对有关事项发表意见。

债权人会议可以决定设立债权人委员会。债权人委员会由债权人会议选任的债权人代表和一名债务人的职工代表或者工会代表组成。

债权人委员会的职权为：

(1)监督债务人财产的管理和处分；

(2)监督破产财产分配；

(3)提议召开债权人会议；

(4)债权人会议委托的其他职权。

24.2.4 重整、和解与破产清算

破产重整指对该企业进行重新整顿、调整，即不对无偿付能力债务人的财产进行立即清算，而是在法院主持下由债务人与债权人达成协议，制订重组计划，规定在一定期限内债务人按一定方式全部或部分清偿债务，同时债务人可以继续经营其业务的制度。

破产和解是指在人民法院受理破产案件后，在破产程序终结前，债务人与债权人之间就延期偿还和减免债务问题达成协议，中止破产程序的一种方法。破产和解需法院的裁定认可。

破产清算是指法院宣告企业破产以后，对破产财产进行变价和分配。破产财产的清偿顺序为：

(1)破产费用和共益债务；

(2)破产人所欠职工的工资和医疗、伤残补助、抚恤费用，所欠的应当划入职工个人账户的基本养老保险、基本医疗保险费用，以及法律、行政法规规定应当支付给职工的补偿金；

(3)破产人欠缴的除前项规定以外的社会保险费用和破产人所欠税款；

(4)普通破产债权。

重整、和解与破产清算之间的关系如下：

(1)债务人可以申请和解、重整或破产清算，债权人可以申请重整或破产清算；

(2)债权人申请破产清算的案件，在破产宣告前，债务人可以申请和解，债务人或其出资人可以申请重整；

(3)债务人申请破产清算的案件，在破产宣告前，债务人可以申请和解，债权人或者债务人的出资人可以申请重整；

(4)在和解或者重整程序中，符合条件时可以经破产宣告转入破产清算程序；

(5)一旦经破产宣告进入破产清算程序，则不得转入和解或重整程序；

(6)和解与重整不得相互转换。

【本章小结】

企业融资分为内部融资和外部融资两种方式，其中外部融资又分为股权融资与债权融资。一家企业上市融资需要证券经营机构承销，同时证券经营机构完成保荐程序，并经过证监会认可方可完成上市。我国允许平价发行和溢价发行，禁止折价发行。

破产财产的清偿顺序为：破产费用及共益债务、职工费用、保险费用及税款、普通破产债权。债务人可以申请和解、重整或破产清算，债权人可以申请重整或破产清算。

【课后测验】

1. 依据《证券法》的相关规定，关于证券发行的表述，下列哪一选项是正确的？(　　)

A. 所有证券必须公开发行，而不得采用非公开发行的方式

B. 发行人可通过证券承销方式发行，也可由发行人直接向投资者发行

C. 只有依法正式成立的股份公司才可发行股票

D. 国有独资公司均可申请发行公司债券

2. A 公司因经营不善，资产已不足以清偿全部债务，经申请进入破产还债程序。关于破产债权的申报，下列哪些表述是正确的？(　　)

A. 甲对 A 公司的债权虽未到期，仍可以申报

B. 乙对 A 公司的债权因附有条件，不能申报

C. 丙对 A 公司的债权虽然诉讼未决，但丙仍可以申报

D. 职工丁对 A 公司的伤残补助请求权，应予以申报

【深入阅读】

证券市场禁入制度

证券市场禁入是指证券市场监管部门对证券违法违规行为的人员采取在一定期限内不得担任特定职务、从事特定证券业务以及进行证券交易的行政处罚措施，其目的是严厉打击证券违法违规行为，对社会公共利益和投资者合法权益进行保护，实现证券市场的净化和规范发展。1997 年后，证券市场禁入制度在我国开始正式实施，这对规范初建的证券市场有序发展起到了重大作用。但是，从该制度演进情况和执行收效来看，其仍存在着法律性质不清、相关配套法律法规之间衔接不到位、一些市场禁入

的决定不合法以及裁量适用的标准模糊等法制化困境。因此，有必要以推进我国证券市场禁入制度迈向法治化为目标，对证券市场禁入制度的法治化出路进行探索。

【网络学习】

请登录中国证券监督管理委员会官网，检索“证券法”“首次公开发行”，整理公司上市条件与流程。

【课后思考】

请在中国裁判文书网检索“(2014)民二终字第3号”北京A有限公司与B公司、C资产管理经营有限公司股东出资纠纷案，思考《发起人协议》的效力以及发起人出资义务。

案情简介：A公司与B、E公司、F签订《发起人协议》，约定四方共同发起设立D公司，注册资本10亿元人民币，股份总数10亿股，之后A公司与B签订《发起设立D补充协议》(以下简称《补充协议》)，约定了B全部主营业务重组纳入D等内容。2009年10月29日，A公司向B支付剩余出资12000万元，B未验资，一直挂账在应付账款项下。法院认为，依据《无偿划转让协议书》，C公司只能受让B对D的股东权利和义务，不能连同B在《发起人协议》中的合同权利和义务也一并受让，《公司法》第八十四条规定“发起人不依照前款缴纳出资的，应当按照发起人协议承担违约责任”，故B的出资义务和违约责任均不因其股权转让行为而免除。

第 25 章　竞争法

【导言】

竞争法不是单一性质的法律规范的总称，而是指调整竞争关系的各部门法规的总称。竞争法以保护竞争为主旨，并以反不正当竞争和反垄断作为核心内容。2020 年 12 月 24 日，市场监管总局根据举报，在前期核查研究的基础上，对阿里巴巴集团控股有限公司实施“二选一”等涉嫌垄断行为立案调查。这是我国在互联网领域加强反垄断监管的一项重要举措。本章重点介绍不正当竞争行为的类型及其表现方式，以及垄断行为的类型及其表现方式。

【学习目标】

- 掌握不正当竞争行为的类型及其表现方式和相应的法律责任。
- 掌握垄断行为的类型及其表现方式。

25.1　不正当竞争行为

根据《保护工业产权巴黎公约》的规定，凡在工商活动中违反诚实信用原则的行为即构成不正当的竞争行为。我国主要由 1993 年颁布的《中华人民共和国不正当竞争法》(以下简称《反不正当竞争法》)调整市场上的不正当竞争行为，该法规定不正当竞争行为是指经营者违反该法规定，损害其他经营者合法权益，扰乱社会经济秩序的行为。

25.1.1　欺骗性交易

欺骗性交易的表现形式为：

(1)假冒他人的注册商标；

(2)擅自使用知名商品特有的名称、包装、装潢，或者使用与知名商品近似的名称、包装、装潢，造成和他人的知名商品相混淆，使购买者误认为是该知名商品；

(3)擅自使用他人的企业名称或者姓名，引人误认为是他人的商品；

(4)在商品上伪造或者冒用认证标志、名优标志等质量标志，伪造产地，对商品质量作引人误解的虚假表示。

《反不正当竞争法》第六条规定：经营者不得实施下列混淆行为，引人误认为是他人商品或者与他人存在特定联系：

(一)擅自使用与他人有一定影响的商品名称、包装、装潢等相同或者近似的标识；

(二)擅自使用他人有一定影响的企业名称(包括简称、字号等)、社会组织名称(包括简称等)、姓名(包括笔名、艺名、译名等)；

(三)擅自使用他人有一定影响的域名主体部分、网站名称、网页等；

(四)其他足以引人误认为是他人商品或者与他人存在特定联系的混淆行为。

25.1.2 商业贿赂

商业贿赂的表现形式为采用财物或者其他手段进行贿赂以销售或者购买商品。在账外暗中给予对方单位或者个人回扣的，以行贿论处；对方单位或者个人在账外暗中收受回扣的，以受贿论处。

《反不正当竞争法》第七条规定：经营者不得采用财物或者其他手段贿赂下列单位或者个人，以谋取交易机会或者竞争优势：

(一)交易相对方的工作人员；

(二)受交易相对方委托办理相关事务的单位或者个人；

(三)利用职权或者影响力影响交易的单位或者个人。

经营者在交易活动中，可以以明示方式向交易相对方支付折扣，或者向中间人支付佣金。经营者向交易相对方支付折扣、向中间人支付佣金的，应当如实入账。接受折扣、佣金的经营者也应当如实入账。

经营者的工作人员进行贿赂的，应当认定为经营者的行为；但是，经营者有证据证明该工作人员的行为与为经营者谋取交易机会或者竞争优势无关的除外。

25.1.3 虚假广告

《反不正当竞争法》第八条规定：经营者不得对其商品的性能、功能、质量、销售状况、用户评价、曾获荣誉等作虚假或者引人误解的商业宣传，欺骗、误导消费者。

经营者不得通过组织虚假交易等方式，帮助其他经营者进行虚假或者引人误解的商业宣传。

对虚假广告经营者，监督检查部门应当责令停止违法行为，消除影响，可以根据情节处以一万元以上二十万元以下的罚款。

广告的经营者不得在明知或者应知的情况下，代理、设计、制作、发布虚假广告。如果在明知或应知情况下，监督检查部门应责令停止违法行为，没收违法所得，并依法处以罚款。

25.1.4 侵犯商业秘密

《反不正当竞争法》第九条规定的侵犯商业秘密的表现形式为：

(1)以盗窃、贿赂、欺诈、胁迫、电子侵入或者其他不正当手段获取权利人的商业秘密；

(2)披露、使用或者允许他人使用以前项手段获取的权利人的商业秘密；

(3)违反保密义务或者违反权利人有关保守商业秘密的要求，披露、使用或者允许他人使用其所掌握的商业秘密；

(4)教唆、引诱、帮助他人违反保密义务或者违反权利人有关保守商业秘密的要求，获取、披露、使用或者允许他人使用权利人的商业秘密。

经营者以外的其他自然人、法人和非法人组织实施上述所列违法行为的，视为侵犯商业秘密。

第三人明知或者应知商业秘密权利人的员工、前员工或者其他单位、个人实施上述所列违法行为，仍获取、披露、使用或者允许他人使用该商业秘密的，视为侵犯商业秘密。

商业秘密是指不为公众所知悉、具有商业价值并经权利人采取相应保密措施的技术信息、经营信息等商业信息。

25.1.5　低于成本价格销售商品

低于成本价格销售商品要构成不正当行为必须以排挤对手为目的，但以下情形中的低于成本价格销售商品，不属于不正当行为：

(1)销售鲜活商品；

(2)处理有效期限即将到期的商品或者其他积压的商品；

(3)季节性降价；

(4)因清偿债务、转产、歇业降价销售商品。

25.1.6　不正当有奖销售

根据《反不正当竞争法》第十条的规定，经营者进行有奖销售不得存在下列情形：

(1)所设奖的种类、兑奖条件、奖金金额或者奖品等有奖销售信息不明确，影响兑奖；

(2)采用谎称有奖或者故意让内定人员中奖的欺骗方式进行有奖销售；

(3)抽奖式的有奖销售，最高奖的金额超过五万元。

保龄球馆有奖活动的性质案例

某保龄球馆是一个营利性保龄球馆。1998 年春节，该保龄球馆举办有奖活动，规定只要在该馆打满三局，且总分为 688 分的顾客，即可获得该馆的特等奖商品房一套。此有奖活动一经公布，该保龄球馆的顾客人数剧增，最后，特等奖被丁某获得。丁某是该保龄球馆的工作人员，其得到特等奖后，即将商品房交还单位，单位给他奖励 5000 元。

思考：保龄球馆的行为属于什么性质？

25.1.7 商业诋毁

《反不正当竞争法》第十一条规定：经营者不得编造、传播虚假信息或者误导性信息，损害竞争对手的商业信誉、商品声誉。

同时，《反不正当竞争法》还对网络经营中维护其他经营者的商业声誉作出了规定，其中第十二条明确规定，经营者利用网络从事生产经营活动，应当遵守《反不正当竞争法》的各项规定。

经营者不得利用技术手段，通过影响用户选择或者其他方式，实施下列妨碍、破坏其他经营者合法提供的网络产品或者服务正常运行的行为：

(1)未经其他经营者同意，在其合法提供的网络产品或者服务中，插入链接、强制进行目标跳转；

(2)误导、欺骗、强迫用户修改、关闭、卸载其他经营者合法提供的网络产品或者服务；

(3)恶意对其他经营者合法提供的网络产品或者服务实施不兼容；

(4)其他妨碍、破坏其他经营者合法提供的网络产品或者服务正常运行的行为。

25.1.8 串通投标

投标者不得串通投标、抬高标价或者压低标价。投标者和招标者不得相互勾结，以排挤竞争对手的公平竞争。

25.2 垄断行为

垄断行为是我国严格规制的经济活动，但限于对境内市场竞争产生排除、限制影响的垄断行为。我国的垄断行为由2008年实施的《中华人民共和国反垄断法》(2022年修正，以下简称《反垄断法》)所规制，该法主要规制经济垄断行为，以保护市场公平竞争，提高经济运行效率，维护消费者利益和社会公共利益，促进社会主义市场经济健康发展。以下主要介绍《反垄断法》所规制的垄断行为及其表现形式。

25.2.1 垄断协议

垄断协议，是指经营者之间达成或者采取的旨在排除、限制竞争的协议和决定或者其他协同行为。垄断协议分为横向垄断协议和纵向垄断协议。横向垄断协议是指具有竞争关系的经营者之间形成的垄断协议。纵向垄断协议是指经营者与上下游交易相对人达成的垄断协议。

横向的垄断协议内容涉及：

(1)固定或者变更商品价格；

(2)限制商品的生产数量或者销售数量；

(3)分割销售市场或者原材料采购市场；

(4)限制购买新技术、新设备或者限制开发新技术、新产品；

(5)联合抵制交易；

(6)国务院反垄断执法机构认定的其他垄断协议。

纵向的垄断协议内容涉及：

(1)固定向第三人转售商品的价格；

(2)限定向第三人转售商品的最低价格；

(3)国务院反垄断执法机构认定的其他垄断协议。

如果经营者能够证明所达成的协议具有法定正当性，这些协议则不被反垄断法所禁止。所谓法定正当性，是指符合法律规定的豁免情形。根据《反垄断法》的相关规定，具有法定正当性的情形有：

(1)为改进技术、研究开发新产品的。

(2)为提高产品质量、降低成本、增进效率，统一产品规格、标准或者实行专业化分工的。

(3)为提高中小经营者经营效率，增强中小经营者竞争力的。

(4)为实现节约能源、保护环境、救灾救助等社会公共利益的。

(5)因经济不景气，为缓解销售量严重下降或者生产明显过剩的。

(6)为保障对外贸易和对外经济合作中的正当利益的。

(7)法律和国务院规定的其他情形。

上述第(1)～(5)情形，经营者还应当证明所达成的协议不会严重限制相关市场的竞争，并且能够使消费者分享由此产生的利益，才能够满足法定正当性要求。

25. 2. 2　滥用市场支配地位

市场支配地位是指经营者在相关市场内具有能够控制商品价格、数量或者其他交易条件，或者能够阻碍、影响其他经营者进入相关市场能力的市场地位。《反垄断法》采取国际通行做法，不反对经营者具有市场支配地位，但禁止经营者滥用其市场支配地位。如何认定具有市场支配地位，可依据如下条件(非绝对，可由反证推翻)：

(1)一个经营者在相关市场的市场份额达到二分之一的；

(2)两个经营者在相关市场的市场份额合计达到三分之二的；

(3)三个经营者在相关市场的市场份额合计达到四分之三的。

但是，上述第(2)、(3)项中，有的经营者市场份额不足十分之一的，不应当推定该经营者具有市场支配地位。此外，被推定具有市场支配地位的经营者，有证据证明不具有市场支配地位的，则不认定其具有市场支配地位。

滥用市场支配地位限制竞争的表现方式为：高卖低买，低于成本销售，拒绝交易，限定交易人，搭售，差别待遇。

25.2.3 经营者集中

经营者集中的形式为：经营者合并，股权取得控制权，通过合同取得控制权。

未向反垄断执法机构申报的不得集中，申报豁免的条件为：①一个经营者拥有其他每个经营者百分之五十以上表决权的股份或资产；②每个经营者百分之五十以上表决权的股份或资产被同一个未参与集中经营者所拥有。

经营者有排除、限制竞争效果的，应禁止集中；但能证明明显利大于弊、符合社会公益的，可不禁止集中。

25.2.4 滥用行政权力排除、限制竞争

行政机关和法律、法规授权的具有管理公共事务职能的组织不得滥用行政权力，进行以下排除、限制竞争的行为：强制交易，地区封锁(歧视性收费，歧视性技术要求，行政许可，设置关卡)，排斥外地招投标，排斥外地投资，强制垄断，抽象行政行为垄断。

【本章小结】

不正当竞争包括欺骗性交易，商业贿赂，虚假广告，侵犯商业秘密，低于成本价格销售，不正当有奖销售，商业诋毁，串通投标；垄断行为包括横向垄断协议及纵向垄断协议，滥用市场支配地位，经营者集中，滥用行政权力排除、限制竞争。

【课后测验】

1. 下列哪些选项属于不正当竞争行为？(　　)

A. 甲灯具厂捏造乙灯具厂偷工减料的事实，私下告诉乙厂的几家重要客户

B. 甲公司发布高薪招聘广告，乙公司数名高管集体辞职前往应聘，甲公司予以聘用

C. 甲电器厂产品具有严重瑕疵，媒体误报道为乙电器厂产品，甲厂未主动澄清

D. 甲厂使用与乙厂知名商品近似的名称、包装和装潢，消费者经仔细辨别方可区别二者差异

2. 某县政府规定：施工现场不得搅拌混凝土，只能使用预拌的商品混凝土。2020年，县建材协会组织协调县内6家生产企业达成协议，各自按划分的区域销售商品混凝土。因货少价高，一些施工单位要求县工商局处理这些企业的垄断行为。根据《反垄断法》，下列哪些选项是错误的？(　　)

A. 县政府的规定属于行政垄断行为

B. 县建材协会的行为违反了《反垄断法》

C. 县工商局有权对6家企业涉嫌垄断的行为进行调查和处理

D. 被调查企业承诺在反垄断执法机构认可的期限内采取具体措施消除该行为后果

的，该机构可决定终止调查

【深入阅读】

网络不正当竞争

网络经营者运用互联网技术作出的新型不当竞争行为，是维护网络竞争秩序、增进消费者福利必须予以规制的重要对象。2017 年修订的《反不正当竞争法》增加的网络条款，以明示立法的方式将实践中出现的主要网络不当竞争行为纳入该法中进行规制。这种规制策略一方面将一些网络垄断行为视为不正当竞争行为进行规制，继而架空了反垄断规制；另一方面又将一些正当的经营行为判定为不当行为，导致规制宽泛化困境，干扰了市场自由竞争。究其原因，《反垄断法》中的滥用市场支配地位制度无法及时识别和规制网络竞争过程中的垄断行为，导致了网络不当竞争行为被放置在网络条款之下进行规制；与此同时，网络条款立法的空洞化和实施的侵权法化使行为正当性的判断过于宽泛。要想走出前述双重困境：一方面需要立法者以市场力量的分析为指引，对滥用市场支配地位制度进行拓补，及时识别与规制网络竞争中的垄断行为；另一方面则要求规制者限缩适用网络条款，以避免对自由竞争的过度干预。

【网络学习】

请登录中华人民共和国商务部反垄断局官网，查看最新的反垄断信息，全面学习相关的法律法规及其解读。请登录中华人民共和国国家工商行政管理总局官网，查看反垄断与反不正当竞争的监管实例，深入理解不正当竞争行为与垄断行为。

【课后思考】

请在中国裁判文书网检索“(2020)京 73 民终 1906 号”A 有限公司与 B 有限责任公司等不正当竞争纠纷案，思考诉争行为是否构成不正当竞争以及不正当竞争应承担何种责任。

案情简介：D 公司与 A 公司均从事开关、插座的生产和销售，B 公司、C 公司分别为 A 公司生产的商品提供销售渠道和网络销售平台，A 公司所生产的开关、插座与第 1424486 号“D”商标、第 4426527 号“D”商标核准注册的电灯相比，功能用途具有较大关联，销售渠道相近，消费对象重合。但是在 A 公司成立之前，第 1424486 号“D”商标、第 4426527 号“D”商标已具有较高知名度，因此法院认为 A 公司作为相关行业的经营者理应知晓“D”的知名度，仍然生产、销售标注含“D”字样公司名称的涉案开关、插座产品，且标注的公司名称中有“上海”字样，与原告公司的注册地同属上海，具有明显攀附原告 D 公司商誉及“D”商标品牌影响力的意图，造成相关公众的混淆，构成不正当竞争行为。

第六编
财产法

第 26 章　物权法

【导言】

在生活中，有时我们会有这样的困惑：捡来的东西是不是我的？邻居树上的果子掉在了我的院子里是我的吗？付完款交完钥匙房子就是自己的吗？自己的车为什么还要登记呢？其实这些都是法律中的物权问题，学完本章，你将可以对这些问题作出清晰准确的回应。

我国的物权制度主要规定在《民法典》的物权编中，物权是指权利主体直接控制支配特定的物或者权利并享受其利益而具有排他性的一种权利。本章介绍我国的物权制度，并逐一讲解不同类型物权的制度安排。

【学习目标】

- 掌握《民法典》物权编中规定的物权的基本类型。
- 理解不同类型物权的含义、变动方式、效力范围。
- 尝试思考生活实践中的物权关系。

26.1　物的概念、特征及分类

物是物权的权利客体，学习物权首先应明确什么是物。

26.1.1　物的概念

物指除人体之外，能为人力所支配的，能够独立满足社会生活需要的有体物，分为动产和不动产。但是，法律可以规定某些权利作为物权的客体。

《民法典》第一百一十五条规定：物包括不动产和动产。法律规定权利作为物权客体的，依照其规定。

《民法典》第一百一十六条规定：物权的种类和内容，由法律规定。

《民法典》第一百二十七条规定：法律对数据、网络虚拟财产的保护有规定的，依照其规定。

物有四大特征：

(1)非人体性。物必须在人体之外。器官是人体的一部分，但若脱离了人体，则看作物。

(2)可支配性。物必须能被人力控制才有法律上的意义。

太阳、月亮等虽为物理上的物，但人类的科技水平和认知能力尚不足以将其控制，没有人能独立拥有它们，也就无法进行交易，无须法律进行调整。当然，随着人类社会的发展，人力可以支配更多的物，物的范围也会不断扩大。

(3)效用性。物要能满足人们的某种需要，毫无经济价值的物不是法律调整的物。

(4)有体性。也称有型性，是指具有物理上的实体。

著作、专利等精神产品不具有物理上的实体，属于无体物，不属于《民法典》物权编的调整对象。

法律规定了一些例外，权利也可作为物权的客体。

例如，甲公司把某项专利技术作为抵押物，向乙公司借款，若甲公司无法到期还款，乙公司自然可以要求拍卖此项专利技术，以此收回自己借给甲公司的款项。此时，这项专利权虽为无形物，但作为担保物权的标的受《民法典》的调整。

26.1.2 物的不同分类

用不同的方法对物分类有不同的意义。下面将讲解物的不同分类方法以及分类原因。

不动产是指不能移动或移动会损害其价值的物，比如土地以及房屋、林木等土地定着物；动产是指不动产以外的物，比如汽车、书籍等。

动产和不动产在物权变动的公示方式上和发生纠纷时的管辖法院上有不同之处。物权的变动，就是指物权的产生、变更和消灭。

1. 动产物权变动的公示方法方式——交付

一般情况下，动产物权的设立和转让，自交付时发生效力(《民法典》第二十三条)。法律对一些特殊的交付方式作了专门的规定。

《民法典》第二百二十六条规定：动产物权设立和转让前，权利人已经占有该动产的，物权自民事法律行为生效时发生效力。

《民法典》第二百二十七条规定：动产物权设立和转让前，第三人占有该动产的，负有交付义务的人可以通过转让请求第三人返还原物的权利代替交付。

《民法典》第二百二十八条规定：动产物权转让时，当事人又约定由出让人继续占有该动产的，物权自该约定生效时发生效力。

交付的方式如图 26-1 所示。

- 交付
  - 现实交付
  - 观念交付
    - 简易交付
    - 指示交付
    - 占有改定

图 26-1 交付的方式

现实交付是最常见的，即直接把标的物交给对方，比如生活中常见的一手交钱一手交货。观念交付的存在是因为在现实生活中，买卖双方的合意已经达成，但是由于某些原因标的物无法及时交给买方，为了减少纠纷，避免因一方改变主意而给另一方无端造成损失，因此对这些情况，特别规定了其物的主人发生变化的时点，这时，虽然没有交付但是买卖双方心里已经明白谁是所有人了，故称“观念交付”。

简易交付的特殊之处在于，在物权变动这一时点之前，买方已经拿到了标的物。须注意，买方拿到物的原因必须是合法的，比如租赁、借用等。

例如：你看到同学有本书，和同学商量借来看看，但你看完以后发现非常喜欢这本书，就和同学商量请他把书卖给你，正好同学也不想要了，你们达成了买卖合同。这时，你只要把钱给你同学就行了，同学不用再把书交付给你了，因为书已经在你手里。

在这个例子中，书的所有权变动的时间是你们的买卖合同生效的时间，而不是同学把书借给你(交付标的物)的时间。

指示交付的特殊之处在于，在物权变动这一时点之前，标的物在买卖双方以外的第三人手里，且第三人拿到物的原因必须是合法的。

例如：你看到室友桌上有一本书，想让室友卖给你。但室友说，这是老师借给他看的。你去找老师，想让老师把书卖给你，老师同意了。之后你只要直接找你室友拿书就可以了，而不用让你室友还给老师，老师再把书给你这么麻烦了。

在这个例子中，书的所有权变动的时间是你和老师之间的买卖合同生效的时间，即使你在老师同意卖给你书后的一段时间里，你一直等着室友看完了才把书拿到手里，书的所有权人也是你。

占有改定的特殊之处在于，交易完成后标的物依然在卖方手中。

例如：你在商场电影院门口买了一大桶爆米花想看电影时吃，但是距离电影开始还有两个小时，于是打算先逛逛服装店。拿着爆米花逛街试衣服不方便，你就请店家先帮你放在旁边，电影快开始的时候再来拿，店家同意了。

在这个例子中，表面上看你买的爆米花没有拿走，依然在店家那里，位置没有变化，但是你和店家心里都知道，这桶爆米花的主人已经是你了，爆米花所有权的转移是你们在观念中完成的。所有权的转移时间，是你和店家达成“店家再帮你看管两个小时”这一合意生效的时间。

法律还对一些特殊的动产作出了特别规定。

机动车、船舶、航空器等价值往往较高，交易安全更需要保护。这些属于比较特殊的动产，法律要求它们在发生物权变动时，当事人在交付过后还应去登记机关进行登记，“未经登记不得对抗善意第三人”(《民法典》第二百二十五条)。

例如：甲把自己的机动车交付给了一号买家，但还没有办理机动车登记手续。二号买家在不知情的情况下，同甲一起去办理了过户手续(因为甲发现二号买家出价更高)。此时，车是属于二号买家的，因为登记簿上是二号买家的名字。一号买家因此造成的损失可要求甲赔偿。

2. 不动产物权变动的公示方式——登记

《民法典》第二百零九条规定：不动产物权的设立、变更、转让和消灭，经依法登记，发生效力；未经登记，不发生效力，但法律另有规定的除外。

依法属于国家所有的自然资源，所有权可以不登记。

以下权利可以进行不动产登记：

(1)不动产物权。包括自然资源的国家所有权、集体土地所有权、建设用地使用权、土地承包经营权、宅基地使用权、建筑物与其他土地附着物的所有权、养殖权、捕捞权、取水权、海域使用权、探矿权、采矿权。

(2)不动产物权上成立的物权。包括建设用地使用权上设定的抵押权，建筑物和其他土地附着物上设立的抵押权，以招标、拍卖、公开协商等方式取得的荒地等土地承包经营权上设立的抵押权，因乡镇、村企业的厂房等建筑物被抵押时而在该建筑物占用范围内的建设用地使用权上成立的抵押权，地役权。

3. 物权的登记

在登记以上权利时，当事人可以根据实际需要登记的事项和法律规定，选择不同的登记类型。

(1)初始登记。指不动产所有权的第一次登记。

(2)设定登记。指基于法律行为而在不动产上设立其他物权时所为的登记。

(3)转移登记。在土地使用权、房屋所有权以及其他物权因买卖、互易、出资、赠与等法律行为而发生转移时进行的登记。

(4)变更登记。指在不动产物权主体不发生改变的前提下，因不动产物权的内容发生改变或者不动产本身发生变化时进行的登记。

(5)注销登记。指经登记的不动产物权因法定原因或者约定原因消灭，或因自然及人为原因使不动产灭失，从而使不动产物权归于消灭，由权利人向登记机关申请注销该权利的登记。

以上五种登记具有终局的、确定的效力，称为终局登记。

在本登记之前可以进行预告登记。预告登记是临时性的，从属于被担保的债权。

《民法典》第二百二十一条规定：当事人签订买卖房屋的协议或者签订其他不动产物权的协议，为保障将来实现物权，按照约定可以向登记机构申请预告登记。预告登记后，未经预告登记的权利人同意，处分该不动产的，不发生物权效力。

预告登记后，债权消灭或者自能够进行不动产登记之日起九十日内未申请登记的，预告登记失效。

预告登记并不具有终局的、确定的效力。

例如：你向开发商购买房子，交了一部分定金，开发商规定只有缴清全部购房款才能办理房屋所有权登记。你暂时没有凑够钱，又怕在筹钱的过程中开发商把房子卖给其他人，所以你申请了预告登记，等到你缴清全部房款时再来办理正式登记。但是在筹钱的过程中，开发商突然发现你没有购房资格，于是把定金退给了你，这时你之前办理的预告登记就失效了。或者三个月过去了，你还是没有来办理正式登记，预告登记也会失效。

相较于动产在交付时发生物权变动的效力，不动产的物权变动自记载于不动产登记簿时发生效力(《民法典》第二百一十四条)。须要注意的是，登记的效力和买卖合同的效力并没有直接的关系。当事人之间订立有关设立、变更、转让和消灭不动产物权的合同，除法律另有规定或者合同另有约定外，自合同成立时生效；未办理物权登记的，不影响合同效力(《民法典》第二百一十五条)。

登记机构按照法律的规定，履行职责，根据当事人递交的申请材料，把物权变动的相关事项如实、及时地登记在不动产登记簿上，同时，登记机构会发给当事人一份权属证书。

《民法典》第二百一十六条规定：不动产登记簿是物权归属和内容的根据，不动产登记簿由登记机构管理。

《民法典》第二百一十七条规定：不动产权属证书是权利人享有该不动产物权的证明。不动产权属证书记载的事项，应当与不动产登记簿一致；记载不一致的，除有证据证明不动产登记簿确有错误外，以不动产登记簿为准。

《民法典》第二百二十二条规定：当事人提供虚假材料申请登记，造成他人损害的，应当承担赔偿责任。

因登记错误，造成他人损害的，登记机构应当承担赔偿责任。登记机构赔偿后，可以向造成登记错误的人追偿。

《民法典》第二百二十三条规定：不动产登记费按件收取，不得按照不动产的面积、体积或者价款的比例收取。

4. 主物与从物

两个相互独立的物之间，发挥主要作用的物为主物，发挥辅助作用的物为从物。从物对主物有从属性，从物的所有权变动跟随主物(《民法典》第三百二十条)。

例如：房屋里安装了中央空调。中央空调在没有从房屋拆卸下来之前，甲是房屋的所有人也是中央空调的所有人。甲如果出售房屋，不必单独签订中央空调的买卖合同，只需要在房屋买卖合同中考虑连同空调转售时房屋的价格即可。

5. 原物与孳息

一物由另一物所生者，所生之物为孳息，产生孳息的物为原物。由物的自然属性所产生的称为天然孳息，因特定法律关系产生的孳息为法定孳息。母牛产下的小牛仔是母牛所生的孳息，利息是本金出借产生的孳息，房租是因房屋租赁关系产生的孳息。

孳息应该由谁来取得呢？当事人双方可以自由约定；如果双方没有约定，那么法定孳息的取得按照交易习惯取得，天然孳息由所有权人取得(有用益物权人的，由用益物权人取得)(《民法典》第三百二十一条)。

甲是养牛场老板，因去外地出差，请邻居乙帮忙看管养牛场。期间，母牛产下的小牛仔应属于母牛的主人。

26.2 物权

物是权利人依法对特定的物享有直接支配和排他的权利。其有两层含义：

(1)权利人可以直接支配特定物，排除他人意志的干涉。只要这个物是我的，那么我想怎么用就怎么用，无须经过别人同意(直接支配性、排他性)。

(2)物权是对抗世人的财产权。物权对除权利人之外的每一个人产生效力，每一个人都应尊重它(对世性或绝对性)。

26.2.1 物权的分类

以权利人对标的物的支配范围为标准，物权可以分为完全物权与定限物权。

在自己的物上设立任何权利都是行使所有权的具体表现。我国是社会主义国家，以公有制为主体，因此必然存在国家所有和集体所有；另外，我国坚持市场在资源配置中起决定性作用，实行社会主义市场经济，私人所有受到法律保护(《民法典》第二百零七条)。定限物权分为用益物权和担保物权两大类。

用益物权是以使用他人的物来获取利益为目的的权利。用益物权针对不动产。根据所有权的分类，使用“他人”的物，即使用国家、集体或其他私人的物。我国的土地属于国家，建设用地使用权即在国家的土地之上建造建筑物的权利；我国农村的土地属于集体，农民有承包某块土地进行农业生产的权利(土地承包经营权)和在集体的土地上建造住宅的权利(宅基地使用权)。地役权是指和他人约定使用他人的不动产，以此提高自己的不动产的效益。

担保物权是为了保障债权的实现而设立的物权(《民法典》第三百八十六条)。担保物权的进一步分类是看是否需要移转物的占有，即是否需要把标的物从所有权人(债务人)那里转移给担保物权人(债权人)。在担保物权设立后，抵押权的设立不需要转移占有，质押权则需要改变物的占有人。留置权的独特之处在于，在担保物权设立之前，债权人已经占有了该动产；如果债务人到期不履行债务，债权人可以留置该动产。

26.2.2 物权的取得

物权的变动包括物权的取得、物权的变更、物权的消灭三种基本形态。

新的权利人取得物权，则原权利人的权利同时消灭，物权由此发生变更。物权的取得是物权变动的核心和导火索。那么，怎样才能取得物权呢?

一种方法是继受取得，即从别人的手中取得。包括买卖、赠与、物物交换、继承、接受遗赠等方式。物的主人从一个人变成了另外一个人。

另一种方法是原始取得，这个物本来没有主人，后来你成了这个物的主人。比如，对无主物的先占、拾得遗失物、依照自己的所有权而取得孳息的所有权等。

26.2.3　物权变动的时间点

前述的两种物权取得方式在实际执行时势必有一个过程，需要一段时间才能完成。法律需要确定一个时间点，明确从何时起取得了物权。如上所述，物权变动有两种不同的类型，分别是基于法律行为引起的物权变动和非基于法律行为引起的物权变动，由此根据不同的类型来确定取得物权的具体时间点。

基于法律行为引起的物权变动，是指因法律行为而导致的物权变动。第一，要求法律行为必须有效。法律行为不成立、被撤销或者无效，则无法发生物权变动。法律行为最典型的表现形式是买卖合同，存在有效的买卖合同是引起所有权转移的原因。除买卖合同以外的其他法律行为的形式还有：土地承包经营权的设立是基于土地承包经营权合同，抵押权的设立是基于抵押权合同，等等。第二，原则上要求必须进行公示。根据物权公示原则及相关规定，动产的公示方式为交付，不动产公示方式为登记。

《民法典》第二百一十四条规定：不动产物权的设立、变更、转让和消灭，依照法律规定应当登记。自记载于不动产登记簿时发生效力。

非基于法律行为的物权变动主要包括三类：基于事实行为、基于公法行为、基于继承或接受遗赠。非基于法律行为的物权变动不必以公示为前提。非基于法律行为而取得不动产物权者未经登记处分该物权的，不发生物权变动的效力。

《民法典》第二百二十九条规定：因人民法院、仲裁机构的法律文书或者人民政府的征收决定等，导致物权设立、变更、转让或者消灭的，自法律文书或者征收决定等生效时发生效力。

《民法典》第二百三十条规定：因继承取得物权的，自继承开始时发生效力。

《民法典》第二百三十一条规定：因合法建造、拆除房屋等事实行为设立或者消灭物权的，自事实行为成就时发生效力。

26.2.4　物权的保护

物权具有请求权效力，权利人发现自己的物权正在或者可能遭受到侵害时，有权要求对方为或不为一定行为。既可以通过当事人和解，也可申请仲裁、调解或提起诉讼。

《民法典》第二百三十四条规定：因物权的归属、内容发生争议的，利害关系人可以请求确认权利。

《民法典》第二百三十五条规定：无权占有不动产或者动产的，权利人可以请求返还原物。

《民法典》第二百三十六条规定：妨害物权或者可能妨害物权的，权利人可以请求排除妨害或者消除危险。

《民法典》第二百三十七条规定：造成不动产或者动产毁损的，权利人可以依法请求修理、重作、更换或者恢复原状。

《民法典》第二百三十八条规定：侵害物权，造成权利人损害的，权利人可以依法请求损害赔偿，也可以依法请求承担其他民事责任。

1. 确认物权的请求权

确认物权存在是保护物权的前提。确认物权的归属必须向公权力机关提出申请，不能进行私力救济。

2. 所有物返还请求权

用于物已为他人无权占有或被他人侵夺占有的情形。

3. 排除妨害请求权

用于权利人没有丧失对标的物的占有，但是物权的行使已经遭到妨害的情形。

4. 消除危险请求权

用于权利人没有丧失对标的物的占有，物权的行使也没有遭到妨害，但是物权的行使是有可能面临遭到侵害危险的情形。

5. 恢复原状、损害赔偿

受害人可以选择让侵权人出钱赔偿自己的损失，也可选择要求侵权人修补被损害过的物。

例如：停在小区规定车位上的私家轿车被小王不小心撞坏倒车镜。车主与小王协商：要么赔车主100元钱；要么由小王亲自把车开到维修店，替车主把倒车镜修好。

其实这两种方式都是小王赔钱给车主，但是选择何种方案小王与车主可以协商决定。

多项权利发生冲突时如何协调

1. 物权优先于债权

当物权人与债权可能发生权利冲突时，物权原则上优先于债权。先取得标的物所有权的买方的权利，优先于未取得标的物所有权的买方。

甲与乙签订合同，将房屋卖给乙，约定两个月后办理过户。一周后，甲又与不知情的丙签订房屋出售合同，约定将房屋卖给丙，并于当天与丙办理了房屋过户手续。那么，房屋就应属于拥有物权的丙，而拥有债权的乙可以就因卖方甲的不诚信而遭受的损失要求甲来补偿。

“买卖不破租赁”是一种特殊的情况。不动产物权发生转移，不影响该不动产之上先前所存在的租赁合同的效力。在房屋过户前房屋已经出租的，原租赁关系不因房屋所有权人变动受影响。同理，订立抵押合同前抵押财产已出租的，原租赁关系不受该抵押权的影响。

2. 先成立的物权优先于后成立的物权

在法律有特别规定时适用法律，无特别规定时适用“先来后到”的原则。

《民法典》第四百一十四条第一款规定：同一财产向两个以上债权人抵押的，拍卖、变卖抵押财产所得的价款依照下列规定清偿：

（一）抵押权已经登记的，按照登记时间的先后确定清偿顺序；

（二）抵押权已经登记的先于未登记的受偿；

（三）抵押权未登记的，按照债权比例清偿。

《民法典》第四百五十六条规定：同一动产上已设立抵押权或者质权，该动产又被留置的，留置权人优先受偿。

留置权与抵押权的优先顺序案例

甲把自己的汽车送到朋友乙的修理厂修理。修好后，甲拒绝支付乙修理费。因甲太多次拒不支付修理费，乙无奈将甲的汽车留置。甲知道后又将该汽车抵押给了银行。乙的留置权优先于银行的抵押权。

若甲是先把汽车抵押给了银行，后又被乙留置。根据《民法典》第二百三十九条的规定，则乙的留置权优先于银行。之所以保障留置权人的利益，是因为乙通过自己的劳动使车的价值增加了。

26.3　所有权

所有权是指在法律范围内，所有权人对自己的不动产或者动产，依法享有占有、使用、收益和处分的权利。占有、使用、收益和处分是所有权中最典型的四项积极权能，依此所有权人能对物进行全面的支配。所有权人能够排除他人不正当的干涉，这是所有权所具有的消极权能。所有权人可以根据自己的意愿，把所有权的各项权能进行分离，在自己的物上为他人设立定限物权。一旦设立定限物权，所有权人享有的权能就受到了限制，同时定限物权人也不能损害所有权人的利益。

26.3.1　国有财产与集体财产

《民法典》把所有权分为国家所有权、集体所有权和私人所有权。私人的合法财产受法律保护，任何组织和个人不得侵占、哄抢、破坏。

1. 国家所有权

国家所有权，是指国家对国有财产享有占有、使用、收益与处分的权利。在我国，人民是国家的主人，国家所有即全民所有，政府具体行使国家所有权。

《民法典》第二百四十二条规定：法律规定专属于国家所有的不动产和动产，任何组织和个人不能取得所有权。

《民法典》第二百四十六条规定：法律规定属于国家所有的财产，属于国家所有即全民所有。

国有财产由国务院代表国家行使所有权；法律另有规定的，依照其规定。

法律规定以下物只能归国家所有：矿藏、水流、海域；无居民海岛属于国家所有，国务院代表国家行使无居民海岛所有权；城市的土地以及依法属于国家所有的农村和城市郊区的土地；森林、山林、草原、荒地、滩涂等自然资源属于国家所有，但是法律规定属于集体所有的除外；野生动植物资源；无线电频谱资源；法律规定属于国家所有的文物；国防资产；依法属于国家所有的铁路、公路、电力设施、电信设施和油气管道等基础设施。

除此之外，国有财产还包括国家机关和国家所举办的事业组织的财产等。国家机关对其直接支配的不动产和动产，享有占有、使用以及依照法律和国务院的有关规定处分的权利。国家举办的事业组织对其直接支配的不动产和动产，享有占有、使用以及依照法律和国务院的有关规定收益、处分的权利。国家对其出资的企业享有出资人的权益。

2. 集体财产

集体所有权，是指劳动群众集体对集体财产享有的占有、使用、收益和处分的权利。集体所有权包括农民集体所有权与城镇集体所有权。

农民集体所有权的关键是集体性，即财产由集体所有，集体成员共同管理，集体成员分享收益。农民集体所有权既不是共同共有也不是按份共有，而是主体为集体的一类特殊的所有权形式。在农民集体所有权下实行家庭联产承包经营制度，这就与后面章节要讲的宅基地使用权和土地承包经营权有密切联系。城镇集体所有权主要是指城镇集体所有制企业。

26.3.2 征收与征用

征收，是指政府为了公共利益的需要，依照法律规定的程序和权限强制性地取得集体所有的土地、组织或个人的房屋及其他不动产。

征用，是指国家为了公共利益的需要，强制性地使用原本属于组织或个人的财产。

《民法典》第一百一十七条规定：为了公共利益的需要，依照法律规定的权限和程序征收、征用不动产或者动产的，应当给予公平、合理的补偿。

《民法典》第二百四十三条规定：为了公共利益的需要，依照法律规定的权限和程序可以征收集体所有的土地和组织、个人的房屋以及其他不动产。

征收集体所有的土地，应当依法及时足额支付土地补偿费、安置补助费以及农村村民住宅、其他地上附着物和青苗等的补偿费用，并安排被征地农民的社会保障费用，保障被征地农民的生活，维护被征地农民的合法权益。

征收组织、个人的房屋以及其他不动产，应当依法给予征收补偿，维护被征收人的合法权益；征收个人住宅的，还应当保障被征收人的居住条件。

任何组织和个人不得贪污、挪用、私分、截留、拖欠征收补偿费等费用。

《民法典》第二百四十五条规定：因抢险救灾、疫情防控等紧急需要，依照法律规定的权限和程序可以征用组织、个人的不动产或者动产。被征用的不动产或者动产使用后，应当返还被征用人。组织、个人的不动产或者动产被征用或者征用后毁损、灭失的，应当给予补偿。

26.3.3　共有

共有，是指两个以上民事主体对同一物共同享有一个所有权，其与单独所有相对。共有的客体可以是一个物也可以是多个物。共有包括按份共有和共同共有两种形态。

《民法典》第二百九十七条规定：不动产或者动产可以由两个以上组织、个人共有。共有包括按份共有和共同共有。

《民法典》第二百九十八条规定：按份共有人对共有的不动产或者动产按照其份额享有所有权。

《民法典》第二百九十九条规定：共同共有人对共有的不动产或者动产共同享有所有权。

1. 按份共有

按份共有，是指数人按照各自的份额，对共有财产分享权利、分担义务。按份共有的份额有两种模式：一种是基于当事人的约定，即意定的按份共有；另一种是基于法律的规定，即法定的按份共有。

《民法典》第三百零八条规定：共有人对共有的不动产或者动产没有约定为按份共有或者共同共有，或者约定不明确的，除共有人具有家庭关系等外，视为按份共有。

《民法典》第三百零九条规定：按份共有人对共有的不动产或者动产享有的份额，没有约定或者约定不明确的，按照出资额确定；不能确定出资额的，视为等额享有。

共同共有，是指数人依据法律规定或者当事人的约定，形成某一共同关系（如夫妻、家庭、合伙、共同继承），基于该共同关系共同享有所有权。共同共有以共同关系之存续为前提。在共同关系存续期间，每个共有人对于共有物平等地享有权利、承担义务，除非共同关系消失或者有重大理由外，原则上共同共有人不得请求分割共有物。

2. 共有人的内部关系

共有人的内部关系，是指每个共有人享有何种权利、承担何种义务，以及如何行使权利和承担义务。共有人的内部关系有约定的按照约定，没有约定的按照法律规定。

按份共有人转让其享有的共有的份额时，其他共有人在同等条件下享有优先购买的权利。

3. 共有人的外部关系

共有人的外部关系，是指因共有的不动产或动产而产生的债权如何追偿、债务如何承担。在对外关系上，每一个共有人都享有基于所有权的请求权，各共有人享有连带债权、承担连带债务。当共有人之外的第三人侵害共有物时，任何一个共有人都有权行使请求权。

任何单独所有权人有权行使的物权请求权，每个按份共有人都有权行使。行使此项权利时不以其份额为限，可以就共有物的全部加以行使。

《民法典》第三百零七条规定：因共有的不动产或者动产产生的债权债务，在对外关系上，共有人享有连带债权、承担连带债务，但法律另有规定或者第三人知道共有人不具有连带债权债务关系的除外；在共有人内部关系上，除共有人另有约定外，按份共有人按照份额享有债权、承担债务，共同共有人共同享有债权、承担债务。偿还债务超过自己应当承担份额的按份共有人，有权向其他共有人追偿。

4. 对按份共有的推定

共有人之间没有约定为按份共有或者共同共有，或者约定不明确的，除共有人具有家庭关系等外，视为按份共有(《民法典》第三百零八条)。

26.3.4 建筑物区分所有权

现代社会生活中，住宅小区已经非常普遍。小区里的业主既享有专属于自家所有的住房、车库等，又和其他业主共同使用小区里的电梯、健身器材等基础设施。下面将讲述如何界定不同业主之间的权利义务关系。

《民法典》第二百七十一条规定：业主对建筑物内的住宅、经营性用房等专有部分享有所有权，对专有部分以外的共有部分享有共有和共同管理的权利。

1. 业主专有权

业主的专有权，是指业主对于建筑物中专有部分享有的所有权，即占有、使用、收益和处分的权利。业主行使权利不得危及建筑物的安全，不得损害其他业主的合法权益。

专有部分的判断需要满足以下几条标准：一是构造上具有独立性，业主专有部分应当在建筑构造上能够与同一建筑物中的其他部分完全隔离，四壁上能被遮蔽；二是使用上具有独立性；三是能够被登记成为特定业主所有权的客体，可以被依法记载于不动产登记簿上。

2. 业主共有权

业主对共有部分享有共有和共同管理的权利。业主共有权比较特殊，既不是按份共有，也不是共同共有。《民法典》对建筑区划内属于业主的共有部分作出了统一的规定。包括：建筑区划内的道路、绿地，建筑区划内的其他公共场所、公用设施和物业服务用房，占用共有道路或其他场所的停车位、车库，建筑物占用范围内的建设用地使用权。

共有人只能是专有权人，而不能是专有权人之外的主体。共有份额不可分割。建筑物及其附属设施的改建、重建及筹集维修资金等重大事项须经专有部分占建筑物总面积三分之二以上且占总人数三分之二以上的业主同意。《民法典》第二百七十八条第(六)项至第(八)项规定的事项，应当经参与表决专有部分面积四分之三以上的业主且参与表决人数四分之三以上的业主同意。《民法典》第二百七十八条第(一)项至第(五)项规定的事项，应当经参与表决专有部分面积过半数的业主且参与表决人数过半数的业主同意。

面积与业主人数的计算方法

面积：专有部分，按不动产登记簿记载的面积计算；尚未进行登记的，暂按测绘机构的实测面积计算；尚未进行实测的，暂按房屋买卖合同记载的。建筑物总面积按照前项的统计总和计算。

业主人数计算方法：业主人数，按专有部分的数量，一个专有部分按一人计算；尚未出售和虽已出售但尚未交付的，以及同一买受人拥有两个以上专有部分的，按一人计算。总人数按照前项的统计总和计算。

业主共同管理的权利如下：

(1)制定和修改业主大会议事规则；

(2)制定和修改管理规约；

(3)选举业主委员会或者更换业主委员会成员；

(4)选聘和解聘物业服务企业或其他管理人；

(5)使用建筑物及其附属设施的维修资金；

(6)改建、重建建筑物及其附属设施；

(7)改变共有部分的用途或者利用共有部分从事经营活动；

(8)有关共有和共同管理权力的重大事项。

26.3.5　特殊取得方式

1. 善意取得

善意取得，是指动产或不动产的占有人无权处分其占有的动产或不动产，并将该物的所有权移转给他人或为他人设定他物权，如果该他人于受让所有权或取得他物权时为善意且符合法律规定的其他要件，则其将如同处分人有处分权时那样，取得该物的所有权或他物权。

《民法典》第三百一十三条规定：善意受让人取得动产后，该动产上的原有权利消灭。但是，善意受让人在受让时知道或者应当知道该权利的除外。

必须满足下列五个要件才可构成善意取得：一是转让人须为无权处分人，也就是那些既不是所有权人，也没有受到所有权人授权予以处分的人；二是第三人受让标的物时须为善意(不知道出卖人是无权处分人)；三是第三人以合理价格受让；四是转让的财产已经完成交付或登记(即完成物权的公示)，但须要注意的是，遗失物、盗赃物、抢劫物、抢夺物不适用善意取得的规定；五是标的物是动产或不动产。

例如：甲发现上周丢失的自行车被路人乙推行，便上前询问。乙说这是从朋友丙那里买的，并出示了丙出具的收款条。在这个例子中，甲无法直接要求乙返还自行车，因为乙在购买时并不知道自行车不是丙的，而且为购买自行车付了价款。如果甲想要追回自行车，则须要证明乙不构成善意取得。

2. 先占

先占，是指以所有的意思占有无主的动产而取得该动产所有权的法律事实。占有属于原始取得所有权，动产上原先存在的权利负担一概消灭。

占有是对于物具有事实上的管领力的一种状态，是一种事实而非权利。

3. 拾得遗失物

拾得遗失物，是指发现他人的遗失物而占有的法律事实，属于事实行为。拾得人有无行为能力在所不问。遗失物是指无人占有但为有主物的动产。

拾得人有通知、返还权利人和暂时保管遗失物的义务。拾得人的权利包括：费用偿还请求权、留置权和获得报酬请求权。遗失物自发布招领公告之日起六个月内无人认领的，归国家所有。

捡到的“狗头金”该归谁的案例

2015年2月5日，新疆青河县一农民捡到7.85千克狗头金。这块黄金该归谁所有？《矿产资源法》第三条规定：矿产资源属于国家所有。《民法典》也做了相关规定。我们倡导拾金不昧，可是如果拾到无主金也得归公，今后有人捡了类似物，谁还会向外透露消息呢？如果在个人手中因保管不善而遭损坏，或在金钱驱使下流失海外，那么个人和国家的损失其实都更大。

在一些发达国家，很早就通过法律赋予了遗留物、埋藏物、隐藏物等发现人的报酬请求权，并明确了奖金应占总值的比例，而这个比例并不低。如果我们借鉴这一做法，或许就不存在“捡到狗头金该怎么办”的彷徨与疑惑了。

发现埋藏物

《民法典》第三百一十九条规定：拾得漂流物、发现埋藏物或者隐藏物的，参照适用拾得遗失物的有关规定。法律另有规定的，依照其规定。

26.4 用益物权和担保物权

26.4.1 用益物权

用益物权是对他人所有的动产或不动产，拥有占有、使用、收益的权利。其行使时必然会受到所有权的限制。三种用益物权比较见表26-2。

表26-2 三种用益物权比较

比较	土地承包经营权	建设用地使用权	宅基地使用权
用途	依法对其承包经营的耕地、林地、草地从事种植业、林业、畜牧业等农业生产。未经批准不得用于非农建设	依法利用该土地建造建筑物、构筑物及其附属设施。未经批准不得改变土地用途	对集体所有的土地享有占有和使用的权利，有权依法利用该土地建造住宅及其附属设施。一户只能有一处宅基地

续表

比较	土地承包经营权	建设用地使用权	宅基地使用权
设立	自土地承包经营权合同生效时设立。县级以上政府登记造册、发产权证	经营性用地公开竞价出让；少数采用划拨方式(严格限制)	乡镇政府审核、县级政府批准
流转	转包、互换、转让	转让、互换、出资、赠与、抵押	不得单独转让

农村土地承包权、经营权分离条件基本成熟

当前，在工业化、城镇化快速发展背景下，大量人口和劳动力离开农村，原来家家户户都种地的农民出现了分化，承包农户不经营自己承包地的情况越来越多，在大多数地区，承包权与经营权分置的条件已经基本成熟。实现土地集体所有权、承包权、经营权三权分置，是土地有序流转的重要基础。首先，要维护好农村土地集体所有权；其次，要保障好土地承包权，同时，要放活经营权。针对城镇化快速发展中“谁来种地”的问题，关键是提升农业的经营规模，让农业经营有好的效益，让农民成为体面的职业，培养多种新型农业经营主体。

26.4.2　担保物权

担保物权，是指为了确保特定债权的实现，债务人或第三人以动产、不动产或某些权利为客体而设定的，在债务人不履行到期债务或者发生当事人约定的实现担保物权的情形，依法享有就担保财产优先受偿的权利。担保物权的具体类型请参见第 14 章“担保”的“物的担保”部分。

【本章小结】

1. 物权分类：完全物权、定限物权(用益物权、担保物权)。
2. 物权的登记：初始登记、设定登记、转移登记、变更登记、注销登记。
3. 物权的变动：物权的变动包括物权的取得、物权的变更、物权的消灭。

【课后测验】

1. 下列哪些情形下权利人可以行使留置权？(　　)

A. 张某为王某送货，约定货物送到后一周内支付运费。张某在货物运到后立刻要求王某支付运费被拒绝，张某可留置部分货物

B. 刘某把房屋租给方某，方某退租搬离时尚有部分租金未付，刘某可留置方某部分家具

C. 何某将丁某的行李存放在火车站小件寄存处，后丁某取行李时认为寄存费过高而拒绝支付，寄存处可留置该行李

D. 甲公司加工乙公司的机器零件，约定先付费后加工。付费和加工均已完成，但乙公司尚欠甲公司借款，甲公司可留置机器零件

2. 甲为乙的债权人，乙将其电动车出质于甲。现甲为了向丙借款，未经乙同意将电动车出质于丙，丙不知此车为乙所有。下列哪些选项是正确的？(　　)

A. 丙因善意取得而享有质权

B. 因未经乙的同意丙不能取得质权

C. 甲对电动车的毁损、灭失应向乙承担赔偿责任

D. 电动车毁损、灭失，乙可向丙索赔

【深入阅读】

居住权

《民法典》正式颁布之前，司法实践中与居住权有关联的案件已存在，但因缺乏相关的法律规定，部分法官只能依据法律原则及法律价值对相关案件进行价值判断。故对居住权制度进行学理上的研究并对《民法典》中规定的居住权进行述评，从理论上和实践上均对我国法律制度的完善具有重要意义。居住权作为对他人所有房屋进行使用、收益及处分的用益物权，不仅可以保护社会相对弱势群体的居住性利益，还可以满足部分社会群体对不动产的其他用益需要。居住权的主体包括自然人、法人及非法人组织，上述群体可通过对他人所有的房屋进行出租等方式获取收益。居住权的设立方法有两种：一为双方当事人达成合意后设立；二为依据法律规定设定，若法律对居住权的设立条件进行了规定，则法院可依据法律法规裁定设立居住权。在居住权的行使过程中，居住权双方当事人均应履行应尽义务并享有对应权利，例如房屋所有人须向居住权人提供符合用途的房屋，居住权人未经同意不得毁损或转卖设定居住权的房屋。居住权人死亡及居住权到期将导致居住权灭失，同时，若出现居住权的客体房屋毁灭等导致居住权履行不能的情况时，居住权也将灭失。我国目前的社会保障制度、婚姻家庭制度等都无法完全解决相关群体的居住性问题，故设立居住权有利于在我国现行法律体系下达成保护相关群体居住性利益的目的。居住权人役性的逐渐削弱与用益性的增强等特点也决定该制度可归于我国用益物权的一种，充分发挥其用益价值。虽然《民法典》规定了居住权制度，但基于其所规定的居住权目的仅为满足生活和居住需要，而不包含其他功能，此种规定与居住权的设立初衷及物权的发展趋势并不完全相符。故建议增设居住权的法定取得，并对遗嘱设立居住权的方法予以细化。将居住权可转让及抵押、居住权设立须支付对价作为原则也有利于发挥居住权制度的用益属性，且符合物权法“物尽其用”的原则。

【网络学习】

检索“居住权”“地役权”，并检索中国裁判文书网的“所有权”案例，整理债权与物权的区分标准。

【课后思考】

请在中国裁判文书网检索“江苏某农村商业银行股份有限公司(以下简称某农村商业银行)抵押权纠纷”一案，思考担保物权诉讼时效的计算。

案情简介：原告某化工公司诉称，被告某农村商业银行的前身包含某农村信用合作社联合社(以下简称郊区信用社)。某化工公司曾为案外人贷款所需将自有的位于常州市新闸镇凌家村后凌房屋 3 至 4 幢 43 间 1200 平方米、5 至 7 幢 15 间 358 平方米及土地向郊区信用社设定最高额抵押，所担保的债权期限为 1999 年 12 月 1 日至 2001 年 12 月 1 日。从 1999 年设定抵押开始，郊区信用社未向某化工公司主张过权利。2015 年，某化工公司因办理房屋转让手续发现其房屋上存在抵押权。根据《民法典》第一百七十七条的规定，“有下列情形之一的，担保物权消灭：(一)主债权消灭；(二)担保物权实现；(三)债权人放弃担保物权；(四)法律规定担保物权消灭的其他情形。”第二百零二条规定，“抵押权人应当在主债权诉讼时效期间行使抵押权；未行使的，人民法院不予保护。”郊区信用社、某化工公司为履行案涉贷款合同而设定了房屋抵押，办理了他项权证，抵押权的期限依附于贷款主债权期间。由于郊区信用社未在诉讼时效期间内向债务人及某化工公司主张过债权、抵押权，按照《民法典》的规定，其享有的对某化工公司的抵押权已经消灭。法院判令：确认某农村商业银行对某化工公司新闸镇地号 0105 厂区内 3 幢至 7 幢房屋、土地抵押权消灭(他项权证号码为常郊建他字第 00294 号、第 00295 号)，某农村商业银行并协助某化工公司办理他项权证注销手续；诉讼费由某农村商业银行承担。

第 27 章　知识产权法

【导言】

有一些无形财产，特别是通过智力活动创造的成果和经营管理活动中的标记，被称为知识产权，也同样受到法律保护。智力活动创造的成果在撰写书籍、创作音乐、拍摄电影以及发明新型机器中非常常见，采用独一无二的商标来占领市场、维护企业的社会声誉也十分重要。

根据《民法典》第一百二十三条的规定，知识产权是权利人依法就作品，发明、实用新型、外观设计，商标，地理标志，商业秘密，集成电路布图设计，植物新品种以及法律规定的其他客体享有的专有的权利。民事主体依法享有知识产权。知识产权是一种财产权，其所有人可以通过出售、赠与等方式对其进行处分。

本章将着重讲述知识产权保护制度中最常见的对著作权、专利权和商标权的保护。

【学习目标】

- 理解知识产权法保护的知识产权类型。
- 描述著作权保护的范围。
- 解释专利、商标的注册过程。
- 了解违反法定知识产权的后果。

27.1　著作权

著作权由我国 1990 年颁布、后经 2001 年第一次修正、2010 年第二次修正、2020 年第三次修正的《中华人民共和国著作权法》(以下简称《著作权法》)规范。著作权即版权。著作权的客体是作品，是指文学、艺术和科学领域内，具有独创性并能以某种有形形式复制的智力创作成果。

《著作权法》所称的作品，包括以下列形式创作的文学、艺术和自然科学、社会科学、工程技术等作品：

(1)文字作品；

(2)口述作品；

(3)音乐、戏剧、曲艺、舞蹈、杂技艺术作品；

(4)美术、建筑作品；

(5)摄影作品；

(6)视听作品；

(7)工程设计图、产品设计图、地图、示意图等图形作品和模型作品；

(8)计算机软件；

(9)符合作品特征的其他智力成果。

27.1.1 著作权的主体和归属

27.1.2 著作权的取得

我国著作权法采用自动取得原则。不需要经过正式的程序，著作权就自动获得。

外国人、无国籍人的作品根据其作者所属国或者经常居住地国同中国签订的协议或者共同参加的国际条约享有的著作权，受我国法律保护。外国人、无国籍人的作品首先在中国境内出版的，依照我国法律享有著作权。未与中国签订协议或者共同参加国际条约的国家的作者以及无国籍人的作品首次在中国参加的国际条约的成员国出版的，或者在成员国和非成员国同时出版的，受我国法律保护。

27.1.3 著作权的期限

作者为公民的作品，著作权保护期截止于作者死亡后第 50 年的 12 月 31 日。如果是合作作品，截止于最后死亡的作者死亡后的第 50 年的 12 月 31 日。

法人或其他组织发表的作品，以及电影作品、摄影作品的保护期，截止到该作品初次发表后的第 50 年的 12 月 31 日；但作品完成 50 年内仍未发表的，其著作权不再受到保护。

27.1.4 著作人享有的权利

1. 著作人身权

著作人身权是指著作权基于作品依法享有的以人格利益为内容的权利，具有绝对性、支配性、排他性。著作人身权不能继承、剥夺、转让，具体包括发表权、署名权、修改权、保护作品完整权。

发表权指作者有权决定作品是否公之于众，有权决定在何时、何地以何种方式发表。发表权的行使只能有一次。署名权是指表明作者身份，在作品上署名的权利。修改权指作者有自己修改或者授权他人修改作品的权利。保护作品完整权，即保护作品禁止他人歪曲、篡改的权利。

2. 著作财产权

作者有权通过使用作品或允许他人使用其作品，并从中获得经济利益。

著作财产权包括复制权、发行权、网络传播权、广播权、摄制权、翻译权、改编权、汇编权、许可使用权、获得报酬权等。

27.1.5 邻接权

邻接权又称作品传播者权，主要为了保护表演者、唱片制作者和广播组织的权利。表演者在私人聚会上唱了一首歌，未得到表演者许可就把表演者的表演发到网络上，会侵犯表演者的权利。在音乐会上未经许可使用一位流行歌手的音乐作品，将侵犯到作为表演者的歌手和唱片公司的合法权利。甲电视台未经许可，播放之前录制的乙电视台的节目，是对乙电视台权利的侵犯。

27.1.6 许可

知识产权是一种特许权，著作权当然也不例外。著作权人可以与他人签订著作权许可合同，授权特定人从事一些行为，被授权人可能会被要求支付一定费用以获得这一许可。为了防止著作权人滥用其权利，不合理地拒绝许可，行政管理机关和司法机关可能会勒令著作权人强制授予许可。除了强制许可的情况，法律规定了十二种合理使用的情况。

《著作权法》第二十四条规定：

在下列情况下使用作品，可以不经著作权人许可，不向其支付报酬，但应当指明作者姓名或者名称、作品名称，并且不得影响该作品的正常使用，也不得不合理地损害著作权人的合法权益：

(一)为个人学习、研究或者欣赏，使用他人已经发表的作品；

(二)为介绍、评论某一作品或者说明某一问题，在作品中适当引用他人已经发表的作品；

(三)为报道新闻，在报纸、期刊、广播电台、电视台等媒体中不可避免地再现或者引用已经发表的作品；

(四)报纸、期刊、广播电台、电视台等媒体刊登或者播放其他报纸、期刊、广播电台、电视台等媒体已经发表的关于政治、经济、宗教问题的时事性文章，但著作权人声明不许刊登、播放的除外；

(五)报纸、期刊、广播电台、电视台等媒体刊登或者播放在公众集会上发表的讲话，但作者声明不许刊登、播放的除外；

(六)为学校课堂教学或者科学研究，翻译、改编、汇编、播放或者少量复制已经发表的作品，供教学或者科研人员使用，但不得出版发行；

(七)国家机关为执行公务在合理范围内使用已经发表的作品；

(八)图书馆、档案馆、纪念馆、博物馆、美术馆、文化馆等为陈列或者保存版本的需要，复制本馆收藏的作品；

(九)免费表演已经发表的作品，该表演未向公众收取费用，也未向表演者支付报酬且不以营利为目的；

(十)对设置或者陈列在公共场所的艺术作品进行临摹、绘画、摄影、录像；

(十一)将中国公民、法人或者非法人组织已经发表的以国家通用语言文字创作的作品翻译成少数民族语言文字作品在国内出版发行；

(十二)以阅读障碍者能够感知的无障碍方式向其提供已经发表的作品；

(十三)法律、行政法规规定的其他情形。

前款规定适用于对著作权有关的权利的限制。

还有一种称为法定许可，是指在某些法定情况下，可以不经著作权人的同意使用其已发表的作品，但必须支付报酬。

27.1.7 著作权的侵犯和保护

任何未经授权或法定许可的第三方，行使著作权人专属的排他性、专有性权利，即构成对著作权的侵犯。类似的侵权行为每天都在我们身边发生着，在论坛、微信公众号上“找资源”，保存到百度云或别的云盘里，就可以观看免费的国内刚上映甚至还未上映的电影、综艺节目了。私人使用可能不太容易被起诉，但是在公共场所可能更需要谨慎，例如音乐会上播放的背景音乐是否得到了音乐著作权人的许可。

法律规定，侵犯著作权的行为人对受害人要承担以赔偿为目的的民事责任。须要依法承担行政责任的，由国家著作权行政管理机关对其进行行政制裁。情节严重的，依法追究刑事责任。

庄某与郭某、某出版社侵犯著作权纠纷案例

2005 年，庄某起诉郭某和某出版社，认为由该出版社出版的郭某的小说《梦里花落知多少》(以下简称《梦》)，抄袭了她在天涯社区网站上发表的小说《圈里圈外》(以下简称《圈》)。从两部小说的人物关系看，《梦》中姚姗姗与顾小北的关系是《圈》中张萌萌与高源关系的翻版，《梦》中林岚与陆叙的关系是《圈》中初晓与高源关系的再现，《梦》中林岚与顾小北的关系与《圈》中初晓与张小北的关系相似，此外，《梦》中的火柴与《圈》中的奔奔也非常相似。郭某在创作《梦》时，剽窃了庄某作品《圈》中主要人物关系的描写，侵犯了庄某的著作权。具有独创性的故事情节应当受到著作权法的保护。庄某列举的《梦》中侵权的 12 个主要情节，均与庄某作品《圈》中相应的情节相同或者相似。

该案经过北京市第一中级人民法院、北京市高级人民法院审理后，判处郭某和某出版社停止《梦》的发行，并赔偿庄某精神损失和经济损失等。

27.2 专利权

专利权是在一定期限内保护具有原创性的产品或工艺的所有权。我国的专利保护制度由《中华人民共和国专利法》(以下简称《专利法》)规范。专利可以是发明、实用新型或者外观设计。

《专利法》第二条规定：本法所称的发明创造是指发明、实用新型和外观设计。发明，是指对产品、方法或者其改进所提出的新的技术方案。实用新型，是指对产品的形状、构造或者其结合所提出的适于实用的新的技术方案。外观设计，是指对产品的整体或者局部的形状、图案或者其结合以及色彩与形状、图案的结合所作出的富有美感并适于工业应用的新设计。

注册专利的标准是有严格限定的，即授予专利权的发明和实用新型，应当具备新颖性、创造性和实用性：

(1)该发明创造具有新颖性。该发明或者实用新型不属于现有的国内外公众所知的技术，也没有任何组织或者个人就同样的发明或者实用新型在申请日前提出过专利申请。

(2)和现有技术相比具有实质性的进步，即具有创造性。

(3)必须能够在工业上应用，具有实用性。

对于授予专利权的外观设计，除了要求具有新颖性和实用性，还要求富有美感，不能与现有技术相同或相似，以及不得与他人在申请日以前已经取得的合法权利相冲突。

27.2.1 注册专利的程序

下面以主要功能为依据对整个过程进行简要介绍：

(1)申请。申请专利应当按照《专利法》和《中华人民共和国专利法实施细则》及《国务院关于修改〈中华人民共和国专利法实施细则〉的决定》规定的各种手续，提交各种申请文件，以书面的形式，向国务院专利行政部门提出申请。如果申请人交齐了文件，缴纳了申请费，国家知识产权局将受理该申请，给予申请人申请日和申请号。

(2)审批。国家知识产权局受理申请后进行初步审查，认为不符合申请要求的通知申请人，要求其在指定期限内补正；仍不符合要求的，予以驳回。发明除须要经过初步审查外，还需要通过实质性审查。

(3)复审。申请人对驳回专利申请的决定不服的，可以提交复审申请书，请专利复审委员会进行复审。经复审后仍不服决定的，自收到通知之日起 3 个月内可向人民法院起诉。

(4)授权与公告。发明专利申请经实质审查、实用新型和外观设计专利申请经初步审查没有发现驳回理由的，由国务院专利行政部门作出授予发明专利权的决定，发给发明专利证书，同时予以登记和公告。发明专利权自公告之日起生效。

27.2.2 专利期限

发明专利权受法律保护的期限为 20 年，实用新型专利权和外观设计专利权为 10 年，均自申请日起计算。

27.2.3　专利权人的权利和义务

专利是专利权人的个人财产，专利权是一种独占的、排他性权利。专利权人可以决定如何使用、如何处分，例如可以选择自己使用或者许可他人使用，可以转让、销售、抵押担保、赠与，也可以作为对公司的出资。

专利权人按照规定缴纳专利年费，否则将承担在专利期限届满前专利权提前终止的不利后果。专利权的取得是以发明创造的公开为代价的，发明人有义务将其发明清楚、完整、详细并毫无保留地对外公开，使同行业者能知悉和掌握。

27.3　商标权

商标，是指产品生产经营者或服务者使用于其商品或者服务上，用以证明该商品或者服务的原产地、原料、制造方法、质量或者其他特定品质的标志。注册商标受《中华人民共和国商标法》(以下简称《商标法》)的保护。商标由文字、图形、字母、数字、颜色等元素组合而成，能够帮助消费者区别商品来源，认牌购货，具有依附于商品的从属性。

27.3.1　能够注册的商标

商标的注册并不是毫无限制的，因为一些不恰当的商标可能会误导消费者。只有满足下列条件才可注册为商标：

(1)具有可视性，能够被视觉系统所感知。

(2)具有显著特征，有独特性，能被消费者轻松地识别和辨别。一杯牛奶的图案不具有足够的辨识性，因而不能据此确定生产厂商，因为它仅仅表明了产品是什么。

下列标志不得作为商标注册：

①仅有本商品的通用名称、图形、型号的；

②仅仅直接表示商品的质量、主要原料、功能、用途、重量、数量及其他特点的；

③缺乏显著特征的。

上述三项所列标志经过使用取得显著特征，并便于识别的，可以作为商标注册。

《商标法》第十二条规定：以三维标志申请注册商标的，仅由商品自身的性质产生的形状、为获得技术效果而需有的商品形状或者使商品具有实质性价值的形状，不得注册。

(3)不能使用与国家、政府、官方机构有关的地名、名称、标记相同或类似的标志。例如，“法国葡萄酒”和“老北京酸奶”不能注册为商标。

(4)不能违反道德准则。用“小偷小摸”作为商标是有问题的。

(5)不能相同或太相似。有人在方便面桶上印“康帅傅”的商标，与著名品牌“康师傅”太过相似，消费者在购买时如果不仔细辨别很容易弄错。

商标注册人申请商标注册前，他人已经在同一种商品或类似商品上先于商标注册人使用与注册商标相同或近似并有一定影响的商标的，注册商标专用权人无权禁止该使用人在原使用范围内继续使用该商标，但可要求其附加适当区别标识。

《商标法》第九条规定：申请注册的商标，应当有显著特征，便于识别，并不得与他人在先取得的合法权利相冲突。

商标注册人有权标明“注册商标”或者注册标记。

《商标法》第三十二条规定：申请商标注册不得损害他人现有的在先权利，也不得以不正当手段抢先注册他人已经使用并有一定影响的商标。

27.3.2 注册程序

我国商标注册坚持“自愿注册为主，强制注册为辅”和“申请在先为主，使用在先为辅”的原则。下面对注册商标的程序进行简要介绍：

(1)注册商标的申请。申请人应向商标管理局提交文件、缴纳申请费用。

(2)对申请的审查。先进行形式审查：申请人是否有申请资格，文件是否完整齐全，商标的图样是否符合规定标准等。然后进行实质审查，重点看申请的商标能否满足注册条件。

(3)核准。凡符合上述条件的，予以初步审定并公告。自公告之日起3个月内无异议的，予以核准注册。

27.3.3 商标权

商标权是商标注册人依法对其注册商标所享有的权利。

商标权是商标权人的一种所有权，是一种独占使用、禁止他人使用的权利。他人如果想使用被注册的商标，须要得到商标权人的许可。商标权人也可以转让商标。

27.3.4 期限

注册商标的有效期为十年，自核准注册之日起计算。有效期满，须要继续使用的，应当在期满前六个月内申请续展注册；在此期间未能提出申请的，可以给予六个月的宽展期。宽展期满仍未提出申请的，注销其注册商标。每次续展注册的有效期为十年。续展注册经核准后，予以公告。

27.3.5 侵权

未经商标权人的许可，在相同或类似商品上使用与其注册商标相同或相近的商标，是对注册商标专用权的侵犯。如果销售这种已经侵犯了商标权的商品，也是违法的。擅自伪造、复制、模仿他人的注册商标也要承担不利的法律后果，因为注册商标就是为了区别商品来自哪个厂家生产，不同来源的商品用同一个商标势必会扰乱市场秩序、误导消费者。

【本章小结】

三种知识产权比较

比较	著作权	专利权	商标权
范围	原创的文学、戏剧等艺术作品	发明、实用新型、工业品外观设计	商品商标、服务商标、集体商标、证明商标
期限	最长至作者死后的第 50 年年底	最长 20 年	10 年，可无限续期

【课后测验】

1. 下列哪一选项不属于侵犯专利权的行为？（　　）

A. 甲公司与专利权人签订独占实施许可合同后，许可其子公司乙公司实施该专利技术

B. 获得强制许可实施权的甲公司许可他人实施该专利技术

C. 甲公司销售不知道是侵犯他人专利的产品并能证明该产品来源合法

D. 为提供行政审批所需要的信息，甲公司未经专利权人的同意而制造其专利药品

2. 甲公司为其生产的啤酒申请注册了“冬雨之恋”商标，但在使用商标时没有在商标标识上加注“注册商标”字样或注册标记。下列哪一行为未侵犯甲公司的商标权？（　　）

A. 乙公司误认为该商标属于未注册商标，故在自己生产的啤酒产品上也使用“冬雨之恋”商标

B. 丙公司不知某公司假冒“冬雨之恋”啤酒而予以运输

C. 丁饭店将购买的甲公司“冬雨之恋”啤酒倒入自制啤酒桶，自制“侠客”牌散装啤酒出售

D. 戊公司明知某企业生产假冒“冬雨之恋”啤酒而向其出租仓库

【深入阅读】

著作权侵犯与不正当竞争

当某一项知识产权既符合《著作权法》所规定的美术作品的构成要件，又属于《反不正当竞争法》所规定的有一定影响的包装装潢时，权利人可以在一起案件中同时主张保护。但在判断是否构成侵权时，应当依据知识产权专门法对不同的权利类型所对应的裁判逻辑和比对方法进行分析认定。

【网络学习】

检索“关于办理侵犯知识产权刑事案件适用法律若干问题的意见”“王老吉商标纠纷案”，整理思考商标权侵犯的构成要件。

【课后思考】

请在中国知识产权资讯网检索“原国家工商行政管理总局商标评审委员会(以下简称商标评审委员会)与被上诉人腾讯科技(深圳)有限公司(以下简称腾讯公司)之间的商标驳回复审行政纠纷案”,思考声音商标应如何确认及保护。

案情简介:1999年2月,在QQ诞生之初,连续6下“嘀”声就作为新消息的提示音。2014年5月1日,我国修改后的商标法正式将声音纳入可注册商标范围,同年5月4日,腾讯公司就诉争商标向原国家工商行政管理总局商标局(以下简称商标局)提出商标注册申请。2015年8月11日,商标局以“诉争商标由简单、普通的音调或旋律组成,在指定使用项目上缺乏显著性”为由驳回了腾讯公司的申请。随后,腾讯公司向商标评审委员会提出复审申请。2016年4月18日,商标评审委员会作出驳回复审决定书,认为QQ软件享有知名度,但诉争商标中“嘀嘀嘀嘀嘀嘀”声音仅为软件包含的标识某一功能的声音,该声音较为简单,缺乏独创性,指定使用在电视播放、信息传送等服务项目上缺乏商标应有的显著特征,难以起到区分服务来源的作用。据此,商标评审委员会驳回了腾讯公司的商标复审申请。

腾讯公司不服,向北京知识产权法院提起行政诉讼。北京知识产权法院经审理后作出一审判决,认定诉争商标的声音整体上在其指定使用的服务项目上已经起到了标识服务来源的功能,遂撤销商标评审委员会作出的被诉决定。

第 28 章　婚姻法

【导言】

如果说物权、知识产权、债权都是从财产的角度来看财产权，那么从婚姻的角度来看财产权则是换了一个视角。这个视角非常重要，对于个人生活、社会稳定都有深刻的影响，值得单独介绍。婚姻，是因两个人甚至两个家庭共同生活而产生的合法结合。家庭是在婚姻关系、血缘关系或收养关系基础上产生的，由亲属所构成的社会生活组织。家庭是社会的细胞，婚姻是家庭的基础，我们每个人都生活在婚姻基础上的家庭之中，婚姻家庭法律关系与我们息息相关。随着社会的发展，生活节奏的加快，婚姻家庭中的各种矛盾也慢慢展现出来，尤其是离婚中的财产分割和继承中的财产继承，有越来越多新出现的矛盾等待着法律来调整和解决。

【学习目标】

- 掌握结婚的实质要件和形式要件。
- 了解离婚的方式和程序。
- 描述夫妻财产制度的分类、法定财产制和约定财产制的规定。
- 掌握继承的概念与情形。
- 了解法定继承与遗嘱继承的概念和区别。
- 掌握遗赠和遗赠抚养协议的概念和区别。

28.1　婚姻

婚姻是指由两个人一起生活而组成的合法结合或契约。婚姻从表现形式上看，是双方财富、心理和生理的结合；从本质上看，是双方的一种特定的社会盟约。从人类社会出现以来，使双方结合趋于规范化的主要手段是风俗、伦理和法律。

28.1.1　结婚条件

结婚的实质要件有以下两种。

1. 必备条件

(1)结婚应当男女双方完全自愿，禁止任何一方对另一方加以强迫，禁止任何组织或个人加以干涉(《民法典》第一千零四十六条)。

(2)男女双方必须达到法定年龄，男不得早于二十二周岁，女不得早于二十周岁(《民法典》第一千零四十七条)。

2. 禁止条件

有下列情形之一的，婚姻无效：

(1)重婚；

(2)有禁止结婚的亲属关系；

(3)未到法定婚龄。

结婚的形式要件是指男女双方结婚时必须履行的法律程序。在我国，结婚必须履行的法定程序是结婚登记。男女双方在结婚登记后便具有了法律上的夫妻身份。

结婚必须在规定的结婚登记处履行法定的婚姻登记手续。结婚登记是国家对婚姻关系的建立进行监督和管理的制度。

《民法典》第一千零四十九条规定：要求结婚的男女双方应当亲自到婚姻登记机关申请结婚登记。符合本法规定的，予以登记，发给结婚证。完成结婚登记，即确立婚姻关系。未办理结婚登记的，应当补办登记。

28.1.2 离婚条件

离婚，又称婚姻的解除，是指夫妻双方通过协议或诉讼的方式解除婚姻关系，终止夫妻间权利和义务的法律行为。

离婚具有下列法律特征：

(1)离婚主体具有特定性；

(2)离婚双方法律地位平等；

(3)离婚必须以有效婚姻关系的存在为前提；

(4)离婚必须在夫妻双方生存期间进行；

(5)离婚条件、程序具有法定性；

(6)离婚将产生一系列法律后果。

离婚的途径有以下两种：

(1)登记离婚，是指夫妻双方自愿离婚，并就离婚的法律后果达成协议，经婚姻登记机关认可，即可解除婚姻关系的离婚方式。因登记离婚是依行政程序终止婚姻关系，故登记离婚又称为行政离婚。

在我国，根据《民法典》和《婚姻登记条例》有关规定，登记离婚必须符合下列条件：

①协议离婚的男女双方须有合法的夫妻身份；

②协议离婚的双方当事人须为完全民事行为能力人；

③协议离婚的双方当事人须有离婚的合意；

④协议离婚时必须对子女的抚养教育作出恰当、合理的安排，并达成一致协议；

⑤协议离婚时必须对夫妻共同财产的分割作出适当的处理；

⑥协议离婚必须合法。

(2)诉讼离婚，是指夫妻一方向人民法院提起离婚诉请，人民法院依法通过调解或判决而解除婚姻关系的离婚方式。在我国，当事人不能或不愿采用登记离婚的，可以采用诉讼离婚。

《民法典》第一千零七十九条第二款、第三款规定：人民法院审理离婚案件，应当进行调解；如果感情确已破裂，调解无效的，应当准予离婚。

有下列情形之一，调解无效的，应当准予离婚：

(一)重婚或者与他人同居；

(二)实施家庭暴力或者虐待、遗弃家庭成员；

(三)有赌博、吸毒等恶习屡教不改；

(四)因感情不和分居满二年；

(五)其他导致夫妻感情破裂的情形。

一方被宣告失踪，另一方提出离婚诉讼的，应当准予离婚。

人民法院判决离婚须要有两个前提条件，即调解无效和感情确已破裂。

①程序性条件：调解无效，要求人民法院在判决离婚前必须先行调解，调解是人民法院审理离婚案件中的必经程序，不经调解，一般不得直接作出离婚判决。

②实质性条件：感情确已破裂，是判决离婚的唯一法定理由。如果夫妻感情没有破裂，即使调解无效，也不准予离婚。

诉讼离婚的两项限制：

①对现役军人的配偶要求离婚的限制。

《民法典》第一千零八十一条规定：现役军人的配偶要求离婚，应当征得军人同意，但是军人一方有重大过错的除外。

②对男方要求离婚的限制。

《民法典》第一千零八十二条规定：女方在怀孕期间、分娩后一年内或终止妊娠后六个月内，男方不得提出离婚；但是，女方提出离婚的或者人民法院认为确有必要受理男方离婚请求的除外。

28.2　夫妻财产制度

夫妻财产制度又称婚姻财产制，是指夫妻关系存续期间，规定夫妻财产关系的法律制度。其内容包括各种夫妻财产制的设立、变更与废止，夫妻婚前财产和婚后所得财产的归属、管理、使用、收益、处分，以及家庭生活费用的负担，夫妻债务的清偿，婚姻终止时夫妻财产的清算和分割问题。

28.2.1 法定财产制

法定夫妻财产制，是指依照法律规定直接适用于处理夫妻财产关系的夫妻财产制度。它适用于夫妻没有对财产进行约定或者夫妻财产约定无效的情形。

我国法定财产制以共有为原则，以个人所有为例外，当事人不能证明具有个人财产属性的，应认定为夫妻共同财产。

1. 夫妻共同财产制

夫妻共同财产制，是指在婚姻关系存续期间，夫妻双方或一方所得的财产，除法律另有规定或夫妻另有约定外，均为夫妻共同所有的制度。

《民法典》规定，夫妻在婚姻关系存续期间所得的下列财产，归夫妻共同所有：

(1)工资、奖金、劳务报酬；

(2)生产、经营、投资的收益；

(3)知识产权的收益；

(4)继承或受赠的财产，但本法第一千零六十三条第三项规定的除外；

(5)其他应当归共同所有的财产。

夫妻对共同财产，有平等的处理权(《民法典》第一千零六十二条)。

2. 夫妻共有财产权的行使

(1)在婚姻关系存续期间，夫妻共有财产原则上是不分份额的整体，是共同共有关系。夫妻因共有财产而发生的债务，属于夫妻共同债务，夫妻对外承担连带责任。

(2)夫妻双方对共有财产的权利是平等的。夫妻对共有财产有平等的处理权。

(3)婚姻关系存续期间，夫妻双方对共有财产的管理和处分不能协商一致，一方要求分割夫妻共有财产的，原则上不予支持。因为夫妻共同共有的财产是夫妻共同生活的物质基础，为维系婚姻关系，法律不支持婚内析产的主张。

夫妻共同债务案例

张某和柳某婚后开了一家美发店，由柳某经营。二人自2005年6月起分居，张某于2005年12月向当地法院起诉离婚。审理中查明，柳某曾于2005年9月向他人借款2万元用于美发店的经营。

法院认为，张某、柳某夫妻二人对财产问题并无约定，因此应适用法定夫妻财产制予以处理，二人婚后所开的美发店理当属于夫妻共同财产。柳某借款是为了夫妻共有的美发店的经营，因此该债务属于夫妻共同债务。

夫妻共同财产制，是指在婚姻关系存续期间，夫妻双方或一方所得的财产，除法律另有规定或夫妻另有约定外，均为夫妻共同所有的制度。

3. 夫妻个人特有财产制

我国《民法典》规定，有下列情形之一的，为夫妻一方的财产：

(1)一方的婚前财产；

(2)一方因受到人身损害获得的赔偿或者补偿；

(3)遗嘱或赠与合同中确定只归一方的财产；

(4)一方专用的生活用品；

(5)其他应当归一方的财产(《民法典》第一千零六十三条)。

夫妻共同财产和个人财产区分案例

陈某 1988 年从部队转业，半年后与李某结婚，结婚时李某购置了一套家具。1994 年陈某创作长篇小说《军人》。1999 年李某得知 1986 年陈某的姑妈去世遗留陈某一套私房，一直由陈某的父母居住。

法院认为，陈某的转业费和陈某姑妈遗留的房屋为婚前财产，李某所购置的家具和出版小说《军人》所得的稿费为夫妻共同财产。

28. 2. 2 约定财产制

男女双方可以约定婚姻关系存续期间所得的财产以及婚前财产归各自所有、共同所有或部分各自所有、部分共同所有，此即约定财产制。

我国法定财产制以共有为原则，以个人所有为例外，当事人不能证明具有个人财产属性的，应认定为夫妻共同财产。

28. 3 继承

继承是指将自然人死亡时遗留的个人合法财产依法转移给他人所有的法律制度。继承从被继承人死亡时开始。这里的死亡包括生理死亡和宣告死亡。继承权是指自然人根据法律的规定或有效遗嘱的指定取得被继承人遗产的权利。

继承的特征：

(1)继承因自然人死亡而发生；

(2)继承的主体是与被继承人生前有特定身份关系的自然人；

(3)继承的客体是被继承人死亡时遗留的个人合法财产；

(4)继承产生财产权利变动的后果。

28. 3. 1 法定继承

法定继承是指在被继承人没有对其遗产的处理立有遗嘱的情况下，由法律直接规定继承人的范围、继承顺序、遗产分配的原则的一种继承形式。

1. 法定继承的特征

(1)法定继承是遗嘱继承的补充。从效力上说，遗嘱继承的效力优先于法定继承，法定继承是对遗嘱继承的补充。

(2)法定继承是对遗嘱继承的限制。尽管遗嘱继承限制了法定继承的适用范围，但同时法定继承也是对遗嘱继承的一定限制。

(3)法定继承中的继承人是由法律基于继承人与被继承人的亲属关系规定的，而不是由被继承人指定的。从这一点上说，法定继承具有以身份关系为基础的特点。

(4)法定继承中法律关于继承人、继承的顺序以及遗产的分配原则的规定是强制性的，任何人不得改变。

(5)法定继承具有法定性，法定继承与遗嘱继承、遗赠并存。

2. 法定继承人的范围和顺序

《民法典》第一千一百二十七条规定：遗产按照下列顺序继承：

第一顺序：配偶、子女、父母。

第二顺序：兄弟姐妹、祖父母、外祖父母。

继承开始后，由第一顺序继承人继承，第二顺序继承人不继承；没有第一顺序继承人继承的，由第二顺序继承人继承。

《民法典》第一千一百二十九条规定：丧偶儿媳对公婆，丧偶女婿对岳父母，尽了主要赡养义务的，作为第一顺序继承人。

《民法典》第一千一百三十一条规定：对继承人以外的依靠被继承人扶养的人，或者继承人以外的对被继承人扶养较多的人，可以分给适当的遗产。

3. 代位继承

代位继承是法定继承的特殊情况。它是指被继承人的法定继承人先于被继承人死亡时，由法定继承人的晚辈直系血亲代替先死亡的长辈直系血亲继承被继承人遗产的一项法定继承制度。

《民法典》第一千一百二十八条规定：被继承人的子女先于被继承人死亡的，由被继承人的子女的直系晚辈血亲代位继承。

被继承人的兄弟姐妹先于被继承人死亡的，由被继承人的兄弟姐妹的子女代位继承。

代位继承人一般只能继承被代位继承人有权继承的遗产份额。

代位继承的条件：

(1)须被代位继承人先于被继承人死亡；

(2)须被代位继承人为被继承人的子女或被继承人的兄弟姐妹；

(3)须被代位继承人未丧失继承权；

(4)须代位继承人是被继承人子女的晚辈直系血亲或被继承人兄弟姐妹的子女。

4. 转继承

转继承，是指继承人在被继承人死亡后、遗产分割前死亡，本该由该继承人继承的遗产份额转由其法定继承人继承的法律制度。

转继承的条件：

(1)继承人于被继承人死亡后、遗产分割前死亡；

(2)继承人未丧失继承权，也未放弃继承权。

28.3.2 遗嘱继承

遗嘱继承，是指按照被继承人生前所立的合法有效遗嘱继承被继承人遗产的法律制度。

1. 遗嘱继承的法律特征

(1)遗嘱继承的发生须以有效遗嘱的存在为前提；

(2)遗嘱继承直接体现被继承人的意愿，是对被继承人自由处分自己财产的尊重；

(3)遗嘱继承是对法定继承的排斥；

(4)遗嘱继承的效力优于法定继承。

2. 遗嘱继承的适用条件

(1)没有遗赠抚养协议；

(2)被继承人生前所立遗嘱合法有效；

(3)须遗嘱指定的继承人享有继承权，即遗嘱指定的继承人未丧失、也未放弃继承权。

遗嘱是指遗嘱人生前在法律允许的范围内，按照法律规定的方式对其遗产或其他事务所作的个人处分，并于遗嘱人死亡时发生效力的法律行为。

3. 遗嘱的特征

(1)遗嘱是单方法律行为；

(2)遗嘱是要式法律行为，遗嘱的形式必须符合《民法典》的规定；

(3)设立遗嘱不能进行代理，遗嘱的内容必须是遗嘱人的真实意思表示，应由遗嘱人本人亲自作出，不能由他人代理；

(4)遗嘱是遗嘱人死亡时才发生法律效力的行为。

4. 遗嘱的有效要件

(1)立遗嘱人必须有遗嘱能力，即立遗嘱时必须具有完全民事行为能力；

(2)遗嘱人在立遗嘱时必须意思表示真实；

(3)遗嘱内容必须合法，即遗嘱的内容不得违反法律、社会公德；

(4)遗嘱的形式必须符合《民法典》的规定。

5. 遗嘱无效的情形

(1)伪造的遗嘱无效；

(2)遗嘱被篡改的，篡改的内容无效；

(3)受胁迫、欺诈所立的遗嘱无效；

(4)无民事行为能力人或者限制民事行为能力人所立的遗嘱无效。

6. 遗嘱的形式

(1)公证遗嘱。

公证遗嘱是指遗嘱人将其所立的自书遗嘱、代书遗嘱送交国家公证机构办理公证的遗嘱。

(2)自书遗嘱。

自书遗嘱必须由立遗嘱人亲笔书写、签名，注明年、月、日。

(3)代书遗嘱。

代书遗嘱是指因遗嘱人不能书写而委托他人代为书写的遗嘱。

(4)打印遗嘱。

打印遗嘱应当有两个以上见证人在场见证。遗嘱人和见证人应当在遗嘱每一页签名，注明年、月、日。

(5)录音录像遗嘱。

录音录像遗嘱是指遗嘱人用录音录像的形式制作的自己口述的遗嘱。

(6)口头遗嘱。

遗嘱人在危急情况下，可以立口头遗嘱。口头遗嘱应当有两个以上见证人在场见证。

28.3.3 遗赠

遗赠是指被继承人通过遗嘱的方式，将其遗产的一部分或全部赠予法定继承人以外的人的一种民事法律行为。

遗赠与遗嘱继承，都是被继承人以遗嘱处分个人财产的方式，都须具备遗嘱的有效条件才能有效。但依照《民法典》的规定，遗赠与遗嘱继承有以下主要区别：

(1)受遗赠人与遗嘱继承人的主体范围不同。受遗赠人可以是法定继承人以外的任何自然人，也可以是国家或者集体，但不能是法定继承人范围之内的人；遗嘱继承人只能是法定继承人范围之内的人，而不能是法定继承人以外的人，也不能是国家或者集体。

(2)受遗赠权与遗嘱继承权的行使方式不同。受遗赠人接受遗赠时，须于法定期间内作出接受的明示的意思表示。受遗赠人应当在知道受遗赠后六十日内，作出接受或者放弃受遗赠的表示；到期没有表示的，视为放弃遗赠。遗嘱继承人接受继承的，无须作出明示的意思表示。自继承开始后遗产分割前，遗嘱继承人未表示放弃继承的，视为接受继承(《民法典》第一千一百二十四条)。

(3)遗赠受领权与遗嘱继承权的标的不同。原则上：受遗赠人只享有受领遗产的权利，不承担清偿遗赠人生前债务的义务；遗嘱继承人不仅享有接受遗产的权利，还负有清偿被继承人生前债务的义务。

(4)受遗赠人与遗嘱继承人的法律地位不同。受遗赠人不是继承人，没有继承权；遗嘱继承人是继承人，享有继承权。

28.3.4 遗赠扶养协议

遗赠扶养协议是遗赠人和扶养人之间关于扶养人承担遗赠人的生养死葬的义务，遗赠人的财产在其死后转归扶养人所有的协议。遗赠扶养协议是一种平等、有偿和互为权利义务关系的民事法律关系。

遗赠扶养协议的效力如下：

(1)遗赠扶养协议的法律效力高于法定继承和遗嘱继承。

(2)遗赠扶养协议一经签订，双方必须认真遵守协议的各项约定。

(3)遗赠扶养协议的执行期限一般较长，在此期间如因一方反悔而使协议解除时，便发生两种法律后果。一是扶养人无正当理由不履行协议规定的义务，导致协议解除的，不能享受遗赠的权利。其已支付的扶养费用，一般也不予补偿。二是受扶养人有正当理由不履行协议，致使协议解除的，则应适当偿还扶养人已支付的扶养费用。

(4)遗赠扶养协议签订后，遗赠人与其子女、扶养人与其父母之间的权利义务关系并不因此而解除。

【本章小结】

1. 结婚的必备条件

(1)结婚必须男女双方完全自愿，禁止任何一方对另一方加以强迫，禁止任何组织或个人加以干涉。

(2)男女双方必须达到法定年龄，男不得早于二十二周岁，女不得早于二十周岁。

2. 结婚的禁止条件

(1)重婚；

(2)有禁止结婚的亲属关系；

(3)未到法定婚龄。

3. 结婚的形式要件

在我国，结婚必须履行的法定程序是结婚登记。男女双方在结婚登记后便具有了法律上的夫妻身份。

4. 登记离婚的条件

(1)协议离婚的男女双方须有合法的夫妻身份；

(2)协议离婚的双方当事人须为完全民事行为能力人；

(3)协议离婚的双方当事人须有离婚的合意；

(4)协议离婚时必须对子女的抚养教育作出恰当、合理的安排，并达成一致协议；

(5)协议离婚时必须对夫妻共同财产的分割作出适当的处理；

(6)协议离婚必须合法。

5. 诉讼离婚的条件

“调解无效”和“感情确已破裂”。

6. 夫妻共有财产

(1)工资、奖金、劳务报酬；

(2)生产、经营、投资的收益；

(3)知识产权的收益；

(4)继承或赠与所得的财产，但《民法典》第一千零六十三条第(三)项规定的除外；

(5)其他应当归共同所有的财产。

7. 夫妻个人特有财产

(1)一方的婚前财产;

(2)一方因受到人身损害获得的赔偿或者补偿;

(3)遗嘱或赠与合同中确定只归一方的财产;

(4)一方专用的生活用品;

(5)其他应当归一方的财产。

8. 继承的分类

(1)法定继承;

(2)遗嘱继承;

(3)遗赠;

(4)遗赠扶养协议。

【课后测验】

1. 下列情形不属于无效婚姻的有(　　)

A. 甲男和乙女未到法定婚龄而结婚的

B. 甲男婚前患有医学上认为不应当结婚的疾病,婚后未治愈

C. 甲男和乙女是表兄妹而结婚

D. 乙女因受家庭强迫与甲男结婚

2. 甲、乙夫妻的下列哪一项婚后增值或所得,属于夫妻共同财产?(　　)

A. 甲婚前承包果园,婚后果树上结的果实

B. 乙婚前购买的1套房屋升值了50万元

C. 甲用婚前的10万元婚后投资股市,得利5万元

D. 乙婚前收藏的玉石升值了10万元

3. 甲与乙结婚,女儿丙三岁时,甲因医疗事故死亡,获得60万元赔款。甲生前留有遗书,载明其死亡后的全部财产由其母丁继承。经查,甲与乙婚后除共同购买了一套住房外,另有20万元存款。下列哪一说法是正确的?(　　)

A. 60万元赔款属于遗产

B. 甲的遗嘱未保留丙的遗产份额,遗嘱全部无效

C. 住房和存款的各一半属于遗产

D. 乙有权继承甲的遗产

4. 甲在乙寺院出家修行,立下遗嘱,将下列财产分配给女儿丙:乙寺院出资购买并登记在甲名下的房产,甲以僧人身份注册的微博账号,甲撰写《金刚经解说》的发表权,甲的个人存款。甲死后,在遗产分割上乙寺院与丙发生争议。下列哪一说法是正确的?(　　)

A. 房产虽然登记在甲名下,但甲并非事实上所有权人,其房产应归寺院所有

B. 甲以僧人身份注册的微博账号,目的是推广佛法理念,其微博账号应归寺院

所有

C. 甲撰写的《金刚经解说》属于职务作品，为保护寺院的利益，其发表权应归寺院所有

D. 甲既已出家，四大皆空，个人存款应属寺院财产，为维护宗教事业发展，其个人存款应归寺院所有

【深入阅读】

离婚冷静期

2021 年 1 月 1 日起《民法典》实施，为了贯彻民法典有关离婚冷静期制度的规定，民政部对婚姻登记程序进行调整，在离婚程序中增加冷静期。新调整后的离婚登记程序包括申请、受理、冷静期、审查、登记(发证)等。

(1)申请。夫妻双方自愿离婚的，应当签订书面离婚协议，共同到有管辖权的婚姻登记机关提出申请，并提供相关证件和证明材料。

(2)受理。婚姻登记员按照《婚姻登记工作规范》有关规定对当事人提交的材料进行初审，对当事人提交的证件和证明材料初审无误后，发给《离婚登记申请受理回执单》。不符合离婚登记申请条件的，不予受理。当事人要求出具《不予受理离婚登记申请告知书》的，应当出具。

(3)冷静期。自婚姻登记机关收到离婚登记申请并向当事人发放《离婚登记申请受理回执单》之日起三十日内，任何一方不愿意离婚的，可以持本人有效身份证件和《离婚登记申请受理回执单》(遗失的可不提供，但须书面说明情况)，向受理离婚登记申请的婚姻登记机关撤回离婚登记申请，并亲自填写《撤回离婚登记申请书》。经婚姻登记机关核实无误后，发给《撤回离婚登记申请确认单》，并将《离婚登记申请书》、《撤回离婚登记申请书》与《撤回离婚登记申请确认单(存根联)》一并存档。

自离婚冷静期届满后三十日内，双方未共同到婚姻登记机关申请发给离婚证的，视为撤回离婚登记申请。

(4)审查。自离婚冷静期届满后三十日内(期限届满的最后一日是节假日的，以节假日后的第一日为期限届满的日期)，双方当事人应当持《婚姻登记工作规范》第五十五条第(四)至(七)项规定的证件和材料，共同到婚姻登记机关申请发给离婚证。

婚姻登记机关按照《婚姻登记工作规范》规定的程序和条件执行和审查。婚姻登记机关对不符合离婚登记条件的，不予办理。当事人要求出具《不予办理离婚登记告知书》的，应当出具。

(5)登记(发证)。婚姻登记机关按照《婚姻登记工作规范》规定，予以登记，发给离婚证。2020 年 12 月 4 日，针对社会关注的“冷静期规定是否不利于保护受家暴当事人”问题，民政部回应：“冷静期”只适用于夫妻双方自愿的协议离婚，对于有家暴情形的，当事人可以向法院提起诉讼，诉讼离婚并没有“冷静期”的规定 。

【网络学习】

请检索阅读“《从婚姻法的角度探讨农村返还彩礼问题化解——评〈农村常见婚姻法法律纠纷案例分析〉》”，思考农村彩礼问题的解决之道。

【课后思考】

请检索2017年北京法院遗嘱继承纠纷十大典型案例，思考本案中的二儿子能否依照遗嘱继承来自己继承涉案房屋。

案情简介：王某与李某育有三子，1989年李某去世后，王某一直由三个儿子照顾赡养。李某在世时，与王某居住在单位分配的位于北京市西城区百万庄大街的公房中。1996年该房屋实行房改，王某支付全部购房款项，产权于2000年登记于自己名下。三个儿子对王某都十分孝顺，王某性格要强，与大儿媳和小儿媳常有矛盾，又觉得二儿子生活负担重，多次口头表示要将百万庄的房子留给二儿子继承，2014年王某去世，二儿子起诉至法院，要求按照王某生前留下的口头遗嘱判令涉案房屋由自己继承。